JN123787

三訂版

Q&A 知っていると役に立つ!!

資産税の盲点と判断基準

株式会社 つむぎコンサルティング
公認会計士・税理士　笹島 修平 著

相続税　贈与税　譲渡税

負担付贈与　代償分割　限定承認

低額譲渡　みなし譲渡　みなし贈与

著しく低い価額と贈与

地代の認定課税　法人への贈与・遺贈

所得合算税制　時価と相続税評価額

不動産取得の規制潜脱・不動産M&A

資産に生じた損失の処理　債務の返済と贈与　停止条件付贈与

資本的支出の相続評価と取得費　国外転出時課税　口頭の贈与

無利息貸付・親族間取引　一般社団法人等

一般財団法人 大蔵財務協会

は じ め に

1. 本書の紹介

　本書は、税理士や資産税に係わる仕事に携わる方を想定し、財産の相続、贈与、譲渡をする場面において、通常の課税関係とは異なる誤りやすい注意すべきケースをQ&A形式で具体的な事例を用いて解説しています。

　税法はもちろん、その他の関連する法律との関係及び論点を横断的に解説し、各所に散在する類似する論点を比較できるように、課税上の取扱いが異なる境界線を抽出し、その判断規準を整理して体系的に枠で囲んで明確に記述することを意識しました。

2. 読者の方へ

「資産税は得意ですか？」

　資産税とは、相続税、贈与税、譲渡所得税を総称していますが、この質問に対して、自信をもって「はい！」と答えられる方は少数なのではないでしょうか。他方で、資産税に興味をもっていらっしゃる方は多く、専門家のみならず多くの方が、以下のような疑問に直面しているのではないかと思います。

　　「子供に財産を安く売りたいが、どの程度なら否認されませんか。」
　　「贈与した財産の価額を、相続税評価額で計算したら問題になるのは
　　　どのような場合ですか。」
　　「相続税評価額で売買したら問題になるのは何故ですか。」
　　「私が管理する子供名義の預金口座に毎年贈与していますが問題にな
　　　りませんか。」
　　「子供に土地をただで貸してもよいでしょうか。」

「土地を賃貸して、権利金を授受しないと、問題になりますか。」

「地代を低額にしたら問題になりますか。」

「海外に転居すれば、日本の相続税はかかりませんか。」

「債務は遺産分割できないとは、どういう意味ですか。」

「税務上問題になる著しく低い価額とはどの程度低い価額でしょうか。」

「同族会社に相続させたらどうなりますか。」

「何ら取引をしていないのに課税されましたが、何故でしょうか。」

（複雑で難解な資産税を簡単にするための判断基準）

　上記の疑問は、本書で取り上げている事例の一部で、ありふれた疑問ですが、専門家であっても答えにくいものです。それは、これらに関する税務が複雑で難解だからでしょう。なぜ、複雑で難解なのかというと、資産税の問題は、所得税、法人税、相続税、消費税、地方税等の複数の法律にまたがった問題であること。同じ言葉であっても法律により定義が異なっていること。法律が適用される条件が細かく規定され、事実関係を条件に当てはめる時に主観的な判断が入る余地がある点が挙げられると思います。そこで、論点となる課税関係を規定する法律を明確にし、言葉の意味と事実関係を条件に当てはめる判断基準を理解することが重要になります。

　例えば、「土地を少し安く売っても問題になりませんか？」という疑問に対して、譲渡者の問題なのか、取得者の問題なのか、さらには譲渡者及び取得者が個人なのか法人なのか、そして両者の関係性により、判断基準は異なり回答も異なってきます。これらの各条件を無視して、十把一絡げに「土地を少し安く売っても問題になりませんか？」と考えると複雑で難解になってしまいます。しかし、それぞれの条件を明確にして上記疑問を

考えると、ほとんどの疑問は、とても単純な判断基準に従って簡単に回答することができます。

　そこで、本書ではこれらの疑問に対する判断基準を明確に記述して、テーマ別に類型化しました。本書で取り上げた判断基準は100個を超えますが、上記に例示した疑問を含めて、多くの資産税に関する疑問は、この判断基準の組み合わせで対応できるのではないかと思います。

　そして、それらの中でも重要な判断基準は、「みなし課税」「時価」「著しく低い価額」という３つの類型に分かれます。

　まず、最大の判断基準である「みなし課税」についてですが、これは具体的には「売買なのに贈与とみなして贈与税が課される」こと、「贈与や相続なのに売買とみなして譲渡税が課される」こと、極端なケースでは「取引をしていない者に、贈与や相続があったとみなして贈与税や相続税が課される」ことです。

　税法は、課税の公平性を図るため、例えば「安く売る」ことは、「贈与」と実質的に同じだと考えて（贈与とみなして）整理することがあります。しかし、全てのケースでそのように考えるわけではなく、一定の判断基準が設けられています。そこで、どのような場合に「みなし課税」がなされるのかを整理すると、多くの問題の答えが明確になってきます。

　また、売買金額が安いかどうかを判断するための時価とは、取引の類型により意味が異なります。さらに、取引価額が「著しく低い価額」であるか否かにより結論が分かれることがありますが、「著しく低い価額」とは、どの程度低い価額を意味するのか、これもその取引の類型によって異なります。そこで、本書では、それらの判断基準を取引の類型別に明確に記述しました。

　以上の判断基準を理解できれば、通常の課税関係になる場合と、特別の

課税関係になる誤りやすい盲点とをはっきりと区別することができると思います。

　なお、以下で通常の課税関係になる原則的な取扱いを整理しておきたいと思います。

---（資産税における原則的な取扱い）---

① 相続を受けた者には相続税が課され、被相続人は課税されません。

② 贈与を受けた者には贈与税が課され、贈与者には課税されません。

③ 相続税、贈与税を計算するための財産の評価は相続税評価額で計算します。

④ 財産を譲渡した者は、利益に対して所得税が課され、購入した者は課税されません。

⑤ 財産を譲渡した者の利益は、当事者間の取引価額で計算します。

⑥ 法人税における取引は、時価（通常の取引価額）で計算します。

　本書では、以上6個の原則的な取扱いを前提としています。この原則に従って処理をすれば、通常の問題は解決することができるはずです。しかし、資産税においては、上記原則的な取扱いだけでは判断を誤ってしまう盲点が存在します。その区別の仕方（判断基準）を本書では取り上げ、整理しました。

（本書を記述する際に意識したこと）

　本書を記述するに当たって、相続税法、所得税法、法人税法等の様々な部分に断片的に規定されているいくつもの判断基準は、相互に関連しているものも多く、本書において、（参照）すべき判断基準を明示して、類似する判断基準を相互に比較して理解できるように心がけました。

本書を記述することは、複雑に絡み合った糸（判断基準）をほぐして、一本一本を整理して体系的に並べる作業であったように感じます。上記に例示した疑問は何本かの糸（判断基準）が絡まっているのですが、一本一本の糸（判断基準）を類型別に並べることで、複雑な問題を簡単に理解しやすいように努めたつもりです。

3．最後に

　簡単に記述が進むと思い、本書に取り組み始めたのが2016年の春でしたが、それから大きな壁にぶつかりました。まず初めに本書で伝えたいと思ったことは、資産税における「判断基準」でしたが、どのような構成にしたら読者の理解に役立つのか悩みました。そして、2016年の秋からは、休日と平日の業務が終わった後、時には明け方まで本書に取り組み、2017年の春に初版が刊行されました。

　何事であっても、気持ちを込めてすることは大きな力を要するもので、本書を創るに当たって熱い気持ちで取り組んだつもりです。この本を手に取っていただいた方に、本書が少しでも参考なり、資産税の理解に役立てていただければとても嬉しいことです。

（第二版に当たって）

　初版が出版されてから2年後の平成が終わる頃に第二版のお話をいただきました。そして、令和に変わった秋にかけて初版では取り上げなかった論点を中心に17問を新たに加えました。

　　＜追加した主な論点＞

・祖父母が孫の生活費や教育費を負担してもよいか。

・ただで子供に金銭や不動産を貸付けてもよいか。

・賃貸収入が課税されない場合／賃借料が経費にならない場合

・遺産分割協議をやり直した場合の注意点
・相続税申告に当たっての固定資産税・未収家賃・前受家賃の取扱い
・一般社団法人等にかかる租税回避規定（2018年改正）

（第三版に当たって）

　令和4年の第三版の改訂に当たっては、主に不動産に係る以下の論点を加えました。これらの論点は、細かい論点が多く、論点に気づかずに処理してしまうことがあるのではないでしょうか。

・不動産に生じた損失の経費処理
・不動産所得の損失の制限（別荘、土地取得利子、信託・匿名組合出資、国外中古建物（2021年改正））
・不動産の取得費の計算（業務用資産、非業務用資産、用途の転用、中古資産、資本的支出）
・増改築等の資本的支出の相続評価
・会社から役員が社宅を借りる際の適正な賃料算定方法

　最後に、本書刊行の機会をいただきました大蔵財務協会の木村幸俊理事長はじめ、編集局の諸氏には、忍耐強く、助言、サポートをいただき心より感謝申し上げます。

　令和4年8月吉日

株式会社つむぎコンサルティング

公認会計士・税理士　笹島　修平

Chapter 2 譲渡所得課税等に係る盲点

Chapter 3　財産の評価額に係る盲点

Chapter 4　借地権に係る盲点

Chapter 5　債務の相続等に係る盲点

Chapter 6　その他資産税に係る盲点

　本文中に引用している法令等については、次の略称を使用している。なお、本書で引用した法令及び通達等は、別段の記載がない限り、令和4年8月1日現在のものである。

〈法令等〉

相法	相続税法
相令	相続税法施行令
所法	所得税法
所令	所得税法施行令
国通法	国税通則法
地法	地方税法
措法	租税特別措置法
措令	租税特別措置法施行令
相基通	相続税法基本通達
所基通	所得税基本通達
法基通	法人税基本通達
評基通	財産評価基本通達
措基通	租税特別措置法関係通達
耐通	耐用年数の適用等に関する取扱通達
耐用年数省令	減価償却資産の耐用年数等に関する省令

〈表示例〉

所法5②一　　所得税法第5条第2項第1号

Chapter 1

相続税・贈与税等に係る盲点

Q₁ 生前贈与が認められない場合

1 - 1 子供名義の財産に相続税

相続税の税務調査において、子供名義の財産が、親が亡くなった際に親の相続財産として相続税の額に算入されることがありますが、子供名義の財産のうち、どのような財産が親の財産と認定されるのでしょうか。

Answer

子供名義の財産であっても、実質的に親の財産と認められる財産は、親の相続財産に加算されて相続税が計算されます。

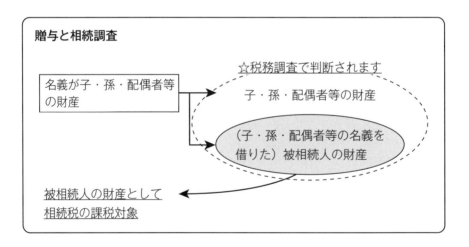

贈与と相続調査

名義が子・孫・配偶者等の財産 → ☆税務調査で判断されます
子・孫・配偶者等の財産
（子・孫・配偶者等の名義を借りた）被相続人の財産

被相続人の財産として相続税の課税対象

　親が亡くなった時、原則として親名義の財産が相続税の対象になりますが、子供名義や配偶者名義等の財産であっても、子供の名義を借りた被相続人の財産と認められるものや、配偶者等の名義を借りた被相続人の財産と認められるものは、親（被相続人）の財産として相続税の対象になります。

　実際の相続調査の現場では、調査を受けた方の8割以上が申告漏れを指摘されており、そのもっとも多いケースが、親族名義の財産であるものの実質的には被相続人の財産と認められると判断されて否認されています。

　したがって、相続が発生した場合には、親族名義の財産の中に、実質的に被相続人名義の財産がないか慎重に検討する必要があります。

　詳細な判断基準は次問1-2を参照してください。

1-2 安全な贈与のポイント

　子供・孫・配偶者等の親族名義の財産であっても、実質的に被相続人の相続財産と認定されて相続税が課される場合の判断基準を教えてください。

Answer

　子供・孫・配偶者等の親族名義の財産であっても、実質的に被相続人の相続財産と認定されてしまい相続税が課される財産とは、主に被相続人から親族への名義変更（贈与）が適正になされていない財産になります。

　適正に贈与を行うポイント（相続調査の際に否認されないためのポイント）は、下図のとおりです。

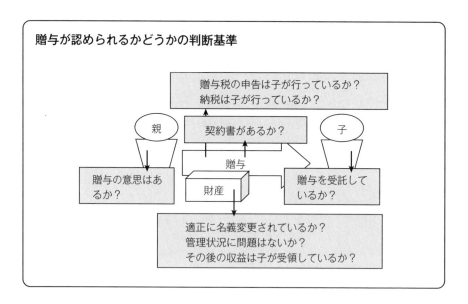

贈与が認められるかどうかの判断基準

贈与税の申告は子が行っているか？
納税は子が行っているか？

親　契約書があるか？　子

贈与の意思はあるか？

贈与　財産

贈与を受託しているか？

適正に名義変更されているか？
管理状況に問題はないか？
その後の収益は子が受領しているか？

解説

　親が財産を子供に移転した際の状況及びその後の当該財産の管理の状況等が以下に示すような事情である場合には、当該財産の名義が子供に変更

されていたとしても、法的実態は贈与ではない（親が子供の名義を借りて財産を所有している）と判断されて、親が亡くなった際に、当該子供名義の財産は親の相続財産に算入される可能性があります。

① 贈与者が贈与の意思を表示していない。

② 受贈者が贈与を受諾していない。

③ 名義変更した財産が、名義人となった者（子供）に引き渡されていない若しくは子供の名義に変更していない。

④ 名義変更が贈与により行われたことを証する書面（贈与契約書等）がない。

⑤ 名義が変更された財産に係る贈与税の申告がされていない。

⑥ 名義が変更された財産が、当該名義人（子供）によって管理されず、名義変更する前の所有者（親）によって管理されている。

⑦ 名義が変更された財産から生じる収入を名義変更する前の所有者（親）が得ている。

⑧ 名義が変更された財産から生じる所得を名義人（子供）が申告していない。

なお、上記要件の全てに該当している場合には、明らかに名義者と実質的な所有者が異なると判断され名義人の財産とは認められません。しかし、多くのケースでは上記要件の一部のみ該当していることが一般的です。

このような場合には、総合的に検討して判断することになります（個別の事情で判断が分かれますので、上記に該当するものが一つだけであっても、親の財産と判断されてしまうこともあり得ます。）。後日、子供名義の財産が親の相続税の計算に含まれることがないようにするためには、上記①～⑧の要件に一切該当することがないように贈与を行う必要があります。

| 補 論 | 土地・建物の名義と税務上の取扱い |

　上述したように、法律上の形式と法的実態が異なると判断された場合、子供名義の財産が親の財産と判断されることになります。ただし、当該財産が土地、建物である場合には、原則として法律上の形式における所有者（登記簿に記載された所有者）が法的実態においても所有者であると判断されています。

1-2-1 贈与者の意思表示がない贈与

親が病気で意思を表示できない状況でしたが、親の財産の名義を贈与により子供に変更しました。これは認められるでしょうか。

Answer

贈与の要件（贈与者の意思表示）

原則として、贈与者が意思を表示できない場合、贈与は成立しません。

(注) 贈与の意思表示がなく民法上の贈与と認められない場合であっても、税務上は贈与とみなされて贈与税が課されることがあります。

解 説

贈与について、民法では以下のように記載されています。

（参考） 贈与について（民法549）

贈与は、当事者の一方が自己の財産を無償で相手方に与える意思を表示し、相手方が受諾をすることによって、その効力を生ずる。

親が病気で意思表示ができない状態になると、民法第549条の規定により、財産の贈与は困難になります。仮に、親が意思表示することができない状態にも関わらず、親の財産を子供の名義に変更した場合、民法上は贈与が成立しませんので当該財産は親の財産とみなされます。

したがって、親が亡くなった場合、親の意思表示なく子供の名義に変更された財産は、原則として親の相続財産として計算されることになります。

なお、贈与者が贈与の意思を表示せず、民法上の贈与に該当しない場合

であっても、保険、信託を活用した場合や、著しく低い価額により取引が
なされた場合には、税務上は贈与とみなされて贈与税が課される場合があ
ります。

1-2-2 受贈者が知らない贈与

受贈者（子供）に知らせずに、財産の名義を贈与により子供に変更しました。これは認められるでしょうか。

Answer

> **贈与の要件（受贈者の受諾）**
>
> 原則として、子供が贈与を受諾（認識）していなければ贈与は成立しません。
>
> （注） 子供が未成年者である場合、親がその事実を認識していれば問題ありません。

解説

民法第549条において、贈与を受ける者（受贈者）が贈与を受諾することが贈与成立の要件となっています。

したがって、原則として、子供に知らせずに親の財産を子供に贈与することはできません。仮に、子供に知らせずに親の財産を子供に贈与したことにして財産の名義を子供名義に変更したとしても民法上、贈与は成立しませんので、親が亡くなった場合、子供の名義に変更した財産は親の相続財産として計算されることになります。

なお、子供が未成年者である場合は、子供が贈与の事実を知らなかったとしても法定代理人である親が当該贈与を受諾していれば、民法上、贈与は成立しますので税務上も当該財産は親の財産とはならず、子供の財産として判断されます。

1-2-3　口頭の贈与

贈与契約書がない口頭の贈与は税務上、無効になりますか。

Answer

　贈与契約書がなくても、贈与者が贈与の意思を表示して、受贈者がそれを受諾すると伴に、実際に財産が引き渡され、きちんと管理されていれば、一般的には贈与が無効になることはありません。ただし、贈与がなされたことを明確にする意味で、贈与契約書は作成した方がよいと考えます。

口頭の贈与

　口頭によっても贈与は成立します。ただし、後日、当該贈与について検証された時に、明確に説明できるよう、贈与契約書を作成する方がよいと考えます。

解 説

　民法上の贈与の成立要件は、贈与者が贈与の意思を表示し、受贈者が受諾することです。例えば、贈与契約書を作成しなくても、親が子供に100万円を贈与すると意思表示をして、子供が「ありがとう」と言えば、当該100万円の贈与は成立します。

　ただし、口頭による贈与の場合、贈与財産が引き渡される前は、いつでも一方的に撤回することができます（民法550）。

　後日、贈与がなされたかどうかを検証された場合、口頭だと「言った」「言わない」の水掛け論になりかねません。

　特に、贈与者が亡くなった際の相続調査において、当該贈与者が行った贈与が口頭で行われていた場合には、これを贈与と認めるか否かについて

問題になることが多々あります。最悪の場合、当該贈与（と思って行った取引）が、財産の貸付や、名義貸であると認定されて贈与した（つもりになっていた）財産に相続税が課されることがあります。

　できることなら、贈与契約書をしっかり作成して、第三者に対しても書面で説明できるようにしておくと良いと思います。

（参考）　書面によらない贈与の撤回（民法550）

　書面によらない贈与は、各当事者が撤回することができる。ただし、履行の終わった部分については、この限りでない。

1-2-4 贈与税の申告をしていても問題になる

財産の名義を子供に変更した際に、贈与税の申告をしています。後日、当該財産が子供の財産ではなく親の財産と認定されることはあるのでしょうか。

Answer

贈与税の申告をしている場合

贈与税の申告をしていても、法的実態が贈与と認められないならば、当該申告（子供への贈与）財産は親の財産として相続財産に算入されることがあります。

解 説

財産の名義を変更した際に贈与税の申告をしている場合であっても、名義が変更された時の状況等から法的実態（注）が贈与と認められないと判断された場合、当該名義変更された財産は親の財産であると判断されて親の相続財産に算入されるので注意が必要です。

相続対策として子供に内密に、親が子供名義の預金口座を作り、当該子供名義の口座に現金を移転して贈与をしたことにしている方がいらっしゃいます。

子供は、子供名義の預金通帳を親が管理して、預金の贈与を受けたこと自体知りません。このような場合、受贈者が贈与を受諾していませんので民法上は贈与が成立していません。

例えば、120万円の資金を子供に知らせずに親が管理する子供名義の口座に振り込み、親が子供に代わって、子供名義で贈与税の申告をして1万円の贈与税を納税します。このように贈与税の申告をしておけば、当該親

が管理している子供名義の預金口座が子供の財産として認められるのでしょうか。

　たとえ贈与税の申告をしていたとしても、子供が贈与を受諾していない以上、民法上は贈与が成立していませんので、税務調査において、当該親が管理している子供名義の預金口座は親の財産と判断される可能性があります。

　もちろん、上記のような預金口座があったとしても、すべてのケースに税務調査が入るわけではなく、金額が多額でなければ見逃されることもあるかもしれませんが、理屈は贈与税の申告をしていたとしても、当該贈与に法的実態がなければ、後日、税務調査において当該財産は親の財産と指摘されることがあります。

　　㊟　法的実態の判断基準については「1-2　**安全な贈与のポイント**」を参照してください。

1-2-5　親の資金で財産を取得した場合

　子供が取得した財産の取得資金を親が拠出している場合、当該財産は子供の財産として認められるでしょうか。

Answer

　子供が財産の購入資金を親に出してもらう理由が、親からの借入、親からの贈与に応じて、税務上、適正に処理されていれば問題になりません。

解説

　子供の名義で取得した財産の取得資金を親が拠出していることがあります。この場合、以下の4つのケースが想定されます。

① 　親が子供に財産の取得資金を贈与して、子供が財産を取得した。

② 　親が子供に財産の取得資金を貸付けて、子供が財産を取得した。

③ 　親が財産を取得し、当該財産を子供に贈与した。

④ 　親が子供の名義を借りて財産を取得した。

　仮に、子供が財産を取得した時に、当該財産を取得したことを認識しており、当該財産を使用収益しているならば当該財産は子供の財産であると判断されます。この場合、①から③のケースが考えられます。

① 　当該取得資金を親が子供に贈与したと判断される場合には、子供に対して贈与税が課されます。そして、子供が贈与を受けた資金で取得した財産は、当然子供の財産と認められます。

② 　当該取得資金を子供に貸付けたと判断される場合には、子供はお金を親から借りて財産を取得したことになりますので、贈与税の対象にはなりませんが親が亡くなった際に親が子供に貸付けている金額は、

貸付金として親の相続財産に含まれます。

③　当該財産を親が取得した後に、子供に贈与したと判断される場合には、当然に子供に贈与税が課されます。

　また、自分が財産の名義人になっていることを子供が知らず、当該財産を子供が使用収益していない場合には、原則として、親が子供の名義を借りて取得した親の財産であると判断されることになるでしょう（上記④）（注）。この時に子供の名義にした際には、名義借りと判断されますので課税は生じませんが、親が亡くなった際には、当該子供名義の財産は、親の財産として相続税の計算に含まれます。

　ただし、親族内の取引においては、子供が名義人になっていることを知っているかどうか等の事実関係が不明瞭なことがあります。

　このように事実関係が不明瞭な時、子供に対して贈与税を課する決定又は更生がなされることがありますが、このような場合、税務上、親が亡くなった際には、当該財産は子供の財産と判断して問題ないと考えます。

　以上の判断に当たっては、財産を取得した経緯（取得の交渉や契約を誰が行ったか）、当事者の状況や関係性、実際の資金の動き、子供の名義にした理由、その後の管理や使用収益の状況等を総合的に勘案して法律上の形式だけでなく実態で判断することになります。

　（注）　子供名義にすることにより贈与とみなされて贈与税が課されることがありますが、その評価は「Ｑ２　無償で名義変更＝贈与か？」を参照してください。

1-2-6 借入に対して贈与税

子供が自宅を購入するに当たり、子供には資金がないため、当該資金を親が出し、子供に貸付けた契約書を作成しました。親が子供に貸付けた資金に贈与税が課されることはないでしょうか。

Answer

明らかに返済能力がないと認められる者への貸付は問題です。

> 返済能力がない子供への貸付 ＝ 贈与と認定

解説

税務においては、法律上の形式だけでなく、法的実態を考える必要があります。

例えば、子供には収入がなく、今後も返済できるほどの収入が得られる見込みがない場合、親は子供から返済を受けることを期待せず、子供も親に対して返済できないと認識していることが推定されます。

このように明らかに子供に返済能力が認められない場合において当該貸付は、親も子供も当該資金の返済がなされないことを前提としていたとみなし、実質的には贈与であると判断されて贈与税が課されることがあります。

このように税務上の取扱いを検討する際には、法律上の形式だけでなく、実態を総合的に勘案して、事実関係を実質的に判断する必要があります。いくら形式を整えたとしても実態が異なっていると認められる場合には、形式だけで課税関係を判断すると税務上の問題になることがありますので注意が必要です。

なお、子供に返済能力がないことが明らかであっても、子供が借り入れた金額に対する利息を親に支払っている場合には、当該借入が実質的に贈与とみなされて贈与税が課されるリスクは小さいと考えます。

1-3　相続税の調査で否認された名義預金の修正申告における対応

　Aは、平成20年のお正月に3人の子供に対して100万円ずつ贈与する旨を伝えて、3人の子供はお礼を言って受諾しました（贈与契約書は作成していません。）。Aは、その後すぐに子供3人の名義で、Aが管理・使用する印鑑を用いて定期預金証書を作成し、それぞれ3人の子供が受領しました。

　平成30年にAが亡くなり、相続税の申告をすることになりました。

⑴　上記子供名義の定期預金は贈与者⒜の相続財産にならないか。

⑵　被相続人Aの相続に係る遺産分割協議書を相続人が作成した時点では上記定期預金は相続財産にならないと考え、遺産分割の対象にせず、相続財産に加えずに相続税の申告を済ませました。なお、遺産分割協議書において「その他財産についてはAの配偶者が相続する。」と定めています。後日、税務調査で当該定期預金が相続財産であると指摘された場合、定期預金については以下㈤～㈥のどの対応が適切でしょうか。

　㈤　被相続人Aは子供への贈与の意思があったのだから、死因贈与により子供が取得したものとみなし（遺産分割の対象にならない）、修正申告する。

　㈥　定期預金は遺産分割協議における「その他財産」に該当し、その他財産は被相続人Aの配偶者が取得する旨を定めているので、配偶者が相続したものとして修正申告をする。

　㈥　定期預金は未分割財産に該当し法定相続分で修正申告（別途当該定期預金について遺産分割が成立した場合には、当該別途成立した遺産分割協議の内容に従って修正申告）をする。

Answer

(1) 定期預金の届出印は贈与者が管理していますので、贈与がなされたと確定されず、相続財産に加算されると考えられます。

(2) (ハ)名義預金(子供名義であるが実質的に被相続人の預金とみなされた預金)は、当該預金について死因贈与契約が成立していたと思われる特段の事情がある場合や、遺言に記載がある場合を除き、未分割の財産となり、遺産分割協議で相続する者を決めます。当初の遺産分割協議が成立後に相続財産になることがわかった名義預金は、当初の遺産分割協議をした時に当該名義預金が遺産分割の対象と想定されていなかったと考えられますので別途遺産分割協議をすることが認められると考えられます。

解 説

(1) 定期預金について贈与が認められ、相続財産と指摘されることはないか

書面によらない贈与は、その贈与が履行されるまではいつでも撤回することができます(民法550)。そこで、平成20年のお正月にAから子供になされた本件口頭による贈与が履行されたかどうかが論点になります。

贈与が履行されたかどうかは、名義変更の有無、贈与された財産の管理・運用の状況により総合的に判断されます。なお、子供に贈与した金額は100万円で贈与税の基礎控除の金額以下なので贈与税の申告は必要ありませんでした。

本件では、実際に子供名義の定期預金証書が作成され、当該定期預金証書は子供に交付されて、子供が管理しています。しかし、定期預金の届出印は、贈与者であるAが管理して使用していた印鑑を用い、その後、届出

印の変更はなされていません。定期預金を自由に運用するためには届出印が必要になりますが、当該届出印は贈与者が管理したままの状態です。同様な事例における裁決においても、当該定期預金の届出印の管理者が贈与者のままであったことから、定期預金について確定的な移転があったとまでは言えないと判断され、贈与が履行されたとは認定されず、相続財産になると結論づけられた事例があります（平成23年8月26日裁決）。

　したがって、贈与が履行されたことを主張するためには、預金に係る届出印の管理者が受贈者となるように、預金口座を開設する際に受贈者の印鑑で登録するか、贈与者の印鑑で登録してしまった場合には、届出印を変更するか、若しくは届出印を受贈者に引き渡す必要があります。

⑵　名義預金として相続税の修正申告をする際の対応

　死因贈与とは、贈与の履行が贈与者の死亡時になされることが合意されているものを言います。本件では、贈与者Aが亡くなった時に贈与する旨の合意はなされていません。そもそも、贈与の合意をした平成20年のお正月においては、お互いにすぐに贈与を履行するつもりだったと思われます。そこで、本件定期預金が死因贈与により子供が取得したと判断することはできないでしょう。また、定期預金を3人の子供に遺贈する遺言がないので、遺贈により子供が取得したとみなすこともできません。したがって、定期預金は未分割の相続財産となります。

　当初作成した遺産分割協議において、その他の財産は、被相続人Aの配偶者が相続する旨が定められていますので、定期預金は遺産分割協議によって被相続人Aの配偶者が相続したものとして対応すべきであるという考え方もあるでしょう。しかし、遺産分割協議をした時点で、相続人は当該定期預金は贈与された財産と思い、遺産分割の対象になるという認識（定期預金がその他財産に該当し、被相続人Aの配偶者に相続されるという認

識）を持っていなかったことは明らかです。したがって、定期預金は、遺産分割協議の定める「その他財産」に該当せず、未分割の財産と判断して対応することができると考えられます。

　具体的には、別途定期預金に係る遺産分割協議が成立したら、それに従った相続税の申告が認められると考えます。

Q₂ 無償で名義変更＝贈与か？

不動産・株式等の名義を親から子供に変更しました（対価の支払いはしていません。）が、贈与税の申告をしていません。後日、贈与ではないかと税務調査を受けましたが法的実態が不明瞭です。どのように取り扱われるのでしょうか。

Answer

不動産・株式等の名義を子供の名義に変更した場合、原則として贈与と認定されます。

不動産・株式等の名義変更（贈与かどうか判断が困難な場合）に対する取扱い

親の名義	名義変更（対価の授受なし） ⟹	子供の名義

（原　則）　贈与として贈与税の対象となる。

㊟　以下の全ての要件を満たす場合や、やむを得ない事情があった場合は、贈与税の対象になりません。

・財産の名義を贈与税の申告・決定前に戻している。
・名義人になった者が、自分が名義人になったことを知らない。
・贈与税を逃れようとしたものでない。
・名義人になった者が、贈与財産を使用し、その収益を得ていない。

　税務上、贈与があったかどうかの判断は、名義変更の事実や契約書面等の法律上の形式だけでなく法的実態を踏まえて判断することになります。

　しかし、親族間で行われる取引については事実関係とそれに基づく法的実態がはっきりわからないことがあります。特に、財産の名義を親から子供へ変更した行為を検討する時、前の名義人（親）が贈与の意思表示をしたかどうかや今の名義人（子供）が贈与を受諾したかどうか等の事実関係が不明瞭で判断が難しいことが少なくありません。

　このように不動産・株式等の名義を子供の名義に変更した際に、贈与税が課されるか判断が明確にならない場合には、贈与税の逋脱を防止する観点から不動産、株式等の名義変更を贈与として取り扱うものとされています（相基通9-9）。

（参考）　財産の名義変更があった場合（相基通9-9）

　不動産、株式等の名義の変更があった場合において対価の授受が行われていないとき又は他の者の名義で新たに不動産、株式等を取得した場合においては、これらの行為は、原則として贈与として取り扱うものとする。

　ただし、以下のような場合には、法的実態が贈与でないと考えられますので贈与税は課されないことが例示されています（名義変更通達）。

(1)　**名義変更された財産が不動産、船舶又は自動車である場合**

　①　贈与税の申告若しくは決定又は更正がなされる前にこれらの財産の名義を贈与者の名義に戻している。

　②　財産の名義人となった者（その者が未成年者である場合には、その法定代理人を含む。）がその名義人となっている事実を知らなかった

ことが確認できる。

③　当該規定を利用して贈与税の逋脱を図ろうとしていると認められない（財産の名義人となった者が既に当該取扱いの適用を受けている場合は、贈与税の逋脱を図ろうとしたと認められる。）。

④　財産の名義人が当該財産を使用収益していない。

(2)　名義変更された財産が有価証券である場合

①②③……同上

④　財産の名義人が当該財産を管理運用し、又はその収益を享受していない。

上記(1)及び(2)に該当しない場合であっても、財産（不動産、船舶、自動車又は有価証券）の名義変更が過誤に基づき、又は軽率にされたものであり、かつ、それが取得者等の年齢その他により確認できる場合には、贈与税の申告若しくは決定又は更正がなされる前にこれらの財産の名義を贈与者の名義に戻していれば贈与とは判断されません。

また、財産（不動産、船舶、自動車又は有価証券）の名義変更が、法令に基づく所有の制限その他これに準ずる真にやむを得ない理由(注)に基づいて行われたものである場合においては、その名義人となった者との合意により名義を借用したものであり、かつ、その事実が確認できる場合に限り、これらの財産については、贈与と認識しません。

(注)　その他これに準ずる真にやむを得ない理由とは、例えば、当該名義変更等に係る不動産、船舶、自動車又は有価証券の従前の名義人等について、債権者の内容証明等による督促又は支払命令等があった後にその者の有する財産の全部又は大部分の名義を他人名義としている事実があることなどにより、これらの財産の名義変更等が、強制執行その他の強制換価手続を免れるため行われたと認められ、かつ、その行為をすることにつき真にや

むを得ない事情（例えば、これらの財産を失うときは、通常の生活に重大な支障を来す等の事情）がある場合（配偶者、三親等内の血族及び三親等内の姻族の名義とした場合を除きます。）が該当します（「名義変更等が行われた後にその取消し等があった場合の贈与税の取り扱いについて」通達の運用について）。

　上記においては、贈与税の申告若しくは決定又は更正の前に、これらの財産の名義を贈与者の名義に戻すことが要件とされていますので、名義を戻していない場合には贈与税の更正又は決定がなされることがあります。

　しかし、当該財産の名義を戻さなかったことが、税務署からこれらの取扱いの適用についての説明を受けていない等のため、その取扱いを知らなかったことに基づくものである場合で、当該更正又は決定について異議の申し立てをして、その後速やかに当該財産の名義を戻す場合には、税務署は課税価額又は税額を更正することができるものとされています。

補論　預金の名義変更と税務上の取扱い

　不動産や有価証券等については、名義変更がなされた時に、贈与がなされたとみなす取扱いになっています。名義変更がなされたのに贈与税の申告がない場合には、税務署は贈与税を課税します。ただし、名義人となった者が、自分が名義人になったことを知らない場合等、租税回避を目的としていないと認められ、名義を元に戻した場合には、それを認めて、贈与税を課さないことにしています。

　この取扱いは、名義変更の事実を税務署が適時把握することが前提となります。不動産の名義変更については、税務署は適時その事実を把握しています。名義変更をすると税務署からお尋ねがあることが一般的です。

　一方、有価証券については、名義変更の事実を税務署が把握しきれていません。名義変更の事実を贈与者が亡くなった際の相続調査の時に初めて

税務署が把握することも少なくありません。名義変更をした時点で贈与が成立したと認めると、贈与税の時効が成立してしまって税務署は当該有価証券が親から子へ承継される際の税金を徴収できなくなります。

　そこで、そのような場合には、上記通達（相基通 9 - 9 ）に関わらず、たとえ名義変更がなされていても、税務署は、名義変更時及びその後の法的実態を詳細に検証し、法的実態に不明瞭な点や矛盾点がある場合には、贈与は成立していないと判断し、名義変更済の子供名義の有価証券を親の相続財産とみなして相続税が課されることが一般的です（「**3 - 2　贈与税の時効は認められるか？**」参照）。

　ところで、預金については、上記の名義変更がなされた場合に贈与と取り扱う規定（相基通 9 - 9 ）の適用はありません。預金の異動については、税務署はほとんど認識できません。そのため、税務署が名義変更の事実を知って贈与税を課税することは困難です。

　そこで、預金については、名義変更をもって一律に贈与と取り扱うことはせずに、税務調査の場面に応じて法的実態で所有者を判断し、贈与税や相続税を課税する取扱いがなされています。

Q₃ 贈与税の申告をしていない贈与の問題

3－1 贈与税の時効の期限について

　株式の名義を親から子供に変更をしてから10年が経過しています。名義人となった子供は贈与税の申告をしていません。贈与税の時効は何年でしょうか。

Answer

　贈与税の時効は、贈与税の申告書の提出期限（通常、贈与が行われた翌年の３月15日）から６年を経過する日までです（相法36①）。

> **贈与税の時効が成立する日　＝** 当該贈与に係る贈与税の申告書の提出期限から６年を経過する日

解 説

　他の税目の時効は通常５年ですが、贈与税の時効については６年となっています。なお、偽りその他不正の行為により贈与税の負担を免れた場合は、時効は１年延長し７年となります（相法36④）。

補 論　相続税の時効

　相続税の時効は、５年になり（国通法72①）、偽りその他不正の行為があった場合には、２年延長されて７年になります（国通法73③）。

3 - 2 贈与税の時効は認められるか？

　財産の名義を親から子供に変更をして、これに係る贈与税の申告をしていない場合、当該名義変更がなされた翌年の3月15日（当該名義変更にかかる贈与税の申告書の提出期限）から6年を経過した場合には、贈与税の時効を主張できるのでしょうか。

Answer

　財産の名義変更をしたものの贈与税の申告をしていなかった場合、名義変更をしてから時間が経過すれば、実務上、贈与税の時効を主張できるかというと、話はそう単純ではありません。そもそも、贈与税の申告がされていない場合、贈与の成立が明確でないことも少なくありません。

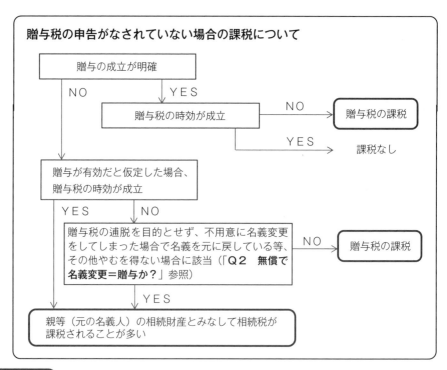

贈与税の申告がなされていない場合の課税について

贈与の成立が明確

NO　　　YES

贈与税の時効が成立 ──NO→ 贈与税の課税

YES → 課税なし

贈与が有効だと仮定した場合、贈与税の時効が成立

YES　　NO

贈与税の逋脱を目的とせず、不用意に名義変更をしてしまった場合で名義を元に戻している等、その他やむを得ない場合に該当（「Ｑ２　無償で名義変更＝贈与か？」参照） ──NO→ 贈与税の課税

YES

親等（元の名義人）の相続財産とみなして相続税が課税されることが多い

　親が子供の預金口座に300万円振り込んだとして、当該300万円について贈与税の申告がなされていなかった時に、振り込みの翌年3月15日から6年以上が経過した場合、贈与税の時効を主張できるかというと話はそう単純ではありません。というのも当該300万円の振り込みが贈与として有効に成立した行為と認められるならば時効が成立することになりますが、この振り込みが親から子供への資金貸付であった場合には、贈与は成立しません。したがって、当然に贈与の時効を主張することもできません。贈与税の申告がなされていない時には、親から子供への資金移動が贈与であるのか、資金の貸付であるのか明確でないことが少なくないので、まずは当該資金移動が法的にどのような行為なのか検証する必要があります。

　また、資金の移動だけでなく、親の財産の名義を子供の名義に変更し、贈与税の申告がなされていない時にも同様の問題が生じます。

　名義変更という行為が、親から子供への贈与として法的実態が認められるのか、親が子供の名義を借りただけなのかが論点となります。

　名義変更した行為が、親から子供への贈与と認められる場合には、名義変更した翌年の3月15日から6年を経過すれば、贈与税の時効を主張することができると考えますが、名義変更をした行為が、親が子供の名義を借りただけと認められる場合には、当該名義変更は贈与と認識することはできないので、贈与税の時効を主張することはできません。たとえ名義変更により子供名義の株式になっていても実質的には親の株式と認められますので、親が亡くなった際に、当該子供名義の株式は親の相続財産に算入されて相続税が課されます。

　そこで、名義変更が贈与と認められるか、名義借りと認められるかの判断が重要になります。

　この判断は、当事者の認識や、契約等の法形式、名義変更後の管理状況

を総合的に勘案して判断されます（「1-2　**安全な贈与のポイント**」参照）。

　実務上は、当該名義変更を贈与と認識した時に、贈与税の時効が成立していない場合には、贈与税の逋脱を防止する観点から、その判断（贈与か名義借りかの判断）が明確でないものについても贈与と認め、贈与税が課されることがあります（相基通9-9）。

　他方、名義変更を贈与と認識した時に、贈与税の時効が成立している場合には、相続税の逋脱を防止する観点から、その判断（贈与か名義借りかの判断）が明確でないものについては贈与が成立していないと判断し、当該名義変更された財産は名義変更後も親の財産であるとして、親が亡くなった際の相続財産に算入する指導が税務調査の席でなされる傾向が強いと思います。

　いずれにしても親族間での財産の名義変更については、後日、法的実態が不明瞭で税務上の問題に発展しないように税務申告も含めてしっかりと対応しておくことが大切です。

Q 4　特別な贈与（所得税が課される場合等）

4 - 1　負担付贈与とは

負担付贈与について教えてください。

Answer

　負担付贈与とは、一定の債務を負担させることを条件に財産を贈与することを言います。

　「贈与」と言っても、これは実質的に譲渡と変わりません。贈与者は、財産を引き渡し、同時に債務の負担を免れます。債務の負担を免れるということは、譲渡対価をもらうことと同じです（100万円の借金を返さなくていいということは、100万円をもらうことと同じです。）。

　したがって、例えば、土地を贈与すると共に、当該土地を取得する際に負った借入金（1,000万円）の負担を免れ、当該借入金（1,000万円）の返済を受贈者にしてもらう負担付贈与は、当該土地を1,000万円で譲渡するのと同意義です。

　結果的に、負担付贈与をした場合には、当該贈与財産を免除される債務の金額で譲渡したとみなして譲渡所得の計算を行います。

　また、受贈者においては、当該負担額が少額である場合には、実質的に贈与を受けたものとみなして贈与税が課されます。

4-1-1　贈与者に所得税

　賃貸アパートを所有しているＡさんは、当該賃貸アパートである建物を長男Ｂに贈与しました。Ａさんにはどのような課税が生じるでしょうか。なお、当該建物の時価は2,000万円、取得費も2,000万円、固定資産税評価額は1,000万円です。その他、当該賃貸マンションの入居者から敷金100万円を預かっています。

nswer

　贈与者（Ａさん）に課税は生じません。

負担付贈与における贈与者の課税

【原則】　贈与者は、負担額で財産を譲渡したものとみなして所得税が課されます。

【例外】　負担額が著しく低い価額で、「負担額＜取得費」の場合は、譲渡損はないものとされます。

解 説

　通常、財産を贈与した者に対して課税は生じません。しかし、負担付贈与に該当すると、負担額で当該贈与財産を譲渡したものとみなして所得計算をすることになります。

　本件賃貸アパートを贈与においては、当該建物の贈与と同時に敷金債務も受贈者に移転します。つまり、建物（賃貸アパート）の贈与と預かり敷金債務の移転がセットになっており、本件賃貸アパートの贈与は、敷金債務（100万円）の負担付贈与に該当します。そこでＡさんは、建物（賃貸アパート）を移転する債務の額（敷金債務100万円）で譲渡したものとみ

なして譲渡所得を計算します。

つまり、Aさんの譲渡所得＝100万円−2,000万円＝△1,900万円と計算できます。

しかし、個人間の取引において「著しく低い価額」で譲渡した時に生じる譲渡損はなかったものとみなされます（「8−1　譲渡損の否認（個人間の著しく低い価額による譲渡）」参照）ので、当該損失は認識されません。

なお、ここで言う「著しく低い価額」とは、時価（通常の取引価額）の半額未満の金額を言います（「13−2　譲渡損の否認」参照）。

(注)　譲渡損が計上される場合

　本件事例において、仮に入居者から預かっている敷金が1,500万円であったとすると、課税関係はどのようになるでしょうか。

　建物の贈与に伴って、1,500万円の債務も受贈者に移転します。したがって、贈与者（Aさん）は、当該建物を1,500万円で譲渡したものとして所得税を計算します。これは著しく低い価額による譲渡に該当しないと考えられます。

　その結果、Aさんには譲渡損が500万円（譲渡とみなす金額1,500万円−取得費2,000万円）と計算されます。

4 - 1 - 2　受贈者に贈与税

前問の場合、受贈者の贈与税はどのように計算されるのでしょうか。

Answer

受贈者（長男B）には、1,900万円の贈与を受けたものとして贈与税が課されます。

負担付贈与についての贈与税の計算

　負担付贈与に係る贈与財産の価額は、負担がないものとした場合における当該贈与財産の価額から当該負担額を控除した価額によるものとする（相基通21の2-4）。

解説

個人間の取引において、著しく低い価額（「13-1　**みなし贈与**」参照）で財産を取得した者に対しては、贈与を受けた財産の時価から、負担することになった債務の額を控除した金額に対して贈与税が課されます（相法7、相基通21の2-4）。したがって、長男Bは1,900万円（贈与を受けた建物の時価2,000万円－負担する敷金債務の額100万円）に対して贈与税が課されます。

ここで、贈与された賃貸アパートの評価額は、相続税評価額ではなく通常の取引価額である時価で評価しなければなりません（「12-3　**贈与において財産評価基本通達による評価が認められない場合**」参照）。

4 − 1 − 2 − 1 　建物の時価について

　土地又は建物等を負担付贈与した場合に、贈与税の課税価額は相続税評価額ではなく時価から負担額を控除して計算しますが、時価（評価額）について負担付贈与通達には以下の記載があります。

　当該土地等又は家屋等に係る<u>取得価額</u>が当該課税時期における通常の取引価額に相当すると認められる場合には、当該取得価額に相当する金額によって評価することができる。

ここで、建物の取得価額とは、以下のうちのどれになるでしょうか。

① 　建物の取得に要した費用の価額

② 　建物の取得に要した費用から、所得税法の規定により減価償却費に計上された金額を控除した金額

③ 　建物の取得に要した費用から、建物の取得の時から課税時期までの期間において定率法で償却計算した償却費を控除した金額

Answer

③により計算した金額になります。

解　説

　取得価額とは、所得税法においては「取得に要した費用の合計額」のことを言いますが、負担付贈与通達では取得価額について以下のように記載されています。

　「取得価額」とは、当該財産の取得に要した金額並びに改良費及び設備費の額の合計額をいい、家屋等については、当該合計金額から、評価基本通達130《償却費の額等の計算》の定めによって計算した当該取得の時から課税時期までの期間の償却費の額の合計額又は減価の額を控除した金額をいう。

　つまり、負担付贈与通達で言うところの取得価額とは、償却後の価額となります。この点、所得税では、取得価額とは償却前の価額を言い、用語の意味が異なりますので注意が必要です。さらに所得税で計算された償却費を控除して計算することはできませんのでこの点でも注意を要します。負担付贈与通達では償却費の計算方法について評価基本通達130の定めによって計算する旨が規定されていますが、評価基本通達130では以下のように定められています。

　①　耐用年数は耐用年数省令に規定する耐用年数による。
　②　償却方法は、定率法による。

　所得税においては、建物の減価償却は定額法又は旧定額法を適用していることが多いかと思われますが、負担付贈与通達では定率法で償却費を計算する旨が規定されています。

　負担付贈与通達では、建物等の時価について上記のように定率法で算定した減価償却後の金額とすることを無条件で認めている訳ではありませんが、課税上弊害がない限り、実務上は上記償却後の価額を時価として計算することが許容されているようです。

4－1－3 受贈者における財産の取得価額

負担付贈与により財産の贈与を受けた者の当該財産の税務上の取得価額はどのようになるのでしょうか。

Answer

負担付贈与を受けた受贈者の税務上の取得価額は以下になります。

負担付贈与を受けた受贈者の税務上の取得価額

【原則】　負担額

【例外】　負担額が当該贈与財産の時価に比べて著しく低い価額で、贈与者にとって「負担額＜取得費」である場合には、贈与者の取得価額及び取得日を承継します。

解説

負担付贈与により財産の贈与を受けた受贈者は、新たに負担することになった債務の金額で受贈した財産を取得したものとみなします。したがって、負担付贈与により受贈した財産の取得価額は、負担することになった債務の金額（注1）となります。

ただし、負担することになった債務の金額が、時価に比べて「著しく低い価額」（注2）で、贈与者の取得費よりも低額である場合には、贈与者の取得価額及び取得日を引き継ぐものとされています（所法60①二）。

前問4－1－2のケースでは、負担することになった債務の金額（100万円）は、贈与を受けた賃貸アパートの建物の時価（2,000万円）に比べて「著しく低い価額」であり、また、贈与者にとっての当該賃貸アパートの取得費（2,000万円）よりも低額です。したがって、受贈者における当該

賃貸アパートの取得価額は、贈与者の取得価額を引き継ぐことになります

（「**9-3　負担付贈与により取得した場合**」参照）。

(注1)　財産を受贈するに当たって、付随した費用や登録免許税等（経費計
上されなかったものに限ります。）があれば、これらも取得価額に加
算されます。

(注2)　ここで言う「著しく低い価額」とは、贈与した財産の時価（通常の
取引価額）の半額未満の金額を言います。

4－1－4 負担付贈与（まとめ）

　賃貸アパートを所有しているＡさんは、当該賃貸アパートである建物を長男Ｂに贈与しました。Ａさんにはどのような課税が生じるでしょうか。なお、当該建物の時価は2,000万円、取得費も2,000万円、固定資産税評価額は1,000万円です。

　また、当該賃貸マンションの入居者から敷金100万円を預かっており、贈与者（Ａさん）が当該建物の取得に際して負担した借入金（贈与時点の残高は1,000万円）があり、建物の贈与と同時に当該借入金を長男Ｂに負担してもらうことにした場合、課税関係はどのようになりますか。

Answer

　贈与者は1,100万円で賃貸アパートを譲渡したものとみなして900万円の譲渡損を計上します。他方で、受贈者は賃貸アパートの時価と負担額の差額（900万円）に対して贈与税が課されます。

　なお、受贈者の当該賃貸アパートの取得価額は1,100万円になります。

解 説

(1)　贈与者（Ａさん）の課税関係

　Ａさんは、建物の贈与に当たって受贈者に借入金（1,000万円）と敷金債務（100万円）を受贈者（長男Ｂ）に負担してもらいます。したがって、Ａさんは当該建物を1,100万円で長男に譲渡したものと同じですので、Ａさんの譲渡所得は、1,100万円－2,000万円＝△900万円になります。

(2)　受贈者（長男Ｂ）の課税関係

　長男Ｂは、建物の贈与を受けるとともに、借入金（1,000万円）と敷金

債務（100万円）を負担します。長男Ｂが負担する債務の額（1,100万円）が、贈与を受ける財産の時価（2,000万円）に比べて「著しく低い価額」である場合、贈与を受ける財産の時価から負担する債務の額を控除した価額（900万円＝2,000万円－1,100万円）に対して贈与税が課されます。

　ここで言う「著しく低い価額」とは明確な基準はありませんので、社会通念で判断することになりますが、負担する債務の額（1,100万円）は贈与を受ける財産の時価（2,000万円）に比べて「著しく低い」と考えられますので、受贈者（長男Ｂ）の900万円に対して贈与税が課されることになります（「**13−1　みなし贈与**」参照）。

　また、受贈者（長男Ｂ）は1,100万円の負担で、当該建物を取得しますので、受贈者（長男Ｂ）にとって当該建物の取得価額は1,100万円になります。

　なお、受贈者が負担する金額が「著しく低い価額」で、当該負担額が贈与者（Ａさん）における取得価額よりも低い場合には、実際に受贈者（長男Ｂ）が負担する金額を取得価額とせず、受贈者（長男Ｂ）は贈与者（Ａさん）の取得価額及び取得日を引き継ぐことになります。

　ここで言う「著しく低い価額」とは、時価の半額未満の価額をいい、本件では、負担額（1,100万円）は贈与された建物の時価（2,000万円）の半額未満ではないので、贈与者（Ａさん）の取得価額を引き継ぐことにはなりません。

　㊟　「著しく低い価額」の考え方は、その局面により異なります。詳細は「**Q13　著しく低い価額とは**」を参照してください。

4-1-5 負担付贈与の回避策

賃貸アパートを子供に贈与しようと思いますが、負担付贈与に該当してしまうと贈与財産を相続税評価額で評価することができず、時価で評価しなければならなくなります。以下のような場合、負担付贈与に該当しないようにするにはどのようにすればよいでしょうか。

〔事 例〕

賃貸アパートを所有しているAさんは、当該賃貸アパート（賃借人から預かっている敷金は100万円）である建物を長男Bに贈与します。

Answer

賃貸アパートの贈与（負担付贈与）と同時に現金100万円を併せて長男に贈与すれば、税務上、負担付贈与に該当せず、贈与財産を相続税評価額で計算することが認められます。

負担付贈与の規定が適用されないポイント

贈与（負担付贈与）と同時に、受贈者に負担させる負担額と同額の現預金を同時に贈与する。

解 説

前述したように、負担付贈与に該当すると贈与者は負担額で贈与財産を譲渡したものとみなして譲渡所得を計算しなければならなくなります。

ここで負担額と同額の現金を同時に贈与すれば、贈与に伴う負担はないとして、単なる財産の贈与と同様に贈与者が譲渡所得を計算する必要はなくなると考えられます。

本問のケースでは、賃貸アパートの贈与と同時に敷金債務（100万円）

と同額の現金を贈与者（Aさん）が受贈者（長男B）に贈与すれば、敷金債務と現金の贈与が相殺されて、負担付贈与に該当せず、実質的に建物を贈与したもの同じとみなして課税関係を整理することが可能になります。したがって、贈与者（Aさん）には譲渡所得は生じません。

　次に、受贈者（長男B）が贈与を受けた賃貸アパートである建物の相続税評価額は700万円（固定資産税評価額（1,000万円）×貸家評価減70%）と評価できますので、受贈者（長男B）に対する贈与税の課税価額は700万円（建物の相続税評価額700万円+現金100万円−敷金債務100万円）となります。また、受贈者にとっての贈与された財産の取得価額は、贈与者の取得価額及び取得日を引き継ぎます（相法60①一）。

（まとめ）

　負担付贈与においては、贈与者に対して譲渡所得課税がなされ、受贈者において贈与された財産が土地、建物等である場合には、これらの財産の評価を相続税評価額でなく、時価で計算しなければならなくなります。ただし、負担額と同額の現金等を合わせて贈与することにより、譲渡所得の計算をする必要はなくなり、贈与税の計算に当たって財産を相続税評価額で計算することができるようになります。

（参考）　賃貸アパートの贈与に係る負担付贈与通達の適用関係
【照会要旨】
　父親は、長男に対して賃貸アパート（建物）の贈与をしたが、本件贈与に当たって、賃借人から預かった敷金に相当する現金200万円の贈与も同時に行っている。この場合、負担付贈与通達（平成元年3月29日付直評5外）の適用を受けることとなりますか。

【回答要旨】

　敷金とは、不動産の賃借人が、賃料その他の債務を担保するために契約成立の際、あらかじめ賃貸人に交付する金銭（権利金と異なり、賃貸借契約が終了すれば賃借人に債務の未払いがない限り返還されます。）であり、その法的性格は、停止条件付返還債務である（判例・通説）とされています。

　また、賃貸中の建物の所有権の移転があった場合には、旧所有者に差し入れた敷金が現存する限り、たとえ新旧所有者間に敷金の引継ぎがなくても、賃貸中の建物の新所有者は当然に敷金を引き継ぐ（判例・通説）とされています。

　ところで、照会のように、旧所有者（父親）が賃借人に対して敷金返還義務を負っている状態で、新所有者（長男）に対し賃貸アパートを贈与した場合には、法形式上は、負担付贈与に該当しますが、当該敷金返還義務に相当する現金の贈与を同時に行っている場合には、一般的に当該敷金返還債務を承継させ（す）る意図が贈与者・受贈者間においてなく、実質的な負担はないと認定することができます。

　したがって、照会の場合については、実質的に負担付贈与に当たらないと解するのが相当ですから、負担付贈与通達の適用はありません。

㊟　なお、照会の場合については、実質的に負担付贈与に該当せず、譲渡の対価がありませんので父親に対して譲渡所得に係る課税は生じません。

【関係法令通達】

　平成元年３月29日付直評５外「負担付贈与又は対価を伴う取引により取得した土地等及び家屋等に係る評価並びに相続税法第７条及び第９条の規定の適用について」

（出典：国税庁質疑応答事例より）

Q
4

特別な贈与（所得税が課される場合等）

4 - 2　非居住者への贈与に所得税

　非居住者に有価証券等を贈与すると、贈与者は贈与した有価証券を時価で譲渡したとみなして所得税がかかるそうですが、この制度について教えてください。

Answer

　国外転出（贈与）時課税は、以下のようなものです。

国外転出（贈与）時課税

　平成27年7月1日以後に、一定の居住者（注1）が、非居住者に、対象資産（所有する有価証券等）（注2）を贈与した場合、受贈者に対する贈与税とは別に、贈与時の時価（注3）で贈与者が贈与した当該対象資産を譲渡したものとみなして贈与者に所得税が課されます（注4）（所法60の3）。

解 説

　この規定は、非居住者に有価証券を贈与して、その後、非居住者である受贈者が当該有価証券を国外で譲渡する等により日本国内で生じた有価証券に係る含み益に対して日本で課税できなくなるのを防止するために設けられています。

　通常は、財産を個人である受贈者に贈与した者には、贈与者に所得税は課されません。しかし、受贈者が非居住者である場合、贈与者が所有する対象資産（有価証券等）が1億円以上である時には、国外に贈与した対象資産の含み益に対して所得税が課されますので注意が必要になります。

（注１）　所得税が課される一定の居住者とは、贈与時に１億円以上の時価の対象資産（有価証券等（注２））を所有している者で、贈与の日前10年以内において、国内在住期間が５年を超えている者を言います（所法60の３⑤）。なお、実際に贈与する対象資産がわずかであったとしても、贈与する時に贈与者が所有する贈与しない対象資産も含めた全ての対象資産の時価が１億円以上であるならば、贈与する対象資産を時価で譲渡したとみなした所得税が課されます。

（注２）　対象資産とは、有価証券（株式、投資信託、公社債等）、匿名組合の出資持分、未決済の信用取引・発行日取引及び未決済デリバティブ取引を言います（所法60の３①～③）。

（注３）　相続税評価額ではなく、所得税法に定める評価額になります。したがって、非上場株式は、所得税基本通達59-6の評価額となります。また、上場株式は時価（贈与日の最終価額）で評価します。なお、外貨建ての有価証券は贈与日のＴＴＭで円換算して評価します（所基通57の３-２）。

（注４）　この規定による譲渡は、上場株式について譲渡損がある場合、配当所得等との損益通算や、繰越控除の特例を適用することが可能です（措法37の12の２②十一）。

4−2−1 国外転出時における課税の取消

国外転出（贈与）時の課税は取り消しをすることができるそうですが、その詳細を教えてください。

Answer

以下の場合、国外転出（贈与）時課税（非居住者に対して贈与した対象資産を時価で譲渡したものとみなした課税）を取り消すことができます。

国外転出（贈与）時課税を取り消しできる場合

① 贈与の日から10年以内に受贈者が帰国した場合、帰国の時まで引き続き所有している対象資産に係る課税は取り消すことができます（所法60の3⑥一、⑦）。

② 贈与の日から10年以内に、当該贈与の受贈者が対象資産を居住者に贈与した場合、居住者に贈与された対象資産に課されている所得課税（非居住者に贈与した際の贈与者に対する課税）を取り消すことができます（所法60の3⑥二、⑦）。

③ 非居住者に対象資産が贈与された後に、当該受贈者である非居住者が亡くなり、対象資産の相続又は遺贈を受けた全ての者が、当該亡くなった受贈者が贈与を受けた日から10年以内に居住者になった場合、相続又は遺贈された対象資産に係る課税（非居住者に贈与した際の贈与者に対する所得税）は取り消すことができます（所法60の3⑥三、⑦）。

㊟ 上記①から③において、「10年」とあるのは、納税猶予の手続きをしている場合であり、納税猶予の手続きをしていない場合は、「5年」になります。

　国外転出（贈与）時に課される所得税の納税を猶予する制度について教えてください。

Answer

　国外転出（贈与）時に課される所得税は、最大10年の間、一定の手続きをして猶予税額に見合う担保を差し入れた場合に納税を猶予することができます。

解 説

(1)　納税猶予について

　国外転出（贈与）時課税を受ける者（非居住者に対象資産を贈与した者）が、当該課税に係る確定申告で、納税猶予の特定の適用を受ける旨の確定申告をして、猶予される税額等に対する担保を提供する場合には、最大10年(注)の間、国外転出時における対象資産に係る課税を猶予することができます（所法137の3①③④）。また、猶予期間中は、毎年年末に受贈者が所有する対象資産について引き続き納税猶予を受ける旨の届出書を翌年の3月15日までに贈与者が提出する必要があります（所法137の3⑦）。そして、猶予期間中に帰国した場合等には、当該税額を取り消すことができます（前問**4－2－1**参照。所法60の3⑥⑦）。

　(注)　原則は「5年」になりますが、5年を経過するまでに延長の手続きをすれば、10年に延長することができます。

(2)　猶予期間中に譲渡した場合

　猶予期間中に国外転出（贈与）時課税の対象になった対象資産を受贈者

が譲渡等（贈与又は決済を含みます。）した場合には、受贈者は譲渡してから2か月以内にその旨を譲渡者に通知（所法60の3⑨）し、贈与者は譲渡等した対象資産について猶予されていた所得税及び利子税を譲渡等してから4か月以内に納付しなければなりません（所法137の3⑤⑥⑫⑭、所令266の3⑩）。なお、猶予期間中に受贈者が対象資産を譲渡等した時の譲渡価額が国外転出（贈与）時の時価よりも下落している時は、当該譲渡等の日から4か月以内に更正の請求をすれば、当該下落した譲渡価額で国外転出（贈与）時に譲渡があったものとみなして国外転出（贈与）時の所得税を減額することができます（所法60の3⑧、153の3②）。

(3) 猶予期間が満了した場合

　猶予期間が満了する日までに受贈者の帰国等により課税の取り消しをできない場合、猶予期間が満了する日までに、贈与者は猶予されていた所得税及び利子税を納付しなければなりません（所法137の3①）。なお、猶予期間の満了日における対象資産の価額が国外転出（贈与）時の時価よりも下落している時は、当該満了日から4か月以内に更正の請求をすれば、当該満了日の価額で国外転出（贈与）時に譲渡があったものとみなして国外転出（贈与）時の所得税を減額することができます（所法60の3⑪、153の3③）。

4 − 3 停止条件付贈与（条件成就前の贈与者の死亡）

　祖父が孫に対して大学に入学したら200万円を贈与する旨の贈与契約を締結しました。

(1)　契約時点で課税はなされますか。

(2)　孫が大学に入学して200万円の贈与を受けた時に課税されますか。

(3)　受贈者（孫）が大学に入学する前に贈与者（祖父）が亡くなった場合

　①　当該贈与契約は無効になりますか。

　②　祖父の相続税の申告に当たって、将来孫に贈与する可能性がある負担（200万円）は考慮されますか。

　③　祖父が亡くなった後、孫が大学に入学した時にはどのような課税関係が生じますか。

Answer

(1)　契約時点では課税されません。

(2)　200万円に対して贈与税が課されます。

(3)　①　無効になりません。贈与の義務は祖父の相続人が承継します。

　②　考慮されません。

　③　200万円に対して贈与税が課されます。

停止条件付贈与の認識時点

　停止条件付贈与は、その条件が成就した時点で贈与を認識します。

解 説

(1) 停止条件付の贈与契約を締結した場合、条件が成就した時に効力が生じるとされています（民法127①、相基通1の3・4共－9）。

　　したがって、停止条件付贈与契約を締結した時点では停止条件が成就していませんので、課税関係は生じません。

(2) 孫が大学に入学すると、停止条件が成就しますので、当該贈与の効力が生じます。そこで、孫は大学入学したことにより200万円の贈与を認識して、贈与税が課されます。

(3) ①贈与契約は、贈与者が死亡した場合、将来に孫が大学に入学したら200万円を孫に贈与する義務を贈与者（祖父）の相続人が承継しますので、契約は無効になりません。

　　②贈与者（祖父）が亡くなった時点においては、当該贈与の義務は確定していませんので、祖父の相続に当たっては考慮されません。

　　③孫が大学に入学すると、祖父の相続人は孫に200万円を贈与しなければなりません。そして、孫はその時点で、200万円の贈与を認識して、贈与税が課されます。

（参考1）　条件が成就した場合の効力（民法127）

1．停止条件付法律行為は、停止条件が成就した時からその効力を生ずる。

2．解除条件付法律行為は、解除条件が成就した時からその効力を失う。

3．当事者が条件が成就した場合の効果をその成就した時以前にさかのぼらせる意思を表示したときは、その意思に従う。

（参考2）　停止条件付の遺贈又は贈与による財産取得の時期（相基通1の
　　　　　3・1の4共－9）

　次に掲げる停止条件付の遺贈又は贈与による財産取得の時期は、相基通
1の3・1の4共－8にかかわらず、次に掲げる場合の区分に応じ、それ
ぞれ次によるものとする（昭57直資2－177改正、平15課資2－1改正）。

(1)　停止条件付の遺贈でその条件が遺贈をした者の死亡後に成就するもの
　　である場合　その条件が成就した時

(2)　停止条件付の贈与である場合　その条件が成就した時

4 - 4 　定期贈与（一括課税）

　1年あたりの贈与税の非課税枠が110万円になりますので、毎年110万円ずつ10年間にわたり贈与する契約を親子間で締結しました。

　この場合、どのような課税がなされるのでしょうか。

Answer

　毎年110万円ずつ10年間にわたって贈与することが契約（約束）されている場合、10年分の贈与（1,100万円）について契約（約束）時に課税されます。

　なお、10年分の贈与については、有期定期金として割引計算されますので、割引率を0.1％と仮定すると課税価額は10,939,500円になります。

定期贈与の注意点

　今後何年間かにわたって、毎年、定められた金額を贈与する旨の合意がなされた場合、合意時に合意された期間の贈与総額を評価して贈与税が課されます。

　合算して贈与税が課されないようにするには、将来にわたる贈与を合意せず、毎年、その年の贈与分だけについて合意することが大切です。

解　説

　初回の贈与をする際に1,100万円の贈与について合意がなされ、実際の資金の給付が毎年110万円ずつ10年間にわたって行われる契約が締結されたものと解されると、契約締結時に有期定期金として10年分の給付に関する贈与が成立したとして贈与税が課されます。1年当たりの給付額が110万円で、予定利率が仮に0.1％であった場合、10年間の複利年金現価率9.945

になりますので当該有期定期金の評価額は10,939,500円（＝1,100,000円×9.945）と評価されます。

したがって、当該契約締結時に10,939,500円に対して贈与税が課されることになります。毎年、110万円ずつ贈与すれば税金が課されないにも関わらず、初年度に多額の贈与税が課されてしまいます。

このように、最初に10年分の課税がなされず、各年110万円の贈与と認められるようにするためには、10年分の贈与の契約（約束）をせず、毎年、その都度、当該年分の贈与契約を締結する必要があります。

なお、10年分の贈与が最初に合意されていたか否かがポイントになりますが、当該合意は書面でなく、口頭であっても成立します。したがって、契約書がなくても今後10年にわたって毎年110万円（総額1,100万円）を贈与する旨の口頭での合意があったと認められる場合には、上記のような定期贈与と認定されるリスクが生じますので注意が必要です。

（注）　予定利率と、当該予定利率に対応する複利年金現価率は国税庁から公表されます。

4 - 5 著しく低い価額で取得

　長女は、父から土地（時価1,000万円、相続税評価額800万円）を時価よりも低い600万円で購入しました。この時、長女にはどのような課税が課されますか。

Answer

　長女には、取得した財産の時価と実際の取引金額の差額（400万円）に対して贈与税が課されます。

みなし贈与

　個人間取引において、時価よりも著しく低い価額で財産を取得した場合、時価との差額について財産を取得した者に贈与税が課されます。

解　説

　個人間で財産の売買を行う場合、著しく低い価額で財産の譲渡を受けた者に対して時価と譲渡対価の差額に対して贈与税が課されます（相法7）。

　なお、ここで言う「著しく低い価額」とは、時価の半額未満の金額を言っているのではなく、個別の取引の事情に応じて判断が必要になります（詳細は「13‐1　みなし贈与」参照）。

　また、比較すべき時価とは、一般的に相続税評価額を言いますが、取引された財産が、土地、家屋、附属設備、構築物である場合には通常の取引価額を意味します（「12‐3　贈与において財産評価基本通達による評価が認められない場合」参照）。

補論　負担付贈与により財産を取得した場合

　負担付贈与により財産を受贈した者が、負担した金額が贈与を受けた財産の価額に比べて著しく低い価額である場合にも、同様に贈与税が課されます（「4-1-2　**受贈者に贈与税**」参照）。

4-5-1 贈与の意思がない場合

個人間で、著しく低い価額で財産の譲渡を受けた場合には、財産を取得した者に対して贈与税が課されます。ところで、当該財産の譲渡をした当事者に譲渡の意思がなかった場合にも贈与税が課されるのでしょうか。

Answer

贈与の意思の有無に関わらず、著しく低い価額で財産を取得した場合には贈与税が課されます。

著しく低い価額で財産を取得した場合の贈与税のポイント

贈与の意思の有無に関わらず、著しく低い価額で財産の譲渡を受けた者に対して贈与税が課されます。

解説

贈与とは、民法によると「贈与者が贈与の意思を表示し、受贈者が受諾することにより効力が生じる」ことになっています（民法549）。

したがって、たとえ著しく低い価額で財産を取得した場合であっても、当事者に贈与の意思がなければ民法上の贈与に該当せず、贈与税は課されないのではないかと考えがちです。

しかし、税法においては、民法上の贈与に該当するかどうかとは関係なく（贈与の意思の有無に関わらず）、著しく低い価額の対価で財産を取得した場合には、贈与税を課税することになっています。これは、相続税法第7条（以下（**参考**）参照。）に規定されているのですが、当該条文において、取引当事者の贈与の意思が要件とされていないためです。

つまり、贈与税が課されるかどうかの判断に当たって、著しく低い価額

であるかどうかの事実のみが重要なのであって、取引の当事者の贈与の意思があるかどうかは関係ありませんので注意してください。

（参考）　相続税法第7条（贈与又は遺贈により取得したものとみなす場合）

　著しく低い価額の対価で財産の譲渡を受けた場合においては当該財産の譲渡があつた時において、当該財産の譲渡を受けた者が、当該対価と当該譲渡があつた時における当該財産の時価（〜括弧内省略〜）との差額に相当する金額を当該財産を譲渡した者から贈与（当該財産の譲渡が遺言によりなされた場合には、遺贈）により取得したものとみなす。〜以下省略〜

---

4 - 5 - 2　著しく低い価額であっても許容される場合

　著しく低い価額による取引であっても、贈与税が課されない場合がある
そうですが、どのような場合でしょうか。

Answer

　著しく低い価額で財産の譲渡を受けた場合であっても、以下のような場
合には、贈与税は課されません。

著しく低い価額で取得した場合に贈与税が課されない場合

①　扶養義務者から著しく低い価額で財産の譲渡を受けた者が、資力を喪
　失し、債務を弁済することが困難な場合（債務を弁済することが困難な
　部分の金額に限ります。）

②　公開された市場で財産を取得した場合

解　説

　①譲渡を受ける者が「資力を喪失」して「債務を弁済することが困難」
である場合、当該債務の弁済にあてるために、その者に対して扶養義務者
が著しく低い価額で財産を譲渡した場合には、贈与税を課税しないことに
なっています。

　したがって、子供が債務を弁済することができなくなり、その債務を弁
済することを支援するために扶養義務者である親が財産を子供に著しく低
い価額で譲渡した場合には、支援を受けた子供は贈与税が課されません。

　㊟　「資力を喪失」、「債務を弁済することが困難」については「**15 - 3 - 1
　　贈与税が課される場合（個人間）**」を参照してください。

（参考）　贈与税が課されない場合（相法７但し書）

　　ただし、当該財産の譲渡が、その譲渡を受ける者が資力を喪失して債務を弁済することが困難である場合においてその者の扶養義務者から当該債務の弁済に充てるためになされたものであるときはその贈与又は遺贈により取得したものとみなされた金額のうちその債務を弁済することが困難である部分の金額についてはこの限りでない。

　②担保権者が差し押さえた財産を競売して成立した価額のように、不特定多数の者の競争により財産を取得する等、公開された市場において財産を取得した場合には、たとえ当該価額が一般の取引価額に比べて著しく低い価額と認められるような場合であっても、当該第三者間の恣意性が働かない取引価額を適正な時価と判断して贈与税は課されません。

　このような例としては、上述した担保権者による競売のほか、以下のような取引が該当すると考えられます。

　(ⅰ)　不動産業者と媒介契約を締結して、当該不動産業者が不特定多数の者に情報を提供したり、不動産情報誌や新聞等に物件情報を掲載して行う取引

　(ⅱ)　公開のネットオークションによる取引

　(ⅲ)　証券取引所における取引

　これらの取引により成立した価額は、適正な時価と判断されて贈与税が課されませんが、これを認めた場合、課税の公平性が害されると認められる場合には、贈与税が課税されます。

> **（参考） 公開の市場等で著しく低い価額で財産を取得した場合（相基通7
> －2）**
>
> 　不特定多数の者の競争により財産を取得する等公開された市場において
> 財産を取得したような場合においては、たとえ、当該取得価額が当該財産
> と同種の財産に通常付けられるべき価額に比べて著しく低いと認められる
> 価額であっても、課税上弊害があると認められる場合を除き、法第7条の
> 規定を適用しないことに取り扱うものとする。

4 - 6 法人からの贈与

同族会社（甲社）は、同族株主の一人であるＡさんに現金200万円を贈与しました。Ａさんにはどのような課税が生じるでしょうか。

Answer

Ａさんが受領した200万円には所得税が課されます。

Ａさんが同族会社の役員である場合には、役員賞与とみなして給与所得になり、そうでない場合には一時所得として課税されます。

法人から個人への贈与

受贈者（個人）には、贈与税ではなく、所得税（一時所得（＊））が課されます。

＊ 受贈者が法人の役員・社員等である場合には、賞与（退職を起因としている場合には退職金）とみなされます。

解 説

原則として、財産の贈与を受けた者（個人）には贈与税が課され、所得税は課されません。所得税が課されないのは、贈与税と所得税が課されると、同一の利益に対して二重に課税されることになるので、そのような二重課税を回避するために、贈与税がされた利益に対しては所得税が課されないように手当されているためです（所法9①十六）。

ただし、法人から贈与を受けた者（個人）には贈与税は課されません（相法21の3①一）ので、二重課税の問題は生じず所得税（一時所得）が課されます（所基通34-1(5)）。

なお、受贈者が贈与する法人の社員・役員等である場合には、一時所得

ではなく、賞与として給与所得となります。ただし、社員・役員が退職する際に贈与を受けるものは退職所得となります。

したがって、贈与により財産を取得した個人に対する課税は、贈与者が個人であれば贈与税、贈与者が法人であれば所得税となります。

補 論　贈与者である法人の課税関係

贈与者である法人は、贈与した財産を時価で譲渡したものとみなして、贈与した財産の含み損益に対して課税されます（本問では、200万円の現金の贈与ですから、含み損益はありません。）。

また、贈与した金額は、原則として寄付金として処理されますが、受贈者が当該法人の役員や社員である場合には、賞与（退職を起因としている場合は退職金）として処理されます。

Q5 相続税で精算される贈与

　個人から財産の贈与を受けた個人には、通常は贈与税が課されます。た
だし、一定の贈与については、相続税も課されることになります（相続税
の計算に当たり、当該財産の贈与時に既に納付されている贈与税がある場
合には、当該贈与税を差し引いて計算されます。）。以下において、相続税
の対象になる贈与について解説します。

5－1 死因贈与

　死因贈与により財産の贈与を受けた者には、贈与税、相続税のいずれが
課税されるのでしょうか。

Answer

　相続税が課されます。

> **死因贈与に係る課税**
> 　死因贈与により財産の贈与を受けた者には、相続税が課されます。

解　説

　死因贈与とは贈与者が亡くなった時に贈与の効力が生じ、受贈者に財産
が贈与されるものです。税務上、死因贈与は遺贈に含まれると整理されて
います（相法1の3①一）。したがって、死因贈与は、贈与でありながら
贈与税ではなく相続税が課されます。

> **（参考）**
>
> 〈死因贈与とは（民法554）〉
>
> 　贈与者の死亡によって効力を生ずる贈与については、その性質に反しない限り、遺贈に関する規定を準用する。
>
> 〈死因贈与について（相法1の3①一）〉
>
> 　〜省略〜遺贈（贈与をした者の死亡により効力を生ずる贈与を含む〜省略〜）

5－2 相続前3年内の贈与と例外

　Aさんは2017年3月30日に亡くなりました。Aさんの相続人は、配偶者と長男の2名で、遺産分割協議の末、全ての遺産は配偶者が相続する合意をし、長男は相続により財産を取得しませんでした。なお、Aさんは生前に以下の贈与をしています。当該贈与のうち、Aさんの相続税の課税価額に含まれる贈与はありますか。

贈与年月日	受贈者	贈与金額
① 2013年10月8日	配偶者	200万円
② 2013年11月1日	長男	200万円
③ 2015年1月1日	長男	300万円
④ 2015年8月10日	配偶者	2,000万円(注)
⑤ 2016年1月30日	配偶者	200万円

　(注)　この贈与は、婚姻期間が20年以上の配偶者に対して、配偶者の居住用不動産を贈与したもので、2,000万円まで贈与税が課されない特例（相法21の6）の適用を受けています。

Answer

　表中⑤の贈与だけがAさんの相続税の課税価額に加算されます。

相続税の課税価額に加算される3年内贈与財産

　相続開始前3年以内に被相続人から贈与を受けた財産は、相続税の課税価額に加算されます。

　（例外） 相続又は遺贈により財産を取得していない者に対する贈与財産及び夫婦間で居住用の不動産等を贈与したときの配偶者控除の適用を受けた部分の金額は相続税が課税されません。

解 説

　被相続人が生前に贈与した財産のうち、相続又は遺贈により財産を取得している者に対して相続の開始前3年以内に贈与された財産は、被相続人の相続税の課税価額に加えて相続税額を計算します。

　なお、相続税の課税価額に加算された贈与について納付されている贈与税がある場合、当該贈与税は相続税から控除されます（相法19①）。

　ただし、以下2つのケースでは、相続の開始前3年以内になされた贈与であっても相続財産に加算されません。

⑴　相続又は遺贈により財産を取得していない者に対する贈与

　相続財産に加算される相続前3年内贈与は、相続又は遺贈（ここで言う遺贈には死因贈与も当然に含まれています。）により財産を取得した者に限られています（相法19①）。

　したがって、孫であっても、相続又は遺贈により財産を取得している孫に対する相続前3年内贈与であれば、相続財産に加算されますし、逆に、相続又は遺贈により財産を取得していない子供に対する相続前3年内贈与は相続財産に加算されません。

　　⒡　相続時精算課税を適用している場合は次問「**5-3　相続時精算課税適用の贈与財産と例外**」を参照してください。

⑵　夫婦間の居住用財産等の贈与の特例を適用した贈与

　相続開始3年内に、相続又は遺贈により財産を取得している者に対する生前贈与であっても「特定贈与財産」は加算の対象になりません。

　「特定贈与財産」とは、婚姻期間が20年以上である配偶者に対する居住用不動産（※1）又は金銭（※2）の贈与で、贈与額が2,000万円までの金額について贈与税が課されない特例を受けた部分（※3）を言います。

（※1）　居住用不動産とは以下の要件を満たす必要があります。

　　　　贈与の年の翌年３月15日までに配偶者の居住の用に供し、その後も居住の用に供する見込みであるもの。

（※2）　金銭とは以下の要件を満たす必要があります。

　　　　贈与の翌年の３月15日までに、配偶者が当該金銭で居住用不動産を取得し、配偶者の居住の用に供し、その後も居住の用に供する見込みであるもの。

（※3）　配偶者に対する贈与が、贈与者の相続が発生した年になされたものである場合、相続発生時には当該贈与について当該特例の適用は受けていません。しかし、当該贈与について当該特例の適用があるものとした場合に、当該特例により贈与税の課税価額から控除される部分（2,000万円までの部分）については、相続税の申告書においてその旨を記載等した場合には、相続財産に加算されません（相法19②二）。

　以上より、設例の場合、①②の贈与については相続発生前３年以内の贈与に該当しませんから、相続財産に加算する必要はありません。

　また、③は長男に対する相続前３年内の贈与ですが、長男は相続又は遺贈により財産を取得していないので、長男に対する贈与は相続財産に加算する必要はありません。

　④⑤は相続により財産を取得している配偶者に対する相続前３年内の贈与ですので、これらの贈与は原則として相続財産に加算されます。しかし、④については配偶者に対する居住用不動産の贈与で2,000万円まで贈与税の課税価額から控除される特例を適用した贈与ですので相続財産に加算されません（相法19②一）。したがって、相続財産に加算される贈与は⑤の200万円だけになります。

| 補 論 | **相続財産に加算される贈与の評価時点** |

相続財産に加算される贈与は、贈与時点の評価額のまま加算されます。仮に贈与後に贈与財産の価値が増加した場合であっても、逆に下落した場合であっても、価値の変化は一切加味しません。

5－2－1 相続前3年内贈与適用対象者の注意点

　Aさんは2018年6月5日に亡くなりました。Aさんの相続人は配偶者と長男及び次男です。遺産分割協議の結果、全ての遺産は配偶者が相続することになり、長男と次男は遺産を取得しませんでした。ただし、Aさんは生前に以下の贈与をしています。当該贈与のうち、Aさんの相続税の課税価格に含まれる贈与はありますか。

贈与年月日	受贈者	贈与金額
① 2015/8/11	次男	300万円
② 2015/9/29	長男	300万円
③ 2016/1/30	長男	2,500万円（注1）
④ 2016/5/19	孫(B)	200万円

（注1）　相続時精算課税をはじめて選択して贈与税を申告
（注2）　次男はAさんと締結した死因贈与契約により1,000万円を取得しています。
（注3）　孫(B)はAさんの死亡保険金を受け取っています。

Answer

　表中①②③④の全ての贈与がAさんの相続税の課税価格に加算されます。

解 説

⑴　相続前3年内贈与として加算される贈与（上記①②④について）

　相続税法では、相続財産に加算される3年内贈与が適用される者は、「相続又は遺贈により財産を取得した者」と規定されています（相法19①）。ここで、「相続又は遺贈により財産を取得した者」とは民法上の相続・遺贈により財産を取得した者の他、税務上、相続又は遺贈により取得したと

みなされる者も含まれます。

　したがって、相続時精算課税を適用して贈与された財産及び生命保険金や退職手当金を取得した者は、相続又は遺贈により財産を取得した者として、相続前3年内贈与の規定を適用します（相基通19-3）。

　よって、相続時精算課税を適用して贈与を受けた長男は、たとえ遺産分割協議で一切の財産を取得していなかったとしても「相続又は遺贈により財産を取得した者」に該当しますので、相続時精算課税適用前に贈与を受けた②の贈与は、相続前3年内贈与として相続財産に加算されます。

　次に、死因贈与により財産を取得した次男についてですが、死因贈与は相続税法において遺贈に含まれています（相法1の3①一）ので、次男も「相続又は遺贈により財産を取得した者」に該当し、①の贈与は相続前3年内贈与として相続財産に加算されます。

　最後に、死亡保険金は税法上みなし相続財産になります（相法3①）ので、これを受け取った孫(B)も、「相続又は遺贈により財産を取得した者」に該当し、④の贈与は相続前3年内贈与として相続財産に加算されます。

（参考）　相続の放棄等をした者が当該相続の開始前3年以内に贈与を受けた財産（相基通19-3）

　相続開始前3年以内に当該相続に係る被相続人からの贈与により財産を取得した者（当該被相続人を特定贈与者とする相続時精算課税適用者を除く。）が当該被相続人から相続又は遺贈により財産を取得しなかつた場合においては、その者については、法第19条の規定の適用がないのであるから留意する。

　なお、当該相続時精算課税適用者については、当該被相続人から相続又は遺贈により財産を取得しなかつた場合であつても、同条の規定の適用があることに留意する。

なお、当該通達（相基通19-3）の逐条解説には以下のように記載されています。

『「相続又は遺贈により財産を取得した者」には、相続税法の規定によりみなし相続財産（生命保険金、退職手当金等）を取得したものとみなされる者も含まれることはいうまでもない。』

(2)　相続時精算課税により加算される贈与（設問③について）

　③の贈与は、相続時精算課税を適用して取得した財産になります。これについては期間的制約なく、全て相続財産に加算されます（相法21の15①、詳細は次問参照）。

5 - 3 相続時精算課税適用の贈与財産と例外

Ａさんは2017年３月30日に亡くなりました。Ａさんの相続人は、配偶者と長男と2010年12月１日に養子縁組をした養子Ａ、及び代襲相続人としてＡさんよりも３年前に亡くなった長女（長女の相続人は配偶者と子供１名）の子供１名の計４名ですが、他にＡさんよりも２年前に亡くなった次男がいました。なお、次男は独身で、次男が亡くなった際の相続人はＡさんだけでした。

Ａさんは生前に以下の贈与をしており、③から⑥については相続時精算課税を適用して贈与税の申告をしています。これらの贈与のうち、Ａさんの相続税の課税価額に含まれる贈与はありますか。

	贈与年月日	受贈者	贈与金額
①	2008年４月１日	長男	200万円
②	2010年１月24日	Ａ	200万円
③	2010年12月16日	養子Ａ	１億円（相続時精算課税を適用）
④	2011年３月６日	長男	１億円（相続時精算課税を適用）
⑤	2011年３月６日	次男	１億円（相続時精算課税を適用）
⑥	2011年３月６日	長女	１億円（相続時精算課税を適用）

Answer

表中③④⑥の贈与がＡさんの相続税の課税価額に加算されます。

相続税の課税価額に加算される相続時精算課税財産

相続時精算課税を適用して贈与した財産は、相続税の課税価額に加算されます。

(注)　相続時精算課税を適用した受贈者が贈与者より先に亡くなり、当該

受贈者の相続人が贈与者のみである場合は贈与者の相続財産に加算されず、精算されません。

解説

　本設例においては、①②は相続時精算課税制度を適用する前の贈与で、相続前3年内の贈与にも該当しませんので相続財産に加算されることはありません。

　なお、相続時精算課税制度(注)は、原則として選択した年の贈与から適用されますが、年の中途で直系卑属である推定相続人又は孫になった場合には、当該要件を満たす前の贈与には適用されません。したがって、②の贈与について養子縁組前になされた贈与には、相続時精算課税は適用されませんので相続税の計算に加算されることはありません。

　次に③から⑥は、相続時精算課税を適用して贈与税が申告されていますので、原則として贈与者が亡くなった際の相続財産に加算されます。

　ところで、当該制度で贈与を受けた次男と長女は、贈与者よりも先に亡くなっています。この場合、相続時精算課税に伴う権利又は義務は、それぞれの相続人が承継することになります。しかし、この相続人が相続時精算課税の贈与者のみである場合には、当該権利又は義務は承継されません（相基通21の17－3）。したがって、相続時精算課税を適用した次男への贈与（⑤）については、次男が先に亡くなり、次男の相続の相続人はAさんだけですので、次男が亡くなった時に相続時精算課税に係る権利又は義務はなくなり、Aさんの相続財産に加算する必要はなくなります。

　他方、長女への贈与（⑥）については、相続時の精算の義務は長女の相続人（長女の配偶者と子供）に承継されますので、Aさんの相続税の申告に当たって当該贈与は相続財産に加算されます。

(注) **相続時精算課税制度とは**

相続時精算課税制度は、財産の贈与を受けた者が、贈与者の直系卑属である推定相続人又は孫で、贈与を受けた年の1月1日において20歳以上であり、同日において贈与者が60歳以上である場合に適用することができる制度です（相法21の9、措法70の2の6）。

当該制度を選択した場合、贈与財産から2,500万円を控除（既に、当該贈与者からの贈与について当該控除枠を適用したものを除きます。）して20％の税率で贈与税が課されます。そして、贈与者が亡くなった際の相続税の申告において、同制度を適用して贈与された財産を相続財産に加算して相続税を計算します（当該贈与により納税した贈与税額は控除されます）。つまり、相続時精算課税制度を適用して贈与税を申告した贈与財産は、相続税で精算されることになります。

なお、当該制度を一度選択した贈与者と受贈者の間の贈与では、その後の贈与については同制度が適用されます。

補 論　**相続時精算課税による受贈者が先に亡くなった場合**

相続財産に加算される贈与は、贈与時点の評価額のまま加算されます。仮に贈与後に贈与財産の価値が増加した場合であっても、逆に下落した場合であっても、価値の変化は一切加味しません。

また、Aさんが長女にした贈与について、長女は相続時精算課税の適用を受けています。したがって、Aさんが亡くなった時に、当該財産をAさんの相続財産に加算して、長女は相続税（既に納付した贈与税は控除します。）を納付しなければなりません。

しかし、長女がAさんより先に亡くなってしまいましたので、当該相続税の納付義務は長女の相続人が承継して、Aさんが亡くなった時に長女に代わって納税しなければなりません。

なお、長女の相続税申告において、長女の相続人が承継した当該納付義務は債務控除することができませんので注意が必要です（相令5の4③）。

　長男は、父から経営する会社の株式の生前贈与を受け、相続時精算課税を適用して贈与税の申告をしました。当該株式の贈与時の評価額は1億円でした。その後、父が亡くなった際の遺産はありませんでした。相続人は長男と次男の二人で、次男から長男に対して遺留分の侵害額請求があり、長男は次男に4,000万円を支払いました。

　なお、遺留分侵害額の決定の基となった相続開始時の遺留分の対象になった株式の価額は1億6,000万円でした。この時のそれぞれの相続税の計算に算入される財産の価額はいくらになるでしょうか。

Answer

　長男の課税価額は7,500万円に、次男の課税価額は4,000万円になります。

解説

　相続時精算課税を適用して贈与を受けた財産に対して、遺留分の侵害額請求がなされて、支払うべき金銭の額が確定した場合には、確定後4か月以内に限り相続時精算課税の受贈者（侵害額の支払をする者）は、支払うべき金銭に対応する贈与財産の価額（次ページ「相続時精算課税により贈与を受けた財産に対して遺留分の侵害額請求があった場合の相続税の課税価額の調整」の①に記載した算式により計算される金額）について相続時精算課税贈与の贈与税の更正の請求をすることができます（相法32①三）。したがって、相続時精算課税贈与の贈与者を被相続人とする相続税の申告において相続財産に加算される相続時精算課税贈与の金額は、減額更正後の贈与額となります。

　他方、侵害額請求をした者は、支払いを受けた金銭の額が相続税の課税

価額となり、修正申告若しくは期限後申告をすることになります（相法30
①、31①、32①三）。

（国税庁質疑応答事例「特定贈与者から贈与を受けた財産について遺留分侵
害額の請求に基づき支払うべき金銭の額が確定した場合の課税価格の計算」）

相続時精算課税により贈与を受けた財産に対して遺留分の侵害額請求があった場合の相続税の課税価額の調整

① 侵害額請求を受けた者(相続時精算課税による贈与税の減額更正する金額)

$$= \text{遺留分侵害額の支払の請求の基因となった相続時精算課税により贈与した財産の贈与時の評価額} \times \frac{\text{遺留分の侵害額請求により支払うべき金銭の額}}{\text{遺留分侵害額の支払の請求の基因となった相続時精算課税により贈与した財産の相続開始時の価額}}$$

② 侵害額請求をした者（侵害額請求により支払いを受ける金銭の相続税の課税価額に加算する価額）

= 支払いを受ける金銭の額

したがって、長男が相続時精算課税贈与の減額更正をした後の贈与評価
額は、

$$7,500\text{万円} = \text{相続時精算課税による贈与額（1億円）} - \text{遺留分の対象になった贈与財産（1億円）} \times \frac{\text{侵害額請求により支払うべき金銭の額（4,000万円）}}{\text{遺留分侵害額請求の対象になった贈与財産の相続開始時の価額（1億6,000万円）}}$$

になります。

そして、当該更正後の贈与評価額が相続税の計算に加算される課税価額
になります。

また、次男については、実際に弁済を受けた金額（4,000万円）が相続
税の課税価額になります。

非居住者に適用できるか？

子供は海外で働いており、日本の非居住者です。非居住者である子供に財産を贈与したいと思いますが、相続時精算課税を選択して贈与税の申告をすることはできますか。

Answer

非居住者であるお子様でも相続時精算課税を選択して贈与税を申告することは可能です。

> 非居住者に対する贈与であっても、相続時清算課税を適用することができます。

解　説

相続時精算課税の選択は、居住者であることが要件になっていません。したがって、国外に居住する子供に対する贈与であっても、その他の要件（贈与者が60歳以上で、受贈者が20歳以上等）を満たす場合は相続時精算課税を選択して贈与税の申告をすることができます（相法21の9）。

ただし、国外に居住する子供に財産を贈与する場合、国外で贈与税が課されるか否か、仮に、贈与税が課されないとしても報告義務があるかどうか等、現地国家の課税関係を検討して実行する必要があります。

また、非居住者に対する贈与財産が有価証券等で一定の要件に該当する場合には、贈与者が当該贈与財産（有価証券等）を時価で譲渡したものとみなして、譲渡税が課されることがありますので注意が必要です（「**4－2 非居住者への贈与に所得税**」参照）。

5 - 3 - 3 国外財産に適用できるか？

海外にある不動産を子供に贈与しましたが、相続時精算課税を適用することはできますか。

Answer

海外にある不動産を子供に贈与した場合でも相続時精算課税を適用することが可能です。

> 国外財産であっても相続時精算課税を適用することができます。

解 説

相続時精算課税の対象になる贈与財産は、国内にある財産に限りません。国外にある財産であっても相続時精算課税を適用することができます。

国外に移住する等で相続時の精算を回避できるか？

相続時精算課税を適用して贈与を行った際に、特別控除（2,500万円）をした後、20%の税率で贈与税が課されます。そして、特定贈与者（相続時精算課税による贈与を行った者）が亡くなった時に、相続時精算課税を適用して贈与された金額を相続財産に加算して相続税を計算します（相続時精算課税を適用して既に納付している贈与税は控除されます。）。

ここで、特定贈与者が亡くなった時に海外に移住する等により、相続税による精算を回避することはできないでしょうか。

Answer

相続税による精算を回避することはできません。

> 相続時精算課税を適用して贈与された財産は、贈与者、受贈者の国籍、居住地等によらず贈与者が亡くなった時の相続税の課税価額に算入されます。

解 説

相続時精算課税を適用して贈与を受けた者は、居住地、国籍に関わらず、特定贈与者が亡くなった際の相続税の納税義務を負います（相法1の3①四）。

5-4 納税猶予による贈与

非上場株式の贈与を、事業承継を目的として贈与した場合には、贈与税の納税を猶予できる制度があります。

親が経営する会社の株式（時価1億円）を後継者である長男に贈与しました。本来は47,995,000円の贈与税が課されますが、贈与税の納税猶予を適用して、納税の猶予を受けていました。ここで、親が亡くなった場合、猶予されている贈与税額はどのように取り扱われるでしょうか。

Answer

納税が猶予されていた贈与税額（47,995,000円）は免除されます。そして、相続財産に、贈与税の納税猶予を適用した贈与財産（贈与時の評価額1億円）を組み込んで相続税を計算します。

解説

非上場株式の贈与をした場合、一定の要件を満たせば、贈与税の納税を猶予することができます。そして、受贈者が贈与を受けた株式を所有し、事業を継続等すれば、当該猶予は継続されます。

そして、贈与者が亡くなった時に猶予されていた贈与税は免除され、その代わりに、贈与税の納税猶予の対象になった株式は相続財産に組み込まれて相続税が計算されます。

なお、相続税の計算に組み込まれる株式の課税価額は、相続時の価額ではなく、贈与時の価額になり、贈与された株式には、贈与時の評価額で相続税が課されます。仮に、贈与時から当該会社の業績が良く、相続時点における当該株式の評価額が2億円に倍増していたとしても、相続税の課税価額に算入される価額は贈与時の評価額（1億円）になりますので、この

ような時は結果として有利になります。

　ちなみに、贈与税の納税猶予を適用された株式は、贈与者の相続財産に算入されて相続税が計算されますが、一定の要件を満たした場合には当該相続税についても納税を猶予することが可能です。

　(注)　農地の納税猶予も、株式と類似する制度になります。ただし、株式の納税猶予においては、贈与の納税猶予を受けた後に、贈与者が亡くなり、贈与税の納税猶予を受けた贈与財産が相続財産に組み込まれる評価額が贈与時の価額であるのに対して、農地の納税猶予においては、相続時の価額になる点で異なります。

Q6　相続税、贈与税が課されない財産承継

6-1　法人に対する贈与・遺贈は可能か？

法人に対して財産を贈与又は遺贈をすることは可能でしょうか。

Answer

法人に対して財産を贈与又は遺贈することは可能です。

○　法人に対して財産を贈与することも、遺贈することも可能です。

個　人　→　贈与・遺贈可能　→　法　人

解説

　個人が法人に対して財産を贈与する旨の贈与契約を締結して贈与することもできますし、個人が遺言書の中で、法人に遺贈する旨を記載して、一部若しくは全ての遺産を法人に遺贈することも可能です。

　相続人に財産を相続させる内容の遺言が一般的ですが、相続人以外の者や、法人に対して財産を遺贈することも可能です。

　法人が個人から財産の贈与（遺贈）を受けた場合、当該法人にはどのような課税がなされますか。

nswer

　法人には法人税が課されます（贈与税、相続税は課されません。）。

法人に贈与・遺贈した際に法人に課される課税

　法人は贈与（遺贈）を受けた財産の時価を受贈益として計上し、法人税が課されます。

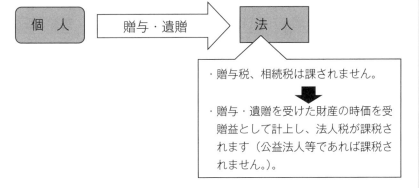

(注)　持分の定めのない法人に対する一定の贈与・遺贈に対しては贈与税・
　　相続税が課されます（「6－2－2　**法人に贈与税・相続税が課される場**
　　合」参照）。

解 説

　原則として、法人に贈与税・相続税は課されません（相法1の3、1の
4）。法人が贈与・遺贈により無償で財産を取得した場合、財産の価値に

相当する金額を受贈益として計上し、法人税が課されます。

　なお、贈与・遺贈を受けた法人に税務上の繰越欠損金があれば贈与・遺贈により計上される受贈益は繰越欠損金で消化されて、結果として、納税は生じません（欠損金の損金計上に制限がかかる法人の場合、一部納税が生じます。）。

　また、贈与・遺贈を受ける法人が公益法人等で、一定の要件を満たす場合にも法人税が課されません（「6-2-1　法人税が課税されない要件」参照）。

　なお、持分の定めのない法人に対して贈与・遺贈した場合、贈与税・相続税の負担が不当に減少する時には、法人に対して贈与税・相続税が課されます（「6-2-2　法人に贈与税・相続税が課される場合」参照）。

補論　**受贈者（法人）の株主に対する課税及び贈与者に対する課税**

① 　受贈者（法人）の株主に対する課税

　　同族会社が贈与若しくは遺贈を受けたことにより株式の価値が増加した場合、同族会社の株主に対して贈与税若しくは相続税が課されます（「Q7　財産を取得していないのに相続税・贈与税が課される場合」参照）。

② 　贈与者（個人）に対する課税

　　贈与者若しくは遺贈者である個人の課税関係については、当該贈与若しくは遺贈した財産を時価で譲渡したものとみなして、原則として所得税が課されます（「8-3　時価での取引に認定（法人への贈与・遺贈）」参照）。

　　ただし、公益法人等への贈与・遺贈で、当該贈与・遺贈が公益の増進に著しく寄与し、2年以内に公益目的事業に直接供され、贈与者・遺贈者の所得税を不当に減少させるものでなく、贈与者・遺贈者の親族等の

贈与税・相続税を不当に減少させるものでないとして国税庁長官の承認を受けたものであれば、所得税は課されません（「8-3-1 **譲渡税が課されない場合**」参照）。

公益法人等への贈与・遺贈で贈与者に所得税が課されない要件

・　当該贈与又は遺贈が教育又は科学の振興、文化の向上、社会福祉への貢献その他公益の増進に著しく寄与すること。

・　当該贈与又は遺贈に係る財産が当該贈与又は遺贈があった日から2年を経過する日までの期間内に、当該公益法人等の当該公益目的事業の用に直接供され又は供される見込みであること。

・　当該贈与若しくは遺贈をした者の所得に係る所得税の負担を不当に減少させる結果とならないこと。

・　財産の贈与又は遺贈をした者の親族その他これらの者と特別の関係がある者の相続税若しくは贈与税の負担を不当に減少させる結果とならないこと。

---

6 - 2 - 1 法人税が課税されない要件

　法人が個人から贈与・遺贈を受けた場合に、当該贈与・遺贈を受けた財産の価額に法人税が課されない場合とは、どのような場合でしょうか。

Answer

　公益法人等が受けた贈与・遺贈（受贈益）に対しては法人税が課されません。

解説

　公益法人等は、収益事業に伴う収益に対してのみ課税されます（法法4①）。贈与や遺贈を受けた利益は収益事業に該当しませんので法人税は課されません。

　ここで、公益法人等とは、公益社団法人、公益財団法人、非営利型の一般社団法人、非営利型の一般財団法人、社会福祉法事、宗教法人、学校法人等を言います。

　したがって、持分の定めのない法人であっても営利型であると、特定の個人等に特別の利益を与えることがありますので法人税が課されます。さらに、そのような場合には、贈与税・相続税も課されることがありますので注意が必要です（「6-2-2　法人に贈与税・相続税が課される要件」参照）。

　㊟　非営利型の法人とは、定款に剰余金の分配を行わない旨、解散した時の残余財産が国・地方公共団体・公益法人等に帰属する旨の規定があり、特定の個人等に特別の利益を与えたことがことがなく、特殊関係者が理事に占める割合が1/3以下であること等の要件を満たす法人を言います（法法2九の二イ、法令3①）。

　株式会社等の持分の定めのある法人において、贈与・遺贈により得た利益に対して贈与税・相続税が課されることはありませんが、持分の定めのない法人に財産を贈与又は遺贈した場合又は理事が亡くなった場合には、当該持分の定めのない法人に対して贈与税又は相続税が課されることがあります。どのような場合に課税されるのか教えてください。

Answer

　以下Ⅰ、Ⅱのいずれかに該当する場合、持分の定めのない法人を個人とみなして、当該法人に贈与税・相続税が課されます。

　Ⅰは、一般社団法人等への財産の流入に対して一般社団法人等を個人とみなして贈与税若しくは相続税を課税する規定です。

　これに対してⅡは、一般社団法人等の理事が亡くなった場合に、当該理事が一般社団法人の財産を同族理事と共有していたものと仮定し、当該亡くなった理事が有すると計算される財産に対して当該一般社団法人等を当該財産の遺贈を受けた個人とみなして相続税を課税する規定です。

Ⅰ　相続税法第66条の規定による課税（法人に対して贈与又は遺贈した際の課税）

　持分の定めのない法人（次問「6-2-2-1　持分の定めのない法人とは」参照）に対して、財産を贈与若しくは遺贈（以下「Ⅱ　相続税法66条の2の規定による課税」により遺贈とみなされるものは除きます（法令34⑨）。）することにより、贈与者若しくは遺贈者の親族等（注1）の贈与税若しくは相続税の負担が<u>不当に減少する場合</u>（注2）、当該法人を個人とみなして贈与税若しくは相続税が課されます（相法66④）。

（注１）　贈与者若しくは遺贈者の親族等とは以下を言います（相法66④、64
①、相令31①）。
①　贈与者若しくは遺贈者の親族
②　贈与者若しくは遺贈者と事実上の婚姻関係と同様にある者とその
親族で生計を一にしている者
③　贈与者若しくは遺贈者の使用人及び、贈与者若しくは遺贈者から
受ける金銭等により生計を維持している者と、これらの者の親族で
これらの者と生計を一にしている者

※　贈与税若しくは相続税の負担が不当に減少するかどうか判断さ
れる当該贈与税若しくは相続税の対象者

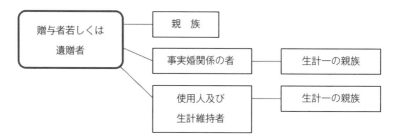

（注２）　贈与税若しくは相続税の負担が<u>不当に減少</u>するか否かの判断基準
以下(1)から(3)の要件（相続税法施行令第33条第４項の規定）のいずれ
かを満たさない場合には、贈与税若しくは相続税の負担が「不当に減少」
したと認められます（相令33④）。
しかし、(1)から(3)を満たしたとしても「不当に減少」しないという結
論になる訳ではなく、次に相続税法施行令第33条第３項の規定により定
められた要件を充足するか検討します。当該第３項の要件はほぼ上記(1)
から(3)の要件と重複していますが、以下(4)から(6)の要件が追加されます。
(1)から(3)の要件に加えて(4)から(6)の要件の全てを満たした場合には「不
当に減少」しないと判断されます。
なお、上記(1)から(3)の要件は全て満たすけれど、以下(4)から(6)の要件
のいずれか１つ以上を満たさない場合には、「不当に減少」するかどう
か明確に規定されていません。結論は総合的に判断して出すことになり
ます。

※　贈与税若しくは相続税の負担が不当に減少するか否かの判断

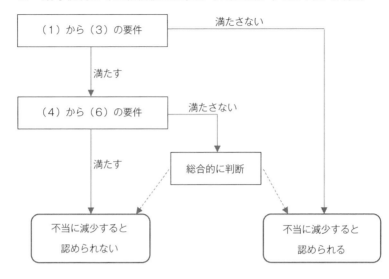

(1)　当該贈与又は遺贈の時における持分の定めのない法人の寄付行為、定款又は規則に以下①②の定めがあること。

①　役員数に関する要件

　　その役員等のうち親族関係を有する者及びこれらと次に掲げる特殊の関係がある者（「親族等」という。※）の数がそれぞれの役員等の数のうちに占める割合は、いずれも3分の1以下とする旨の定め。

イ　当該親族関係を有する役員等と婚姻の届出をしていないが事実上婚姻関係と同様の事情にある者

ロ　当該親族関係を有する役員等の使用人及び使用人以外の者で当該役員等から受ける金銭その他の財産によって生計を維持しているもの

ハ　イ又はロに掲げる者の親族でこれらの者と生計を一にしているもの

ニ　当該親族関係を有する役員等及びイからハまでに掲げる者のほか、次に掲げる法人の法人税法第2条第十五号（定義）に規定する役員（「会社役員」という。）又は使用人である者

（i）当該親族関係を有する役員等が会社役員となっている他の法人

Q
6

相続税、贈与税が課されない財産承継

(ⅱ) 当該親族関係を有する役員等及びイからハまでに掲げる者並びにこれらの者と法人税法第2条第十号に規定する政令で定める特殊の関係のある法人を判定の基礎にした場合に同号に規定する同族会社に該当する他の法人

※親族等

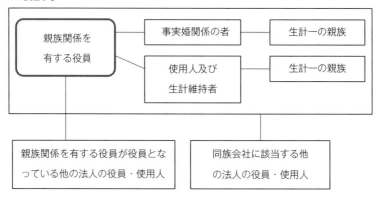

② 残余財産の分配に関する要件

当該法人が解散した場合にその残余財産が国若しくは地方公共団体又は公益社団法人若しくは公益財団法人その他の公益を目的とする事業を行う法人（持分の定めのないものに限ります。）に帰属する旨の定め。

(2) 当該贈与又は遺贈前3年以内に当該一般社団法人等に係る贈与者等（当該法人に財産の贈与若しくは遺贈した者、当該法人の設立者、社員若しくは役員等（理事、監事、評議員その他これらの者に準ずる者）又はこれらの者の親族等（上記「※親族等」参照））に対し、施設の利用、余裕金の運用、解散した場合における財産の帰属、金銭の貸付け、資産の譲渡、給与の支給、役員等の選任その他財産の運用及び事業の運営に関する特別の利益（「特別利益」と言います。）を与えたことがなく、かつ、当該贈与又は遺贈の時におけるその定款において当該贈与者等に対し特別利益を与える旨の定めがない。

(3) 当該贈与又は遺贈前3年以内に国税又は地方税（地方税法第1条第1項第十四号に規定する地方団体の徴収金（都及び特別区のこれに相当する徴収金を含みます。）を言います。）について重加算税又は同法

の規定による重加算金を課されたことがない。

(4) その運営組織が適正であること。

(5) 上記(2)に定める期間（贈与又は遺贈前3年以内）に関わらず、贈与者等（当該法人に財産の贈与若しくは遺贈した者、当該法人の設立者、社員若しくは役員等（理事、監事、評議員その他これらの者に準ずる者）又はこれらの者の親族等（前記「※親族等」参照））に特別利益を与えないこと。

(6) 上記(3)に定める期間（当該贈与又は遺贈前3年以内）に関わらず、法令に違反する事実、その帳簿書類に取引の全部又は一部を隠蔽し、又は仮装して記録又は記載をしている事実その他公益に反する事実がないこと。

Ⅱ　相続税法第66条の2の規定による課税（理事が亡くなった際の課税（平成30年税制改正により追加））

　一般社団法人等（非営利型を除きます。（**参考1**）参照））が特定一般社団法人等（注1）に該当する場合に、理事（当該一般社団法人等の理事でなくなった日から5年を経過していない者を含みます。）である者が亡くなった時、相続開始時の当該一般社団法人の時価純資産額（当該亡くなった理事から遺贈を受けた財産を除き、詳細は相令34条①②に規定されています。）を当該一般社団法人等の同族理事（相続開始時の一般社団法人等の理事のうち、被相続人又はその配偶者、三親等内の親族その他の当該被相続人と政令で定める特殊の関係のある者（注2）を言います。）の数に1を加えた数（注3）で除した金額を、当該一般社団法人が当該亡くなった理事から遺贈により取得したものとみなし、当該一般社団法人等を個人とみなして、当該一般社団法人等に相続税が課されます（平成30年税制改正）。

（注1）　特定一般社団法人等とは、一般社団法人等であって次に掲げる要件

のいずれかを満たすものを言います。

(1)　被相続人（亡くなった理事）の相続開始の直前における当該被相続人に係る同族理事の数の理事の総数のうちに占める割合が2分の1を超えること（同族理事に該当するかどうかは、理事が亡くなった時点で判定します。）。

(2)　被相続人（亡くなった理事）の相続の開始前5年以内において当該被相続人に係る同族理事の数の理事の総数のうちに占める割合が2分の1を超える期間の合計が3年以上であること（同族理事であるかどうかは、相続開始前5年間のそれぞれの時点で判定します。）。

（注2）　政令で定める被相続人（亡くなった理事）と特殊の関係のある者とは以下のいずれかに該当する者を言います（相令34③）。

一　被相続人の配偶者

二　被相続人の三親等内の親族

三　被相続人と婚姻の届出をしていないが事実上婚姻関係と同様の事情にある者

四　被相続人の使用人及び使用人以外の者で当該被相続人から受ける金銭その他の財産によつて生計を維持しているもの

五　前二号に掲げる者と生計を一にしているこれらの者の配偶者又は三親等内の親族

六　前各号に掲げる者のほか、次に掲げる法人の会社役員又は使用人である者

イ　被相続人が会社役員となっている他の法人

ロ　被相続人及び前各号に掲げる者並びにこれらの者と法人税法第2条第十号（定義）に規定する政令（法令4②）で定める特殊の関係のある法人を判定の基礎にした場合に同号に規定する同族会社に該当する他の法人

※同族理事に該当する者

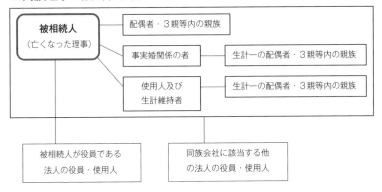

(注3) 当該亡くなった理事と同時に死亡した者がある場合において、その死亡した者がその死亡の直前において同族理事である者又は当該特定一般社団法人等の理事でなくなった日から5年を経過していない者であって当該亡くなった者と政令で定める特殊の関係のあるもの（上記（注1）参照）であるときは、その死亡した者の数を加えるものとします。

(注4) 当該一般社団法人を個人とみなして相続税が課される場合であっても、相続前3年内贈与の規定は適用されません（相法66の2⑤、19①）。

(注5) この規定により課される相続税がある場合に、上記「Ⅰ　相続税法第66条の規定による課税」により課された贈与税及び相続税が有る場合（当該規定により控除されていない金額に限ります。）、これを控除して計算します（相法66の2③、相令34⑦）。

解　説

原則として、贈与税・相続税の納税義務者とならない法人に対して贈与税・相続税を課す規定は次の1、2があります。

1　相続税法第66条の規定による課税（贈与税・相続税）

原則として、法人に課されるのは法人税であり、贈与税・相続税が課されることはありません。ただし、同族会社である法人が贈与又は遺贈によ

り財産を取得した場合には、株主に贈与税又は相続税が課されることがあります（**Q 7** 参照）。

　しかし、持分の定めのない法人に対して財産が贈与・遺贈された場合には、課税すべき株主がいませんので、株主に対する課税がなされません。そこで、持分の定めのない法人に対して贈与・遺贈があった時に贈与者・遺贈者の親族等の贈与税・相続税の負担が不当に減少する場合は、当該持分の定めのない法人を個人とみなして贈与税・相続税が課される規定が設けられています（相法66①②④）。

　なお、持分の定めのない法人が贈与・遺贈を受けた利益に対しては、まず、法人税等が課されますが、贈与税・相続税を計算するに当たって、当該法人税等は控除されますので、法人税と贈与税・相続税の二重課税にならないように配慮されています（相法66⑤）。

2　相続税法第66条の2の規定による課税（相続税）

　持分の定めのない法人に贈与や遺贈により財産を移転する際には、上記1により贈与税又は相続税が課されることがありますが、従来はいったん移転してしまえば、その後において持分の定めのない法人が所有する財産について相続税が課されることはありませんでした。そこで、相続税の節税を目的として一般社団法人等に財産を移転するケースが目立ってきました。そのような背景を受け、2018年の税制改正により、非営利型でない一般社団法人等の理事（当該一般社団法人等の理事でなくなった日から5年を経過していない者を含みます。）が亡くなった場合に限り、当該一般社団法人等が特定一般社団法人等（Answerの II（注1）参照）に該当する時には、当該一般社団法人が所有する財産（一般社団法人が当該亡くなった理事から遺贈により取得した財産は除きます。これは、遺贈により取得した財産については別途、相続税法第66条の規定により相続税が課される

仕組みがあるためと考えられます。）を相続開始時の同族理事に1を加えた数で除した金額について、当該亡くなった理事から一般社団法人等（個人とみなされます。）が遺贈により取得したものとみなして相続税が課される規定が導入されました（相法66の2）。

これは、同族理事により私的に支配されている一般社団法人等を特定一般社団法人等と定義し、特定一般社団法人等の財産は同族理事により共有されていると仮定し、特定一般社団法人等の時価純資産額を相続開始直前の同族理事の数（相続開始時の同族理事には亡くなった理事が含まれないので、相続開始時の同族理事の数に1を加えた数＝相続開始直前の同族理事の数になります。）で除した金額に対して相続税を課すものです。

なお、財産を一般社団法人等に移転した際に課される上記1の贈与税・相続税と、理事が亡くなった際に一般社団法人等が有する財産に課される2の相続税が二重課税にならないような配慮もなされています。具体的には、当該一般社団法人等が当該亡くなった理事の相続前に上記1の「相続税法第66条の規定」により課された贈与税・相続税がある場合（既に相続税法第66の2の規定よる相続税額の計算に当たって控除された税額は除かれます。）には、これを控除して、2の「相続税法第66条の2の規定」による相続税を計算することになります。

（参考1）　理事が亡くなった時に相続税が課されない一般社団法人等について（相続税法第66条の2で規定される一般社団法人等について）

理事が亡くなった時に相続税が課される一般社団法人等は、一般社団法人又は一般財団法人のうち公益を目的とするものが除外されています。具体的には、一般社団法人又は一般財団法人であっても、相続の開始の時において以下1から3に該当するものには相続税は課されません（相法66の2②一）。

1　公益社団法人又は公益財団法人

2　法人税法第2条第9号の2に規定する非営利型法人

　ここで言う非営利型法人とは以下の①又は②のいずれかに該当する法人を言います。

①　その行う事業により利益を得ること又はその得た利益を分配することを目的としない法人であってその事業を運営するための組織が適正であるものとして政令で定めるもの（政令で定めるものとは以下一から四の全てに該当するものを言います。）

　一　その定款に剰余金の分配を行わない旨の定めがあること。

　二　その定款に解散したときはその残余財産が国若しくは地方公共団体又は次に掲げる法人に帰属する旨の定めがあること。

　　イ　公益社団法人又は公益財団法人

　　ロ　公益社団法人及び公益財団法人の認定等に関する法律（平成18年法律第49号）第5条第17号イからトまで（公益認定の基準）に掲げる法人（以下(イ)～(ト)に該当する法人を言います。）

　　　(イ)　私立学校法（昭和24年法律第270号）第三条に規定する学校法人

　　　(ロ)　社会福祉法（昭和26年法律第45号）第22条に規定する社会福祉法人

　　　(ハ)　更生保護事業法（平成7年法律第86号）第2条第6項に規定する更生保護法人

　　　(ニ)　独立行政法人通則法（平成11年法律第103号）第2条第1項に規定する独立行政法人

　　　(ホ)　国立大学法人法（平成15年法律第112号）第2条第1項に規定する国立大学法人又は同条第三項に規定する大学共同利用機関法人

　　　(ヘ)　地方独立行政法人法（平成15年法律第118号）第2条第1項に規定する地方独立行政法人

(ト)　その他(イ)から(ヘ)までに掲げる法人に準ずるものとして以下に
　　定める法人
　　ⅰ　特殊法人（株式会社であるものを除く。）
　　ⅱ　前号に掲げる法人以外の法人のうち、次のいずれにも該当
　　　するもの
　　　　a　法令の規定により、当該法人の主たる目的が、学術、技
　　　　　芸、慈善、祭祀、宗教その他の公益に関する事業を行うも
　　　　　のであることが定められていること。
　　　　b　法令又は定款その他の基本約款（eにおいて「法令等」
　　　　　という。）の規定により、各役員について、当該役員及び
　　　　　その配偶者又は三親等内の親族である役員の合計数が役員
　　　　　の総数の3分の1を超えないことが定められていること。
　　　　c　社員その他の構成員に剰余金の分配を受ける権利を与え
　　　　　ることができないものであること。
　　　　d　社員その他の構成員又は役員及びこれらの者の配偶者又
　　　　　は三親等内の親族に対して特別の利益を与えないものであ
　　　　　ること。
　　　　e　法令等の規定により、残余財産を当該法人の目的に類似
　　　　　する目的のために処分し、又は国若しくは地方公共団体に
　　　　　帰属させることが定められていること。
三　前二号の定款の定めに反する行為（前二号及び次号に掲げる要件
　の全てに該当していた期間において、剰余金の分配又は残余財産の
　分配若しくは引渡し以外の方法（合併による資産の移転を含む。）
　により特定の個人又は団体に特別の利益を与えることを含む。）を
　行うことを決定し、又は行ったことがないこと。
四　各理事（清算人を含む。）について、当該理事及び当該理事の配
　偶者又は三親等以内の親族その他の当該理事と財務省令で定める特
　殊の関係のある者である理事の合計数の理事の総数のうちに占める

割合が、3分の1以下であること。

（注1）　使用人（職制上使用人としての地位のみを有する者に限る。）以外の者で当該一般社団法人又は一般財団法人の経営に従事しているものは、当該一般社団法人又は一般財団法人の理事とみなします。

（注2）　財務省令で定める特殊関係のある者とは以下のいずれかに該当する者を言います（法規2の2①）。

一　当該理事（清算人を含む。以下この項において同じ。）の配偶者

二　当該理事の三親等以内の親族

三　当該理事と婚姻の届出をしていないが事実上婚姻関係と同様の事情にある者

四　当該理事の使用人

五　前各号に掲げる者以外の者で当該理事から受ける金銭その他の資産によって生計を維持しているもの

六　前三号に掲げる者と生計を一にするこれらの者の配偶者又は三親等以内の親族

②　その会員から受け入れる会費により当該会員に共通する利益を図るための事業を行う法人であってその事業を運営するための組織が適正であるものとして政令で定めるもの（政令で定めるものとは以下一～七の全てに該当するものを言います。）

一　その会員の相互の支援、交流、連絡その他の当該会員に共通する利益を図る活動を行うことをその主たる目的としていること。

二　その定款（定款に基づく約款その他これに準ずるものを含む。）に、その会員が会費として負担すべき金銭の額の定め又は当該金銭の額を社員総会若しくは評議員会の決議により定める旨の定めがあること。

三　その主たる事業として収益事業（収益事業の詳細は法令5、法令

　　　３④に規定）を行っていないこと。

四　その定款に特定の個人又は団体に剰余金の分配を受ける権利を与える旨の定めがないこと。

五　その定款に解散したときはその残余財産が特定の個人又は団体（国若しくは地方公共団体、前項第二号イ若しくはロに掲げる法人又はその目的と類似の目的を有する他の一般社団法人若しくは一般財団法人を除く。）に帰属する旨の定めがないこと。

六　前各号及び次号に掲げる要件の全てに該当していた期間において、特定の個人又は団体に剰余金の分配その他の方法（合併による資産の移転を含む。）により特別の利益を与えることを決定し、又は与えたことがないこと。

七　各理事（清算人を含む。）について、当該理事及び当該理事の配偶者又は三親等以内の親族その他の当該理事と財務省令で定める特殊の関係のある者である理事の合計数の理事の総数のうちに占める割合が、３分の１以下であること。

（注１）　使用人（職制上使用人としての地位のみを有する者に限る。）以外の者で当該一般社団法人又は一般財団法人の経営に従事しているものは、当該一般社団法人又は一般財団法人の理事とみなします。

（注２）　財務省令で定める特殊関係のある者とは以下のいずれかに該当する者を言います（法規２の２①）。

　　　一　当該理事（清算人を含む。以下この項において同じ。）の配偶者

　　　二　当該理事の三親等以内の親族

　　　三　当該理事と婚姻の届出をしていないが事実上婚姻関係と同様の事情にある者

　　　四　当該理事の使用人

　　　五　前各号に掲げる者以外の者で当該理事から受ける金銭そ

　　　　　　　の他の資産によって生計を維持しているもの

　　　六　前三号に掲げる者と生計を一にするこれらの者の配偶者

　　　又は三親等以内の親族

3　政令で定める一般社団法人又は一般財団法人（相令34④）

以下のいずれかに該当するものを言います。

①　公益社団法人又は公益財団法人（上記1と同義）

②　法人税法第2条第九号の二に規定する非営利型法人（上記2と同義）

③　資産の流動化に関する法律（平成10年法律第105号）第2条第3項
　　（定義）に規定する特定目的会社又はこれに類する会社であって財務
　　省令で定めるものを一般社団法人及び一般財団法人に関する法律第2
　　条第四号（定義）に規定する子法人として保有することを専ら目的と
　　する一般社団法人又は一般財団法人であって財務省令で定めるもの

　　　資産の流動化に関する法律第2条第二項に規定する資産の流動化に
　　類する行為を行うものとして財務省令で定める一般社団法人又は一般
　　財団法人

補論　特別の利益を受ける者に対する贈与税・相続税

　贈与者・遺贈者の親族等の贈与税・相続税が不当に減少するものとは認められず、贈与・遺贈を受けた持分の定めのない法人に贈与税・相続税が課されない場合であっても、以下の場合には、別の形で贈与税・相続税が課されますので注意が必要です。

持分の定めのない法人が贈与・遺贈を受けることにより特別の利益を受ける者に贈与税・相続税が課される場合（相法65①）

　法人の施設の利用、余裕金の運用、解散した場合における財産の帰属等について、設立者、社員、理事、幹事若しくは評議員、当該法人に対し贈

与若しくは遺贈をした者又はこれらの者の親族その他これらの者と特別の関係がある者が<u>特別の利益を受ける場合</u>（（**参考2**）参照）、当該利益を受ける者に対して贈与税・相続税が課されます。

� この規定は、持分の定めのない法人に贈与税・相続税が課されない場合に限り適用されます。

特別の利益を与える場合とは、具体的には以下の場合を言います。

（参考2）　相続税個別通達　贈与税の非課税財産（公益を目的とする事業の用に供する財産に関する部分）及び持分の定めのない法人に対して財産の贈与等があった場合の取扱いについて

(1)　贈与等を受けた法人の定款等（定款、寄付行為、規則、贈与契約書等）において、次に掲げる者に対して、当該法人の財産を無償で利用させ、又は与えるなどの特別の利益を与える旨の記載がある場合

イ．贈与等をした者

ロ．当該法人の設立者、社員若しくは役員等

ハ．贈与等をした者等（贈与等をした者、当該法人の設立者、社員若しくは役員等）の親族

ニ．特殊の関係がある者（贈与等をした者等と次に掲げる特殊の関係がある者）

(イ)　贈与等をした者等とまだ婚姻の届出をしていないが、事実上婚姻関係と同様の事情にある者

(ロ)　贈与等をした者等の使用人及び使用人以外の者で贈与等をした者等から受ける金銭その他の財産によって生計を維持しているもの

(ハ)　上記(イ)又は(ロ)に掲げる者の親族でこれらの者と生計を一にしているもの

(ニ)　贈与等をした者等が会社役員となっている他の会社

(ホ)　贈与等をした者等、その親族、上記(イ)から(ハ)までに掲げる者並びにこれらの者と特殊の関係のある法人を判定の基礎とした場合に同族会社に該当する他の法人

(ヘ)　上記(ニ)又は(ホ)に掲げる法人の会社役員又は使用人

(2)　贈与等を受けた法人が、贈与等をした者等又はその親族その他特殊の関係がある者に対して、次に掲げるいずれかの行為をし、又は行為をすると認められる場合

イ．当該法人の所有する財産をこれらの者に居住、担保その他の私事に利用させること。

ロ．当該法人の余裕金をこれらの者の行う事業に運用していること。

ハ．当該法人の他の従業員に比し有利な条件で、これらの者に金銭の貸付をすること。

ニ．当該法人の所有する財産をこれらの者に無償又は著しく低い対価で譲渡すること。

ホ．これらの者から金銭その他の財産を過大な対価で譲り受けること、又はこれらの者から当該法人の事業目的の用に供するとは認められない財産を取得すること。

ト．これらの者に対して、当該法人の役員等の地位にあることのみに基づき給与等を支払い、又は当該法人の他の従業員に比し過大な給与等を支払うこと。

チ．これらの者の債務に関して、保証、弁済、免除又は引受け（当該法人の設立のための財産の提供に伴う債務の引受けを除く。）をすること。

リ．契約金額が少額なものを除き、入札等公正な方法によらないで、これらの者が行う物品の販売、工事請負、役務提供、物品の賃貸その他の事業に係る契約の相手方となること。

ヌ．事業の遂行により供与する利益を主として、又は不公正な方法で、これらの者に与えること。

6 - 2 - 2 - 1 持分の定めのない法人とは

持分の定めのない法人とは、どのような法人を言うのですか。

Answer

　持分の定めのない法人とは、出資に係る残余財産の分配や、払戻しをすることができる株主や出資者がいない法人を言います。

　具体的には、一般社団法人、一般財団法人、公益社団法人、公益財団法人、学校法人、宗教法人、持分の定めのない医療法人等が該当します。

（参考）　相続税個別通達　贈与税の非課税財産（公益を目的とする事業の
　　用に供する財産に関する部分）及び持分の定めのない法人に対して
　　財産の贈与等があった場合の取扱いについて

（持分の定めのない法人）

13　法第66条第４項に規定する「持分の定めのない法人」とは、例えば、
　　次に掲げる法人をいうことに留意する。

　(1)　定款、寄附行為若しくは規則（これらに準ずるものを含む。以下13
　　において「定款等」という。）又は法令の定めにより、当該法人の社員、
　　構成員（当該法人へ出資している者に限る。以下13において「社員等」
　　という。）が当該法人の<u>出資に係る残余財産の分配請求権又は払戻請
　　求権を行使することができない</u>法人

　(2)　定款等に、社員等が当該法人の<u>出資に係る残余財産の分配請求権又
　　は払戻請求権を行使することができる旨の定めはあるが、そのような
　　社員等が存在しない</u>法人

相続税、贈与税が課されない財産承継

6 - 3 相続人による寄付

相続が発生した後に、相続人が遺産を一定の法人に寄付した場合、当該遺産に対する相続税は生じないそうですが、当該寄付の要件を教えてください。

Answer

相続税の申告期限までに、以下の法人に寄付をして非課税規定の適用を申請する場合には、当該寄付された遺産に対する相続税は課されません。

相続税が非課税になる寄付を受ける法人

① 国又は地方公共団体

② 公益社団法人若しくは公益財団法人

③ その他公益を目的とする事業を行う法人のうち、教育若しくは科学の振興、文化の向上、社会福祉への貢献その他公益の増進に著しく寄与する法人で以下のもの（措令40の3）

国立大学法人、大学共同利用機関法人、公立大学法人、独立行政法人、社会福祉法人、更生保護法人、日本赤十字社、日本私立学校振興・共済事業団、自動車安全運転センター、日本司法支援センター、一定の地方独立行政法人、一定の学校法人

解説

相続又は遺贈により財産を取得した者が、当該取得した財産をその取得後当該相続又は遺贈に係る申告書の提出期限までに上記の法人に寄付した場合、当該寄付をした者又はその親族その他これらの者と特別の関係がある者の相続税又は贈与税の負担が不当に減少する結果となる場合を除き、

当該贈与をした財産の価額は相続税の課税価額に算入されません（措法70
①）。

　なお、当該規定は、相続税の申告書に当該規定の適用を受けようとする
旨を記載し、かつ、贈与した財産の明細書等を添付しなければ適用されま
せん（措法70⑤）。申告書への明細書の添付は忘れないようにしましょう。

（注１）　当該特例は、相続財産を寄付した場合だけでなく、著しく低い価額
　　　　で譲渡した場合にも適用することができます（譲渡の対価の額は、特
　　　　例の対象にならず相続税の対象になります。措基通70-1-8）。

（注２）　財産の寄付時に現に存する法人でなければなりません。設立するた
　　　　めの寄付については適用されません（措基通70-1-3）。

（注３）　生命保険金や退職手当も含みますが、相続前３年内贈与や相続時精
　　　　算課税制度による贈与で相続税の対象になる財産は含まれません（措
　　　　基通70-1-5）。

補 論　相続人に対する所得税

　上記要件を満たして相続税の申告書に一定の書類を添付すれば、相続税
は非課税になりますが、所得税は別です。原則として、財産を寄付した場
合には、寄付した者は当該財産を時価で譲渡したものとみなして所得税が
課されます（所法59①）。所得税の非課税規定の適用も申請する場合には、
贈与をした日から４か月以内（当該期間の経過する日前に当該贈与があっ
た日の属する年分の所得税の確定申告書の提出期限が到来する場合には、
当該提出期限まで）に納税地の所轄税務署長を経由して、国税庁長官に申
請書を提出しなければなりません（「8-3-1　譲渡税が課されない場合」
参照）。

6-4 非居住者になれば相続税・贈与税は回避できるか？

日本国籍があっても10年以上、国外に住めば、日本の贈与税・相続税が課されないと聞きましたが本当でしょうか。

Answer

必ずしもそうではありません。

日本国籍がある者について、相続税・贈与税が課されない財産

被相続人・遺贈者・贈与者及び相続人・受贈者・受遺者が出国して10年以上日本に住所を有さない場合、国外財産については相続税・贈与税が課されません。

解 説

相続税・贈与税が課されるかどうかについては、財産の所在地により取扱いが異なります。

⑴　国内財産について

国内にある財産については、居住地が国内であろうと国外であろうと、贈与税、相続税が課されます。したがって、国外に転出したとしても日本における贈与税・相続税から逃れることはできません。

⑵　国外財産について

国外にある財産については、被相続人・遺贈者・贈与者及び相続人・受贈者・受遺者が共に10年以内に国内に住所がない場合に限り贈与税、相続税が課されません（相法1の3①三）。

したがって、日本人の場合、親と子が出国して共に10年以上経過すれば、日本における贈与税・相続税を逃れることが可能になります。

　なお、親子共に出国して10年以上が経過していたとしても、相続時精算課税を適用して財産の贈与を受けた者は、相続時精算課税適用財産については相続税を逃れることはできません。

相続税・贈与税の課税の対象になる要件

| 国内財産 | ……国籍、居住の有無にかかわらず、日本で贈与税、相続税の対象となります。 |
| 国外財産 | ……以下の①及び②を満たす場合、日本で贈与税・相続税は課されません。
① 被相続人・遺贈者・贈与者＝10年以内に日本に住所なし
② 相続人・受遺者・受贈者＝10年以内に日本に住所なし又は、日本国籍なし（相続発生時に日本に住所がないか、一時居住者(注)である者に限ります。）
(注) 一時居住者とは在留資格により滞在していた者で、相続・贈与前15年以内に日本に住所を有していた期間が合計10年以内のものを言います。 |

6 - 4 - 1 国外に転出する際の注意点

相続税・贈与税の対策を考えて、国外に転出しようと考えています。
注意すべきことはありますか。

Answer

国外転出時課税が課されることがあります。

解 説

　1億円以上の有価証券等を所有する居住者が、国外に長期間転出する場合、所有する有価証券等を時価で譲渡をしたものとみなして所得税が課されます（「8-4　国外転出時のみなし譲渡課税」参照）。所有する有価証券等に含み益がある時は、納税が生じますので注意が必要になります。

財産を取得していないのに相続税・贈与税が課される場合

　長男が株式を100%所有する会社（X社）に、Aさんが所有する土地（時価1億円、簿価4,000万円）を6,000万円で譲渡しました。X社は時価1億円の土地を6,000万円で取得したことにより株価総額が1,500万円増加しました。

　この時、長男（株主）にはどのような課税関係が生じるのでしょうか。

Answer

　長男（株主）には、株式の価額が増加した金額（1,500万円）に対して贈与税が課されます。

> **株主に対する課税**
>
> 　同族会社が著しく低い価額で財産を取得したことにより、株式の価額が増加した時は、当該増加した金額を、財産を譲渡した者から株主が贈与を受けたものとみなして、株主に贈与税が課されます。

解　説

　上記設例では、取引をした当事者は土地の譲渡者（Aさん）と取得者（X社）で、株主（長男）は一切の取引をしていません。しかし、譲渡者（Aさん）から同族会社（X社）が土地を著しく低い価額で取得したことにより、財産を取得した同族会社（X社）の株価が増加することになります。株主である長男は株価の上昇分に相当する利益を受けますので、当該利益に対して贈与税が課されます。

　何らかの契約を締結したり、取引をしているのであれば、課税関係が生じるのは理解しやすいでしょう。ここで注意すべきは、株主（長男）は何ら契約や取引をしていないという点です。

　同族会社の場合は、株主に利益を供与することを理解した上で、同族会社に対して意図的に安い価額で財産を譲渡したり、財産を贈与したりといったことが生じることがあります。そこで、以下のような取引がなされたことにより、同族会社の株式の価値が増加した場合には、株主が株式の価値の増加額の贈与を受けたものとみなして、贈与税が課税されることになります（相法9、相基通9-2）。

　なお、<u>以下において列挙した取引はあくまで例示であり、これら以外の取引であれば、贈与税が課されないというものではありません</u>。以下に列挙した取引以外の取引であっても、同族会社の株式の価値が増加するようなものであれば、株主に贈与税が課されることがあります。

株主に贈与税が課税されるような取引例

　同族会社が個人との間で以下のような取引をして、同族会社の株式の価額が増加した場合、株主は当該価値の増加分の贈与を以下に示す者から受けたものとみなして株主に贈与税が課されます。

① 贈与（注1）を受けた場合

　……同族会社に対して財産を贈与した者

② 現物出資（著しく低い価額による現物出資）を受けた場合

　……現物出資した者

③ 債務免除（注2）してもらった場合

　……債務免除した者

④ 財産の取得（著しく低い価額による取得）

　……財産を譲渡した者

（注１） 同族法人が遺言により被相続人から遺贈を受けた時には、株主に相続税が課されます。

（注２） 債務免除の他、債務弁済・債務引受も同様です。

補 論 著しく低い価額とは

　上記④の贈与税が課される「著しく低い価額」に該当するか否かの判断は、一律な基準（時価の半額未満等）はありません。個々の取引の事情を勘案して判断されます（「13-4　株主への贈与」参照）。

Chapter 2

譲渡所得課税等に
係る盲点

Q8　譲渡所得の誤りやすい注意点

譲渡所得は、原則として以下の算式に基づいて計算します。

> 譲渡所得 ＝ 売却金額 － 取得費(注) － 譲渡費用
> (注)　減価償却資産の場合、取得に要した費用から減価償却費を控除した金額になります。

　譲渡者の譲渡所得の計算は、原則として、実際に取引した金額で計算を行います。しかし、取引金額が税法で定められた一定のケースに該当する時には、特別な計算が必要になります。

　また、取得費についても、原則は実際に取得に要した費用から減価償却をした後の額を言いますが、異なる計算が必要となる場合があります(「**Q9　注意すべき取得価額**」参照)。これらの場合、注意をしないと譲渡所得の計算を誤り、過少申告として後日、税務上の問題になることがあります。

　以下において注意すべき事例を紹介したいと思います。

8-1 譲渡損の否認（個人間の著しく低い価額による譲渡）

個人Ａが、15年前に3,000万円で購入した土地を2,000万円で個人Ｂに譲渡し、譲渡損を1,000万円計上しました。なお、譲渡時の当該土地の時価は5,000万円でした。当該土地に係る本件取引は税務上、認められるでしょうか。

Answer

著しく低い価額（「13-2　**譲渡損の否認**」参照）で個人に譲渡した場合、譲渡損はなかったものとみなされます。

> 居住者が<u>個人</u>に対して著しく低い価額（時価の半額未満の価額）で譲渡した場合
> ……譲渡損の金額はなかったものとみなされます（所法159②、所令169）。

解 説

本事例では、取得価額が3,000万円の土地を2,000万円で譲渡していますので、形式的には譲渡損が1,000万円と計算されます。

しかし、個人間の取引で、譲渡価額（2,000万円）が時価（5,000万円）の半額未満の価額である場合、譲渡損を税務上認識することは認められません。

なお、ここで言う時価とは、相続税評価額ではなく通常の取引価額を言います。親族間での譲渡については、原則として、時価で行うべきで、このように時価の半額未満での譲渡については注意が必要になります。

補 論　**関連する論点**

○　財産の取得者における取得価額

　　上記のように譲渡損がなかったものとみなされる場合、財産の取得者は、譲渡者の取得価額及び取得日を引き継ぎます（「**9－2　著しく低い価額で取得した場合**」参照）。

○　時価の半額以上の価額で取引した場合

　　また、時価の半額以上の価額で資産を譲渡した場合には、上記のような特段の規定はありませんので譲渡した者について譲渡損の計上に制約を受けることはありません。

○　法人に著しく低い価額で譲渡した場合

　　本件事例は個人間の取引について検討していますが、個人が法人に譲渡した際の事例については「**8－2　時価での取引に認定（個人が法人に著しく低い価額で譲渡）**」を参照してください。

○　財産の取得者における贈与税

　　個人間の取引で、「著しく低い価額」（注）により資産を購入した場合、取得者に対して時価と購入価額の差額に対して贈与税が課されます（「**4－5　著しく低い価額で取得**」参照）。したがって、上記事例においては、購入者（個人Ｂ）に時価（5,000万円）と購入価額（2,000万円）の差額3,000万円に対する贈与税が課されます。

（注）　ここで言う「著しく低い価額」とは、時価の半額未満ではありませんので注意が必要です（「**13－1　みなし贈与**」参照）。

（参考）　譲渡損をなかったものとみなす規定（所法59②）

　居住者が前項に規定する資産を個人に対し同項第2号に規定する対価の額により譲渡した場合において、当該対価の額が当該資産の譲渡に係る山林所得の金額、譲渡所得の金額又は雑所得の金額の計算上控除する必要経費又は取得費及び譲渡に要した費用の額の合計額に満たないときは、その不足額は、その山林所得の金額、譲渡所得の金額又は雑所得の金額の計算上、なかったものとみなす。

8 - 2 　時価での取引に認定（個人が法人に著しく低い価額で譲渡）

個人Ａが、15年前に3,000万円で購入した土地を2,000万円で法人（Ｘ社）に譲渡し譲渡損を1,000万円計上しました。譲渡した時の当該土地の時価は5,000万円でしたが本件取引は税務上認められるでしょうか。

Answer

個人が著しく低い価額で法人に対して譲渡した場合、時価（5,000万円）で譲渡したものとみなして譲渡所得の計算をします。

したがって、譲渡所得が2,000万円と計算されます。

> **居住者が法人に対して著しく低い価額（時価の半額未満）で譲渡した場合**
> ……時価で譲渡したものとみなして譲渡所得の計算を行います（所法59①、所令169）。

解 説

個人が法人に対して譲渡する場合、譲渡対価の金額（2,000万円）が当該譲渡資産の時価（5,000万円）に対して半額未満である場合、税務上、時価（5,000万円）で譲渡したものとみなして計算をします。したがって、取得価額3,000万円の土地を5,000万円で譲渡したものとみなして、税務上は譲渡所得が2,000万円（税務上の譲渡価額5,000万円－取得価額3,000万円）と計算されます。

なお、ここで言う時価とは相続税評価額ではなく通常の取引価額を言います。

○ 時価より低額で資産を取得した法人の処理

　法人が資産を時価より低額で取得した場合、資産を時価で取得したと
みなし、時価と実際の取得対価の額との差額は受贈益と認識します。本
事例では、X社は、実際の時価（5,000万円）に比べて低い価額（2,000
万円）で取得していますので、当該差額（3,000万円）を受贈益として
計上します。

○ 時価より著しく低い価額で財産を取得した同族法人の株主の課税

　同族会社が著しく低い価額の対価で財産の取得をしたことにより同族
会社の株価が増加した場合、株主は当該増加額に相当する金額を、当該
譲渡者から贈与されたものとみなして、株主に贈与税が課されますので
注意が必要です（相基通9-2⑷、「**Q7　財産を取得していないのに相
続税・贈与税が課される場合**」参照）。

　なお、ここで言う「著しく低い価額」とは、時価の半額未満か否かで
判断するのではなく、個別の取引の事情で判断するものと考えます
（「**13-4　株主への贈与**」参照）。

8-2-1 著しく低くなければ問題にならないか？

個人Ａが、15年前に3,000万円で購入した土地を2,000万円で法人に譲渡し譲渡損を1,000万円計上しました。譲渡した時の当該土地の時価は3,500万円でしたが、本件取引は税務上認められるでしょうか。

Answer

基本的には、「著しく低い価額」でなければ問題ありません。

ただし、行為計算の否認規定等には注意が必要です。

居住者が法人に対して時価の半額以上の価額で譲渡した場合

……（原則）当該取引価額による処理が認められます。

　㊟　同族会社の行為計算の否認に注意が必要です。

解　説

　個人が法人に対して、時価の半額未満の金額で譲渡した場合には、時価で譲渡したものとみなして譲渡価額を時価に置き換えて計算しなければならないと規定されています（所法59①二）。

　他方、時価の半額以上の金額で譲渡した場合には、当該規定は適用されませんので、譲渡者である個人については実際の取引価額による処理が認められます。

　しかし、気をつけなければならないのは行為計算の否認の規定です。

　個人が同族会社に財産を譲渡する際に、できれば安い金額で譲渡をして税負担を軽減したいと考えることがあります。上記に述べたように通常は時価の半額以上であれば認められます。しかし、同族会社との取引については、意図的に譲渡価額を操作して所得税の負担を軽減しようとすること

があり得ます。

そこで税務上は、同族会社との取引について所得税の負担が不当に減少する結果となるときは、税務署長が計算をすることができることになっています（所法157①、所基通59-3）。

本事例のケースでは、時価（3,500万円）で譲渡した場合には、500万円（時価3,500万－取得費3,000万円）の譲渡所得が計上されますが、当該資産を2,000万円で譲渡すると、譲渡損1,000万円（譲渡金額2,000万円－取得費3,000万円）になります。そこで、2,000万円での譲渡は、課税を不当に減少させる結果になると判断され、譲渡金額は3,500万円であるとして、譲渡所得500万円と計算すべき旨の指摘がなされる可能性があります。

つまり、同族会社との取引に当たっては、適正な時価で取引をしない場合には、行為計算の否認規定により指摘を受けることがあり得ますので、税務上の問題を回避するのであれば、同族会社との取引については時価で取引をすべきでしょう。

（参考）　同族会社等に対する低額譲渡（所基通59-3）

　山林（事業所得の基因となるものを除く。）又は譲渡所得の基因となる資産を法人に対し時価の2分の1以上の対価で譲渡した場合には、法第59条第1項第2号の規定の適用はないが、時価の2分の1以上の対価による法人に対する譲渡であっても、その譲渡が法第157条《同族会社等の行為又は計算の否認》の規定に該当する場合には、同条の規定により、税務署長の認めるところによって、当該資産の時価に相当する金額により山林所得の金額、譲渡所得の金額又は雑所得の金額を計算することができる。

8 - 3 時価での取引に認定（法人への贈与・遺贈）

個人Ａが、15年前に3,000万円で購入した土地を法人（Ｘ社）に贈与しました。個人にはどのような課税がなされるでしょうか。

なお、贈与時の土地の時価は5,000万円でした。

Answer

個人が法人に財産を贈与・遺贈した場合、時価（5,000万円）で譲渡したものとみなして譲渡所得の計算をします。

したがって、譲渡所得が2,000万円と計算されます。

> **居住者が法人に対して財産を贈与・遺贈した場合**
> ……時価で譲渡したものとみなして譲渡所得の計算を行います（所法59①）。

解 説

個人が個人に対して財産を贈与しても、贈与者に税金は課されません。しかし、個人が法人に財産を贈与・遺贈した場合には、贈与・遺贈した財産を時価で譲渡したものとみなして、贈与者に所得税が課されます。

本件では、贈与した財産の時価が5,000万円で、当該財産の取得価額が3,000万円ですから、2,000万円の譲渡所得が生じます。

なお、ここで言う時価とは、相続税評価額ではなく通常の取引価額を言います。

補 論 法人及び法人の株主の処理

○ 贈与・遺贈を受けた法人の処理

　法人が個人から贈与・遺贈により財産を取得した場合、当該財産を時

価で取得したものとみなし、当該価額を受贈益と認識します。本事例では、X社は、取得した財産の時価（5,000万円）を受贈益として計上します。

○　贈与・遺贈を受けた同族法人の株主の課税

同族会社が個人から贈与・遺贈により財産を取得をしたことにより、同族会社の株価が増加した場合、株主は当該増加額に相当する金額を、当該贈与者・遺贈者から贈与・遺贈されたものとみなして、株主に贈与税・相続税が課されますので注意が必要です（相法9、相基通9-2(1)）（「Q7　財産を取得していないのに相続税・贈与税が課される場合」参照）。

8 - 3 - 1 　譲渡税が課されない場合

　個人が法人へ贈与・遺贈した場合、原則として、財産を時価で譲渡したものとみなして譲渡者・遺贈者に所得税が課されます。ところで、一定の要件を満たす場合には、当該所得税が課されないそうですが、どのような要件でしょうか。

Answer

　以下に示す公益法人等への贈与・遺贈であれば、譲渡者に所得税が課されません。

財産を法人に贈与した場合の譲渡課税がなされない要件（措法40①、措令25の17⑤）

①　国又は地方公共団体に対する贈与又は遺贈

②　公益法人等（公益社団法人、公益財団法人、非営利型（＊１）の一般社団法人、非営利型（＊１）の一般財団法人、その他公益を目的とする事業を行う法人）に対する財産（国外にある土地、土地の上に存する権利、建物及び附属設備若しくは構築物は除きます（措令25の17②））の贈与又は遺贈（法人を設立するためにする財産の提供を含みます。）で、以下の要件を満たすものとして、国税庁長官の承認を受けたもの。

・当該贈与又は遺贈が教育又は科学の振興、文化の向上、社会福祉への貢献その他公益の増進に著しく寄与すること。

・当該贈与又は遺贈に係る財産が当該贈与又は遺贈があった日から２年を経過する日までの期間内に、当該公益法人等の当該公益目的事業の用に直接供され又は供される見込みであること。

・当該贈与若しくは遺贈をした者の所得に係る所得税の負担を不当に減

少（＊2）させる結果とならないこと。

・財産の贈与又は遺贈をした者の親族その他これらの者と特別の関係がある者の相続税若しくは贈与税の負担を不当に減少（＊2）させる結果とならないこと。

（＊1）　非営利型の法人とは、定款に剰余金の分配を行わない旨、解散した時の残余財産が国・地方公共団体・公益法人等に帰属する旨の規定があり、特定の個人等に特別の利益を与えたことがことがなく、特殊関係者が理事に占める割合が1／3以下であるあること等の要件を満たす法人を言います（法法2九の二イ、法令3①）。

（＊2）　税負担を不当に減少しないとは、（＊1）を満たし、かつ、公益法人等に財産の贈与若しくは遺贈をする者、その公益法人等の役員等若しくは社員又はこれらの者の親族等に対し、施設の利用、金銭の貸付け、資産の譲渡、給与の支給、役員等の選任その他財産の運用及び事業の運営に関して特別の利益を与えないこと等の要件を満たす必要があります（租税特別措置法（所得税関係）通達「措法40条　国等に対して財産を寄付した場合の譲渡所得等の非課税」19）。

国外転出時のみなし譲渡課税

国外に転出すると、特段、資産を譲渡等していないにもかかわらず転出時に所得税がかかるそうですが、この制度について教えてください。

Answer

国外転出時課税は、以下のようなものです。

国外転出時課税

　平成27年7月1日以後に、一定の居住者（注1）が、国外に転出する場合、対象資産（所有する有価証券等）（注3）を時価（注4）で譲渡をしたものとみなして所得税が課されます（注5）。（所法60の2）

解 説

　国外転出時課税は、有価証券の譲渡が非課税の国に転出してから有価証券を譲渡する等により日本国内で生じた有価証券に係る含み益に対する課税を回避することを防止するために設けられました。

　実際に有価証券を譲渡する等の取引をしていないにも関わらず、1億円以上の対象資産（有価証券）を有する者が国外に転出しただけで、その者が所有する全ての対象資産（有価証券）を時価で譲渡したとみなして所得税が課されますので注意が必要です。

（注1）　所得税が課される一定の居住者とは、国外転出時（注2）に1億円以上の時価の対象資産（有価証券等）（注3）を所有している者で、国外転出の日前10年以内において、国内在住期間が5年を超えている者を言います（所法60の2⑤）。

（注2）　対象資産が1億円以上となるかの判定日及び確定申告期限
　　①　納税管理人の届出をせずに国外転出する場合

　　　判定日は国外転出予定日の３か月前の日（例：９月１日が転出予
　　定日の場合は、６月１日）です。なお確定申告は、国外転出の時ま
　　でに行う必要があります（所法60の２⑤、①二、②二、③二）。
　②　納税管理人の届出をしてから国外転出する場合
　　　判定日は国外転出の日です。なお、確定申告は確定申告期限（翌
　　年３月15日）までにします（所法60の２⑤、①一、②一、③一）。
（注３）　対象資産とは、有価証券（株式、投資信託、公社債等）、匿名組合
　　の出資持分、未決済の信用取引・発行日取引及び未決済デリバティブ
　　取引を言います（所法60の２①～③）。
（注４）　相続税評価額ではなく、所得税法に定める評価額になります。した
　　がって、非上場株式は、所得税基本通達59-6の評価額となります。ま
　　た、上場株式は時価（判定日の最終価額）で評価します。なお、外貨
　　建ての有価証券は判定日のＴＴＭで円換算して評価します（所基通57
　　の３-２）。
（注５）　この規定による譲渡は、上場株式について譲渡損がある場合、配当
　　所得等との損益通算や繰越控除の特例を適用することが可能です（措
　　法37の12の２②十一）。

8－4－1　国外転出時の課税の取消

国外転出時の課税は取り消しをすることができるそうです。

その詳細を教えてください。

Answer

以下のいずれかに該当する場合、国外転出時に対象資産を譲渡したものとみなした課税を取り消すことができます。

国外転出時課税を取り消しできる場合

① 　国外転出の日から10年以内に帰国をした場合、帰国の時まで引き続き所有している対象資産に係る課税は取り消すことができます（所法60の2⑥一、⑦）。

② 　国外転出の日から10年以内に、対象資産を居住者に贈与した場合、当該居住者に贈与された対象資産に係る課税は取り消すことができます（所法60の2⑥二、⑦）。

③ 　国外転出時課税を受けた者が亡くなり、対象資産の相続又は遺贈を受けた全ての者が、当該亡くなった者が国外転出した日から10年以内に居住者になった場合、相続又は遺贈された対象資産に係る課税は取り消すことができます（所法60の2⑥三、⑦）。

㊟ 　上記①から③において、「10年」とあるのは、納税猶予の手続きをしている場合であり、納税猶予の手続きをしていない場合は、「5年」になります。

8-4-2 国外転出時の所得税の納税の猶予

　国外転出時に課される所得税の納税を猶予する制度について教えてください。

Answer

　国外転出時に課される所得税は、最大10年の間、一定の手続きをして、猶予税額に見合う担保を差し入れた場合、納税を猶予することができます。

解 説

(1)　納税猶予について

　国外転出時課税を受ける者が国外転出の日までに納税管理人の届出をして、納税猶予の適用を受ける旨の確定申告をし、猶予される税額等に対する担保を提供する場合には、最大10年(注)の間、国外転出時における対象資産に係る課税を猶予することができます（所法137の2①②）。

　また、猶予期間中は、毎年年末に所有する対象資産について引き続き納税猶予を受ける旨の届出書を翌年の3月15日までに提出する必要があります（所法137の2⑥）。そして、猶予期間中に帰国した場合等には当該税額を取り消すことができます（前問8-4-1参照。所法60の2⑦）。

　　(注)　原則は「5年」になりますが、5年を経過するまでに延長の手続きをすれば、10年に延長することができます。

(2)　猶予期間中に譲渡した場合

　猶予期間中に国外転出時課税の対象になった対象資産を譲渡等（贈与又は決済を含みます。）した場合には、譲渡等した対象資産について猶予されていた所得税及び利子税を譲渡等してから4か月以内に納付しなければ

なりません（所法137の2⑤⑫、所令266の2⑤）。

　なお、猶予期間中に対象資産を譲渡等した時の譲渡価額が国外転出時の時価よりも下落している時は、当該譲渡等の日から4か月以内に更正の請求をすれば、当該下落した譲渡価額で国外転出時に譲渡があったものとみなして、国外転出時の所得税を減額することができます（所法60の2⑧、153の2②）。

(3) 猶予期間が満了した場合

　猶予期間が満了する日までに帰国等により課税の取り消しができない場合、猶予期間が満了する日までに猶予されていた所得税及び利子税を納付しなければなりません（所法137の2①）。

　なお、猶予期間の満了日における対象資産の価額が国外転出時の時価よりも下落している時は、当該満了日から4か月以内に更正の請求をすれば、当該満了日の価額で国外転出時に譲渡があったものとみなして国外転出時の所得税を減額することができます（所法60の2⑩、153の2③）。

Q 9 注意すべき取得価額

不動産を譲渡したときの譲渡所得は以下のように計算します（所法33③）。

> 譲渡所得＝譲渡による収入金額－（取得費＋譲渡費用）－特別控除

　ここで、取得費とは土地のように減価償却されない資産については原則として「取得に要した金額並びに設備費及び改良費の額の合計額」になります（所法38①）が、減価償却資産の場合、「取得に要した金額並びに設備費及び改良費の額の合計額（「取得価額」と言います。）」から償却費の累計額（非業務用資産の場合は減価の額）を控除した金額になります（所法38②）。

　Q9では、譲渡所得の計算において、税務上、控除される取得費を計算する基となる取得価額が、実際に取得に要した金額並びに設備費及び改良費の合計額と異なるケースを紹介したいと思います。

9 - 1　交換・買換等の特例を適用した場合

　個人Aが、15年前に3,000万円で購入した土地を適正な時価（2,000万円）で譲渡し、譲渡損を1,000万円計上しました。個人Aは当該土地を15年前に取得した際に、交換の特例を適用していたそうです。この場合、譲渡損を1,000万円と計算して問題ないでしょうか。

Answer

　以下の場合、実際の取得価額と税務上の取得価額が異なります。

> **交換、買換、収用等の税務上の制度を適用して取得した資産の税務上の取得価額**
>
> 　実際に取得に要した費用から当該特例により繰り延べられた所得に相当する金額を控除した金額により認識されます。

解説

　税務上の取得価額が実際に取得に要した費用の金額と異なることがあります。その典型例が、交換、買換、収用等の税務上の制度を適用して取得した資産の取得価額です。

　仮に、本事例で譲渡した土地の取得時に、交換の特例を適用していたならば、交換の特例で繰り延べられた所得に相当する金額だけ税務上の取得価額が実際に取得に要した費用の金額よりも少額になります。

　交換の特例により繰り延べられている所得の金額が仮に2,900万円であったとすると、本件譲渡資産の税務上の取得価額は100万円（実際の取得に要した金額3,000万円－繰り延べられている所得の金額2,900万円）になりますので、譲渡所得が1,900万円と計算されます。

譲渡資産の税務上の取得価額を認識するためには、当該資産の取得当時に交換、買換、収用等により所得を繰り延べていないかを確認することが大切です。

9 - 2 著しく低い価額で取得した場合

　個人Ａが15年前に3,000万円で個人Ｂから取得した土地を、4,000万円で譲渡しました。なお、個人Ａが15年前に当該土地を個人Ｂから取得した際の当該資産の時価が7,000万円であり、個人Ｂの当該資産の取得価額が5,000万円であった場合、個人Ａの譲渡所得はいくらになるでしょうか。

Answer

　本問の場合、個人Ａにおける資産の取得価額は、個人Ｂの取得価額を引き継ぎますので、譲渡所得は△1,000万円（譲渡価額（4,000万円）－取得価額（5,000万円））になります。

解 説

　財産を購入した場合、原則として実際に購入に要した金額が取得価額となりますが、以下の要件を<u>いずれも満たす場合</u>、財産の取得価額は、実際に取得に要した金額ではなく従前の取得価額を引き継ぎます（所法60①ニ）。

財産を購入した時に従前の所有者の取得価額を引き継ぐ要件

⑴　個人から財産を購入しており、その際の購入額が著しく低い価額（購入時の時価の半額未満）である。

⑵　上記著しく低い価額（時価の半額未満）で購入した際、当該取引の譲渡者において、譲渡の対価の額よりも取得費及び譲渡経費の合計額の方が大きい（形式的に譲渡損が生じる場合）

　個人Ａは、当該資産を3,000万円で取得し4,000万円で譲渡したので、形式的には譲渡所得が1,000万円と計算されます。しかし、個人Ａに当該資

産を譲渡した個人Ｂには以下のような事情があります。

(イ)　個人Ａが当該資産を個人Ｂから購入した金額（3,000万円）が、その時の時価（7,000万円）の半額未満である。

(ロ)　個人Ｂにおける当該土地の取得費（5,000万円）が、個人Ａに譲渡した金額（3,000万円）よりも大きくなっている(注)。

　以上の(イ)及び(ロ)の要件を満たす場合、個人Ａにおける当該資産の税務上の取得価額は、従前の所有者（個人Ｂ）の税務上の取得価額（5,000万円）及び取得日を引き継ぎますので、個人Ａにおける当該資産の税務上の取得価額は実際の購入額（3,000万円）ではなく、5,000万円となります。そして、これを4,000万円で譲渡したので、譲渡損が1,000万円（譲渡対価の額4,000万円−取得費5,000万円）と計算されます。

　このように、資産を取得した際の購入価額が購入時の時価に比べて著しく低く（時価の半額未満）、従前の所有者の取得費の方が当該購入価額よりも大きい場合（従前の所有者において形式的に譲渡損が計上される場合）、従前の所有者の税務上の取得価額を引き継ぐことができますので、税務計算が有利になります。

　設問のように著しく低い価額で購入し、相手方で形式的に譲渡損が生じる場合には、取引の相手方の取得価額が解る資料を保管して説明できるようにしておいた方が良いでしょう。

(注)　個人Ｂが当該資産を譲渡した際、形式的に譲渡損が2,000万円（譲渡対価3,000万円−取得費5,000万円）と計算されますが、当該譲渡損は税務上なかったものとみなされます（「8−1　譲渡損の否認（個人間の著しく低い価額による譲渡）」参照）（所法59②）。このように、従前の所有者が譲渡損を計上することが認められない場合には、新しく取得する者が従前の所有者の取得価額を引き継ぐことにより、実質的に当該（含み）損失を取得者が引き継ぐことを認めているのです。

補 論	関連する論点

○ 著しく低い価額で資産を取得した者に対する贈与税

本件設例において、個人Aが当該資産を3,000万円で購入した際の課税関係について若干補足が必要になります。個人Aが著しく低い価額で資産を購入した場合には、個人Aに対して時価と実際の購入価額の差額に対して贈与税が課せられます。なお、ここで「著しく低い価額」とは、時価の半額未満ではなく、個々の取引の実態に応じて判断されますので注意が必要です（「13-1　みなし贈与」参照）。

○ 個人が法人から財産を低額で取得した場合

個人が法人から低額で取得した財産の取得価額は、取得時の時価になります。実際の取得に要した金額と、時価との差額については、個人が経済的利益を受けたものとして所得税が課されます（「**Q11　法人から低い価額で取得（所得税）**」参照）。

9－3 負担付贈与により取得した場合

　Ａさんは、土地（時価2,000万円、取得価額1,500万円）を長男に贈与することを検討し、Ａさんが当該土地を取得するための借入金（1,200万円）を長男が負担することを条件に贈与しました。長男における土地の取得価額はいくらになりますか。

Answer

　長男における土地の取得価額は1,200万円になります。

負担付贈与により取得した財産の取得価額

【原則】　負担額

【例外】　贈与者における贈与財産の取得費が受贈者に負担させる金額よりも多額であり、当該負担額が贈与財産の時価に比べて著しく低い（時価の半額未満）場合は、贈与者の取得価額を引き継ぎます。

解 説

　贈与により取得した財産の取得価額は、通常、贈与者の取得価額を引き継ぎます。したがって、通常の贈与であれば、長男における土地の取得価額は1,500万円になります（「9-6　相続・贈与により取得した場合」参照）。

　しかし、負担付贈与は、無償で財産を贈与することとは異なり、対価性のある取引ですので譲渡とみなして課税関係を整理します。つまり、負担付贈与は負担額で財産を譲渡することと経済効果は同じですので、長男は負担額（1,200万円）で土地を購入したものとみなして、長男における土地の取得価額は1,200万円になります。

　ここで、負担付贈与であっても負担額が時価に比べて著しく低く、贈与者にとって取得費が負担額よりも大きい場合は、取得価額を引き継ぐことになります。このような負担付贈与は実質的に前問「**9-2　著しく低い価額で取得した場合**」と同様です。

　仮に、上記設例においてＡさんが長男に負担させた借入金が800万円だったとすると、Ａさんは、取得価額（1,500万円）よりも低額の負担額（800万円）で、しかも贈与財産の時価（2,000万円）に比べて著しく低い負担額（800万円）での負担付贈与になりますので、長男はＡさんの取得価額（1,500万円）を引き継ぎます。

　㊟　負担付贈与の詳細の課税関係については「**4-1　負担付贈与とは**」を参照してください。

9-4 法人から贈与を受けた場合

　私（Aさん）は、10年前に同族会社から贈与を受けた土地X（10年前の時価は2,000万円）と、3年前に当該法人を退職する際に退職金として現物支給を受けた土地Y（退職時の時価は1,000万円）があります。これらの土地の取得価額はいくらになりますか。

Answer

　土地Xの取得価額は2,000万円、土地Yの取得価額は1,000万円になります。

> **法人から取得した財産の取得価額**
>
> 　法人から取得した時の時価が取得価額になります（有償、無償に関わりません。）。

解 説

　財産の取得価額とは、通常、実際に財産を取得するために要した金額を言います。しかし、これとは異なる取扱いになり、実際に取得に要した金額と税務上の取得価額が異なる場合には注意が必要になります。

　その一例が、贈与により財産を取得した場合です。無償で財産を取得した場合、取得価額はゼロになるのかというとそういうわけではありません。

　法人から財産の贈与を受けた場合は、財産の贈与を受けた時点の当該財産の時価が取得価額になります。これは、実際に贈与を受けた時に、受贈者は利益を受けて所得税が課税されますので、当該受贈した財産を譲渡した場合には、課税済みの利益に相当する金額（受贈時の受贈財産の時価）を取得費として控除することができるのです。

　上記設例では、10年前に贈与を受けた時に、Aさんは土地Xの時価

（2,000万円）について所得税が課税されているはずです。したがって、土地Ⅹの取得価額は2,000万円になります。また、3年前に退職金として土地Ⅹを現物支給されていますが、退職時に土地Ⅹの時価（1,000万円）に対して退職金として所得税が課されているはずです。その結果、当該土地Ⅹの取得時の利益（1,000万円）については課税済みですので土地の取得価額は1,000万円になります。

　このように、法人から取得した財産については、取得時の時価が当該財産の取得価額になります。

9 - 5 代償分割をした場合

　Aさんが亡くなりました。相続人は長女と次女で、Aさんの主な遺産は自宅の土地（時価1億円、取得価額2,000万円）です。長女と次女は話し合って、Aさんの自宅の土地はAさんと同居していた長女が相続し、その代わりに、長女が40年前から所有している駐車場として利用している土地（時価3,000万円、取得価額1,000万円）を次女に渡す旨の遺産分割協議を締結しました。

(1)　長女が相続したAさんの自宅の土地の取得価額は、いくらになりますか。

(2)　次女が代償財産として長女から取得した駐車場の土地は、相続により取得したものとして、取得価額を引き継ぐことになるのでしょうか。

Answer

　遺産分割協議において代償分割をした際の取得価額は以下になります。

(1)の長女が相続したAさんの自宅の土地の取得価額　　2,000万円

(2)の次女が長女から取得した駐車場の土地の取得価額　3,000万円

代償分割した資産の取得価額

(1)　被相続人から相続した財産………被相続人の取得価額を引き継ぎます。

(2)　他の相続人から取得した財産……代償分割をした時の時価が取得価額になります。

解　説

(1)　長女が相続したＡさんの自宅の取得価額

　長女は、Ａさんの自宅の土地を相続するに当たって、次女に3,000万円の財産を渡していますので、Ａさんから相続した自宅の土地の取得価額に、当該代償債務の額（3,000万円）を加算していいように考えがちです。しかし、当該Ａさんの遺産である自宅は、長女がＡさんから相続により取得したものですので、Ａさんの取得価額を引き継ぎます。したがって、取得価額は2,000万円になります（所基通38-7(1)）。

(2)　次女が取得した駐車場の取得価額

　贈与、相続及び遺贈により取得した財産の取得価額は、原則として、被相続人（遺贈者）の取得価額を引き継ぎます（所法60①）。ところで、遺産分割協議により次女が取得した駐車場の土地は、亡くなったＡさんの遺産ではなく、長女が所有していた財産です。つまり、次女は、当該駐車場の土地を相続により取得したのではなく、遺産分割協議（代償分割）により、長女が次女に対して3,000万円の金銭を支払う代わりに現物財産を引き渡すものであり、現物財産の引き渡しは実質的に譲渡と考えます。そこで、次女における当該駐車場の土地の取得価額は、取得時の時価である3,000万円になります（所基通38-7(2)）。

補　論　　代償分割と所得税

　代償分割により、自己が所有していた駐車場を次女に引き渡した長女は、当該駐車場を3,000万円で次女に譲渡したものとみなして、所得税が課されます（「10-5　代償分割」参照）。

（参考）　代償分割に係る資産の取得費（所基通38-7）

　遺産の代償分割に係る資産の取得費については、次による。

⑴　代償分割により負担した債務に相当する金額は、当該債務を負担した者が当該代償分割に係る相続により取得した資産の取得費には算入されない。

⑵　代償分割により債務を負担した者から当該債務の履行として取得した資産は、その履行があった時においてその時の価額により取得したこととなる。

9−6 相続・贈与により取得した場合

　Aさんは、5年前に亡くなった父から土地（父が20年前に3,000万円で取得した土地）を相続しています。Aさんが当該土地を相続した際に、土地は5,000万円で評価して相続税の申告をしています。この度、Aさんは当該土地を譲渡しようと計画していますが、当該土地の取得費はいくらになるのでしょうか。

Answer

　相続・贈与により取得した財産の取得価額は、原則として以下になります。

> **相続・贈与により取得した財産の取得価額**
>
> 　相続税・贈与税が課された時の相続税評価額ではなく、被相続人・遺贈者・贈与者にとっての当該財産の取得価額及び取得日を引き継ぎます。

解 説

　財産を購入した場合、原則として、購入に要した金額が取得価額になります。では、財産を相続、贈与により取得した場合はどうでしょう。

　取得価額の計算に当たっては、相続、贈与による取得は、税務上の取得と認識せず、承継と認識します。したがって、相続、贈与により取得した財産の取得価額は、相続・贈与時の課税価額（相続税評価額）ではなく、被相続人の取得価額及び取得日を引き継ぎます（所法60①）。

　ですから、子供が親から相続、贈与により取得した財産の取得価額は、子供が、親が取得した日に、親が取得に要した金額で取得したものとみなして計算します。

（参考）　相続、贈与により取得した財産の取得価額についての規定（所法
　　60①）

　居住者が次に掲げる事由により取得した前条第1項に規定する資産を譲
渡した場合における事業所得の金額、山林所得の金額、譲渡所得の金額又
は雑所得の金額の計算については、その者が引き続きこれを所有していた
ものとみなす。

一　贈与、相続（限定承認に係るものを除く。）又は遺贈（包括遺贈の
　　うち限定承認に係るものを除く。）

二　前条第2項の規定に該当する譲渡

9 - 7　限定承認をした場合

　私は、限定承認をして相続により取得した土地（相続時の相続税評価額4,000万円、相続時の時価5,000万円、被相続人の取得価額1,000万円）があります。当該土地の取得価額はいくらになるでしょうか。

Answer

　設問の土地の取得価額は5,000万円になります。

> **限定承認をして相続により取得した財産の取得価額**
>
> 　相続時の時価（通常の取引価額）になります。

解　説

　限定承認をした場合、被相続人が相続発生時に相続財産を時価で譲渡したものとみなして被相続人に所得税が課されます。つまり、相続した財産の含み益に対する課税は、相続発生時に被相続人の準確定申告で精算されます。

　したがって、限定承認をして相続により取得した財産の取得価額は、相続発生時の時価になります。

　㊟　限定承認の詳細については「10-2　限定承認による相続」を参照してください。

　相続により取得した財産の取得価額は、相続税の申告期限から３年以内に譲渡した場合には、当該財産を相続するために負担した相続税を加算していいと聞きました。具体的な計算方法を教えてください。

Answer

　相続により取得した財産を、当該相続の申告期限の翌日から３年を経過する日までに譲渡する等の以下に示す一定の要件を満たす場合、当該財産を相続により取得するために負担した相続税額に相当する金額（以下算式）を当該財産の取得費に加えて譲渡所得を計算します（措法39）。これを取得費加算の特例といいます。

　したがって、一般的には相続により取得した財産を譲渡するならば、取得してから３年以内に譲渡した方が譲渡税を軽減することができます。

取得費に加算できる相続税額の計算

$$\text{その者の相続税額}(*) \times \frac{\text{その者の相続税の課税評価の計算の基礎とされたその譲渡した財産の価額}}{\text{その者の相続税の課税価格} + \text{その者の債務控除額}} = \text{取得費に加算する相続税額}$$

＊　相続税額とは、相続時精算課税による贈与税額や、相続前３年内贈与による贈与税額を控除する前の税額になります（措法39⑥、措令25の16③）。

解　説

（取得費加算の特例の要件）

　以下の要件を満たす個人が、相続税の申告において課税価額に算入された財産（相続開始前３年内に贈与された財産や、相続時精算課税により贈

与された財産を含みます。）を譲渡した場合には、取得費加算の特例を適用することができます。

① 相続、遺贈、死因贈与により財産を取得している（相続税法の規定により相続又は遺贈により取得したとみなされる財産(注)や、農地や非上場株の納税猶予により相続税の対象となる財産を含みます。）。

② 相続税額がある（相続時精算課税により、相続税額の計算に当たって控除される金額（贈与税）がある場合には、控除がなかったものとした場合の相続税額となります。）。

③ 相続の開始があった日の翌日から申告期限の翌日から３年を経過する日までの間に譲渡している。

㊟ 相続、遺贈（死因贈与を含みます。）により財産を取得していない者であっても、相続時精算課税を適用して贈与を受けている者は、相続又は遺贈により財産を取得したものとみなされます（相法21の６①）ので、相続時精算課税を適用した財産を譲渡する場合、取得費加算の特例が適用されます。

補 論　**代償分割をした場合の取得費加算の計算**

代償分割をしている場合の取得費に加算する相続税額の計算は以下によります。

（参考）　代償金を支払って取得した相続財産を譲渡した場合の取得費加算額の計算（措法通39−７）

代償金を支払って取得した相続財産を譲渡した場合における措置法第39条の規定により譲渡資産の取得費に加算する金額については、次の算式により計算するものとする。

$$\text{確定相続税額} \times \dfrac{\dfrac{\text{譲渡をした資産の}}{\text{相続税評価額B}} - \text{支払代} \times \dfrac{B}{A+C}}{\text{その者の相続税の課税価格（債務控除前）A}}$$

9-9 自己競落は取得になるか？

　Ａさんは所有する土地（取得価額2,000万円）に、Ｂさんのために抵当権を付けていました。この度、Ｂさんが弁済不能となり、抵当権が実行され、競売されましたが、Ａさんが5,000万円で当該自己が所有する土地を落札しました。当該土地の取得価額はいくらになるでしょうか。

Answer

　取得価額は2,000万円で変わりません。

自己競落した財産の取得価額

　元の取得価額のままです（競落した費用は加味されません。）。

解 説

　自己競落とは、競売の目的にされた財産を所有者自身が落札することを言います。

　この場合、土地の登記簿上は、所有者の変更はなく、差押登記が抹消されるだけです。Ａさん（所有者）は、落札のために金銭（5,000万円）を支払って、自分の地位を守っただけであり、財産の取得をしたわけではありません。

　したがって、自己競落した場合には、自己競落の費用（5,000万円）は取得価額に算入されません。

9 − 10　減価償却資産の取得費（償却計算）

減価償却資産である建物の取得費はどのように計算するのでしょうか。

Answer

　減価償却資産である建物の取得費は、資産の取得に要した金額並びに設備費及び改良費の額の合計額から以下の算式により計算される償却費の累計額（非業務用資産については減価の額（※1））を控除した金額になります（所法38②）。

$$
取得費＝\binom{取得に要した金額及び改修等}{による資本的支出の額（※2）} － \binom{償却費の累計額（非業務用}{資産については減価の額）}
$$

（※1）　非業務用資産については「償却費の累計額」のことを「減価の額」と表現します。

（※2）　資産取得のための負債利子（18-5補論「資産を取得するための負債利子の税務上の取扱い」参照）及び登録免許税・不動産取得税（18-6参照）が含まれることがあります。

㊟　昭和27年12月31日以前に取得した資産の取得費は、昭和28年1月1日における相続税評価額を加味して計算するものとされています（所法61③、所令172①③）。

　償却費の累計額（非業務用資産については減価の額）は、業務用の資産か、非業務用の資産かにより計算が以下のように異なります。

〔償却費の累計額（非業務用資産については減価の額）の計算〕

用　　途	償却費の累計額（非業務用資産については減価の額）
業務用資産 （所法38②一、 49①、所令120、 120の2、129）	取得した年に適用された償却方法（以下参照）を継続して、計算される減価償却費の累計額 （取得時期による償却方法） （下表） ※　(旧)定額法と(旧)定率法を選択できる場合、原則として(旧)定額法で計算しますが、償却方法の届出書を提出して(旧)定率法を選択した場合、当該選択した方法で計算します。 ※　取得費を計算する場合、過去に不動産所得等の経費に計上されているか否かは関係なく、計算される減価償却費の累計額を控除して計算します。 ※　中古資産を取得した場合の耐用年数は9-10-1参照。
非業務用資産 （所法38②二、 49①、所令85、 120、129）	減価の額（旧定額法） ＝取得に要した金額×0.9×償却率※×経過年数（1年未満の端数は6か月以上は1年とし、6か月未満は切り捨て） ※　償却率……旧定額法による以下の耐用年数の償却率 ※　耐用年数＝法定耐用年数×1.5（1年未満の端数は切捨て） ※　減価の額は取得価額の95％を限度とします（所法38②二、所令85、134①一イ・ハ、所基通38-9の2）。 ※　後日、改修等の資本的支出が行われた場合、家屋本体と同様に旧定額法で減価の額を計算します。なお、耐用年数は本体に適用される耐用年数と同様に法定耐用年数の1.5倍（端数切捨て）とし、経過年数は資本的支出を行った日からの経過年数（1年未満の端数は6か月以上は1年とし、6か月未満は切り捨て）を計算します。）で計算します。 ※　非業務用資産は中古資産であっても法定耐用年数の1.5倍を適用します（中古資産の耐用年数を適用しません）。

（取得時期による償却方法）

	〜 H10/3/31	H10/4/1 〜 H19/3/31	H19/4/1 〜 H28/3/31	H28/4/1 〜
建物	旧定額法 又は 旧定率法	旧定額法	定額法	
建物附属 設備・構 築物	旧定額法 又は 旧定率法		定額法 又は 定率法	定額法

解説

　不動産を譲渡したとき、譲渡所得の金額は、譲渡による収入金額から不動産の取得費（減価償却後の金額）や譲渡経費等を差し引いて計算します。

　取得費は不動産の取得に要した金額及び資本的支出を行った金額（取得価額）から償却費の累計額を控除して計算します。

　業務用資産は償却費の累計額が確定申告書で計算されており、減価償却費の計算明細書の未償却残高が原則として取得費と一致します。ただし、過年度の減価償却計算に誤りがあると一致しません。

　非業務用の資産は確定申告で減価償却計算されていないので別途、減価償却費の累計額に相当する金額（非業務用資産については「減価の額」と言います。）を計算しなければなりません。

　具体的な取得費の計算方法は回答をご覧ください。

補論　自己が所有する建物に資本的支出を行った場合の償却計算

　建物に施設された造作はそれが建物附属設備に該当する場合を除き、施設された建物と同様の資産を取得したものとして以下のように償却計算します。

（自己が所有する建物(＊)に対する資本的支出の償却計算）

業務用	耐用年数：資本的支出を施した減価償却資産の法定耐用年数 償却方法：資本的支出を行った時点で適用される償却方法 償却期間：１か月未満の端数は切り上げ (注)　平成19年３月31日以前に取得した減価償却資産に資本的支出を施した場合は、以下の償却をすることができます。 　耐用年数：資本的支出を施した減価償却資産に適用されている耐用年数 　償却方法：資本的支出を施した減価償却資産に適用されている償却方法

非業務用	耐用年数：資本的支出を施した減価償却資産の法定耐用年数の1.5 　　　　倍（端数切捨て） 償却方法：旧定額法 償却期間：6か月以上は1年に切り上げ、6か月未満は切捨て

（※）　建物に限らず、減価償却資産に施設された資本的支出は上記表に従って計算します。

(1)　業務用の建物に資本的支出をした場合の償却

本則：資本的支出を行った建物と種類及び耐用年数が同じ資産を新たに取得したものとして、資本的支出の金額を減価償却します。したがって、耐用年数は資本的支出を行った建物の法定耐用年数を適用します。たとえ資本的支出をした建物が老朽化していたとしても、資本的支出に適用する耐用年数は当該建物の新品としての法定耐用年数になります。また、鉄筋コンクリート造の建物を和風の様式にするために木造の内部造作を施設した場合、鉄筋コンクリート造の建物から分離して木造の耐用年数を適用することはできません。建物の構造と造作の構造が異なっていても区分せず、建物に適用される耐用年数を適用します（耐通1-2-3）。償却方法は資本的支出を行った時点で適用される償却方法を適用します（所令127①）。なお、建物に施設された造作が建物附属設備に該当する場合は、建物附属設備としての耐用年数、償却方法を適用します（以下特例も同じ。）（耐通1-2-3）。

　　※　法人も同様に計算します（法令55①）。

特例（平成19年3月31日以前に取得した建物に資本的支出をした場合の償却）

　　：平成19年3月31日以前に取得した建物に資本的支出を行った場合、上記本則に従って償却計算してもかまいせんが、資本的支出の金額

を資本的支出をした建物の取得価額に加算して償却することができます（所令127②）。この場合、償却方法及び耐用年数は資本的支出をした建物に適用されている償却方法及び耐用年数を適用して計算します。なお、資本的支出を行った年の資本的支出部分の償却計算は、資本的支出をした日からの月数（1か月未満の端数は切上げ）に応じて償却しますので、既存の減価償却資産と別々に計算することになります。

　※　法人も同様に計算します（法令55②）。

（例）　平成15年に取得した中古賃貸マンションの建物（新築の場合の法定耐用年数は47年）は旧定率法で、簡便法による中古資産の耐用年数39年で償却していました。令和4年5月に大規模修繕を行い1,500万円の資本的支出を行いました。当該資本的支出の減価償却はどのように行いますか。

（本則による償却計算）

　資本的支出を行った減価償却資産本体と同様の資産を新たに取得したものとみなして計算しますので、償却方法は令和4年に建物に適用される定額法により計算します。また、耐用年数は当該建物を新たに取得した場合の法定耐用年数47年で計算します。

（特例による償却計算）

　平成19年3月31日以前に取得した減価償却資産に対する資本的支出なので、特例により償却することができます。償却方法は資本的支出を行った減価償却資産本体と同様に旧定率法で、耐用年数も本体と同様39年で計算します。資本的支出をした年は、資本的支出部分は8か月分の償却になりますので、本体と別々に計算することになりますが、翌年からは本体部分に含めて計算します。

別々に計算していくと未償却残高が5％になる時点が異なり、その後の償却計算が異なってきてしまいます。

(2) 非業務用の減価償却資産に資本的支出をした場合の減価の額

　償却方法は、非業務用なので旧定額法で計算します。耐用年数は資本的支出を行った減価償却資産に適用される法定耐用年数の1.5倍（端数切捨て）とし、資本的支出を行った日からの経過期間（6か月以上は1年とし、6か月未満は切捨てます。）の減価の額を計算します。

補論　他人が所有している賃借資産に造作を行った場合の償却計算（耐通1－1－3）

(1) 建物になされた造作

　造作が、建物について施設されたときは、当該造作が建物附属設備に該当する場合を除き、建物とし、当該建物の耐用年数、その造作の種類、用途、使用材質等を勘案して、合理的に見積った耐用年数により償却します。また、同一の建物（一の区画ごとに用途を異にしている場合には、同一の用途に属する部分）についてした造作は、その全てを一の資産として償却するので、その耐用年数は、その造作全部を総合して見積ります。

　見積り方法は、具体的に規定されていませんので合理性のある方法で見積もられていれば問題ありません。実務上、造作毎に造作の内容・材質を鑑みて経験耐用年数あるいは法定耐用年数をもとに個々の造作の個別耐用年数を決定し、個々の造作の取得価額の合計額を、個々の造作を個別耐用年数に基づいて計算した償却費の合計額で除した数（端数切捨）を総合的な耐用年数とし、造作のすべてを一つの資産として、総合的な耐用年数で償却計算しています。なお、当該計算方法以外の方法であっても合理性がある方法であれば認められることになります。

（例）　令和 3 年11月に賃借した事務所に以下の造作を施設しました。どのように償却計算すればよいでしょうか。造作した内容毎の取得価額、個別耐用年数等は以下のとおりです。

造作	取得価額	個別耐用年数	個別耐用年数による年償却額
造作A	500万円	25年	20万円
造作B	150万円	5 年	30万円
造作C	60万円	3 年	20万円
計	710万円		70万円

　　平成19年 4 月 1 日以降に取得した建物の償却方法は定額法が適用されます。

　　総合的な耐用年数＝710万円÷70万円＝10.1年→10年（端数切捨）

　　以上より、造作A〜Cをまとめて一つの造作（建物）として取得価額710万円で計上し、定額法、耐用年数10年で償却計算します。

※　法人が造作を行った場合も、上記と同様です（耐通 1 - 1 - 3 ）。

⑵　建物附属設備になされた造作

　建物附属設備について造作が施設されたときは、当該建物附属設備の耐用年数により償却します。

※　応接セットや外付けの冷暖房機のように、建物や建物附属設備に施設された造作でないものは、通常の新規取得と同様になります。

補　論　**定期借家契約により賃借した建物に施設した造作の耐用年数**

　定期借家契約により賃借した建物に借主が施設した造作を賃借期間で償却することが認められるか論点になります。耐用年数の適用等に関する取

扱通達によると、以下の場合には、賃借期間で償却することができるものとされています（耐通 1 – 1 – 3 ）。

・賃借期間の定めがある。

・更新ができない。

・造作に対して有益費の請求又は買取請求ができない(注)。

   (注)　造作に対して有益費の請求又は買取請求ができるか否かは賃貸契約の定めによりますが、造作に対して有益費の請求又は買取請求ができない旨、定められていることが一般的です。

定期借家契約の場合、基本的に契約期間の更新はできません。したがって、形式的に上記要件を満たすことが一般的です。しかし、定期借家契約は、賃貸人が契約期間の満了の 1 年前から 6 か月前までに満了の通知をしなければ賃借人に契約の終了を対抗できませんし（借地借家法38④）、双方が合意すれば再契約により賃借人が引き続き賃借することができますので、定期借家契約の契約期間が満了したら自動的、絶対的に当該造作に対する賃借人の権利が消失するものではありません。したがって、実務では定期借家契約というだけでは、契約期間による償却は認められないと考えられます。

補 論　**改良・改造を行った土地建物等の譲渡所得の長短判断**

改良・改造等を行った土地建物等を譲渡する場合、譲渡所得が長期譲渡所得か短期譲渡所得に該当するかの判断（譲渡の年の 1 月 1 日において所有期間が 5 年を超える場合は長期譲渡所得（措法31②））において、改良・改造を行った土地建物本体を取得した日から所有期間を判断すると長期譲渡に該当するが、改良・改造を行った日から所有期間を判断すると短期譲渡に該当する場合、改良・改造の部分とそれ以外の部分に分けて譲渡所得の計算をすべきか論点になります。

　これについては、改良・改造を区分せず、改良・改造をした日に関わらず土地建物本体の取得の日からの所有期間で判断します（措通31・32共-6）。

　例えば、2015年3月に建物を取得し、2020年10月1日に資本的支出を行い、2022年5月に当該建物を譲渡する場合、建物本体は長期譲渡とし、資本的支出部分は短期譲渡所得として計算するのではなく、譲渡した建物（資本的支出部分も含みます。）の所有期間は建物の取得の日から計算し、資本的支出部分も含めて長期譲渡として計算します。

補論　取得費に算入すべき登録免許税・不動産取得税

　不動産の取得に伴う登録免許税・不動産取得税は、業務用の不動産の取得に係るものは経費とし（所基通49-3(3)、37-5）、非業務用の不動産の取得に係るものは取得費に算入します（所基通38-9）。

（注1）　法人が取得した資産に係る登録免許税・不動産取得税を損金計上するか取得価額に算入するかは法人が選択することができます（法基通7-3-3の2）。

　　　　なお、不動産を贈与、相続及び遺贈により取得した場合に負担した登録免許税・不動産取得税も同様に業務用資産に係るものは経費とし、非業務用資産に係るものは取得費に算入します（相続及び遺贈により相続人が取得した場合及び包括遺贈により包括受遺者に遺贈した場合、不動産取得税は課されません（地法73の7一）。）。

（注2）　取得費に算入された登録免許税・不動産取得税は時の経過と共に償却されます。

補論　業務用資産を年の中途で譲渡した場合の譲渡年の償却費の取扱い

　期中に不動産を譲渡した場合、譲渡した日までの期間（1か月未満は切り上げます。）に相当する減価償却費の額を不動産所得・事業所得・雑所得等の経費に算入して取得費を減額するか、期中償却額を経費に算入しな

い（取得費も減額しない）で譲渡所得から減額するか選択することができます（所基通49-54）。

　業務にかかる所得（事業所得、不動産所得、雑所得等）は総合課税になり、譲渡所得は分離課税となりますので税率が異なります。また、事業所得や一定規模（18-4-1参照）の不動産所得は事業税の対象になりますが、譲渡所得は事業税の対象になりません。

　以上を踏まえて、譲渡年の減価償却費相当額を事業にかかる経費にするか、譲渡所得から減額するか判断するとよいでしょう。

9 - 10 - 1　中古資産の耐用年数

中古資産を取得した場合の耐用年数について教えてください。

Answer

　中古資産の耐用年数は、取得して業務の用に供するために中古資産に行った資本的支出の金額に応じて下表のように計算します。なお、非業務用資産は中古で取得したとしても新品で取得したものと同様に法定耐用年数に1.5を乗じた耐用年数（端数切捨て）で減価の額を計算します。

（中古資産の耐用年数）

中古資産の取得に伴う資本的支出の金額	耐用年数
中古資産の取得価額の50％以下	簡便法による耐用年数 ＝（法定耐用年数－経過年数）※＋経過年数×20％ 　※　（法定耐用年数－経過年数）がマイナスになる場合、ゼロとします。 　※　上記算式で計算された耐用年数に端数がある場合は切り捨て、計算された中古資産の耐用年数が2年未満の場合は2年とします。 <div align="right">（耐用年数省令3①二）</div>
中古資産の取得価額の50％超～再取得価額(注)の50％以下	耐用年数 当該中古資産の取得価額（資本的支出の価額を含む。）÷ $\left[\dfrac{\text{当該中古資産の取得価額（資本的支出の額を含まない。）}}{\text{当該中古資産の簡便法による耐用年数}} + \dfrac{\text{当該中古資産の資本的支出の額}}{\text{当該中古資産に係る法定耐用年数}} \right]$ 　※　1年未満の端数は切り捨てます。　　（耐通1-5-6）
再取得価額(注)の50％超	法定耐用年数　　　　　　　　　　　　　（耐通1-5-2）

(注) 再取得価額とは、取得した中古資産と同じ新品を取得するとした場合の価額を言います。

解説

中古資産を取得した場合、耐用年数は法定耐用年数を適用してもかまいませんが、使用可能期間を見積もった耐用年数（見積法による耐用年数）又は簡便法による耐用年数を適用することが認められます（耐用年数省令３①一、二）。

簡便法による耐用年数を適用することが一般的ですが、取得した中古資産を業務の用に供するために修理、改修等を行った場合、当該修理、改修による資本的支出の金額が中古資産の取得価額の50％を超える場合、簡便法による耐用年数を適用することは認められず、簡便法による耐用年数と法定耐用年数を用いて計算した耐用年数（回答欄参照）を適用します（耐通１－５－６）。

なお、中古資産と同じ新品の取得に要する金額の50％を超える資本的支出を行った場合は法定耐用年数を適用しなければなりません。

補論　法定耐用年数を摘要することの可否

中古資産に簡便法等による耐用年数を適用することは「できる」規定になっています（耐用年数省令３①二）ので、簡便法等による耐用年数を適用せずに法定耐用年数を適用しても問題ありません。

補論　法定耐用年数から簡便法等による耐用年数に変更することの可否

簡便法等の中古資産の耐用年数は、当該中古資産を事業の用に供した事業年度においてのみ適用することができます。中古資産を事業の用に供した事業年度において法定耐用年数を適用し、その後に簡便法等による耐用

年数に変更することはできません（耐通 1 - 5 - 1 ）。

| 補 論 | 非業務用から業務用に転用した場合の減価償却計算 |

　非業務用の期間は法定耐用年数に1.5を乗じた年数（端数切捨て）で計算される旧定額法による減価の額を計算します（所令135）(注)。業務用に転用した後の償却は当該資産を取得した日（転用した日ではありません。）に業務の用に供したものと仮定して適用される償却方法及び耐用年数を用いて転用後の減価償却費の金額を計算します。

(注)　昭和27年12月31日以前に取得した資産については昭和28年 1 月 1 日における相続税評価額を加味して計算するものとされています（所法61③、所令136、172）。

　(例)　　令和 1 年 7 月に、新築後 8 年 6 か月経過している家屋（耐用年数47年）を 1 千万円で取得し自宅として利用してきましたが、令和 4 年10月に賃貸の用に転用しました。令和 5 年12月に当該資産を譲渡することになりました。譲渡所得計算にあたり控除される取得費はどのように計算されるでしょうか。

　(イ)　非業務用の期間の減価の額

　　　・耐用年数＝47年×1.5＝70.5→70年（端数切捨て）

　　　・償却期間＝ 3 年 4 か月（令和 1 年 7 月～令和 4 年10月）→ 3 年（ 6 か月未満切捨て）

　　　・減価の額＝1,000万円×0.9×0.015（70年の旧定額法の償却率）×3 年＝405,000円

　(ロ)　業務用の期間の減価償却額

　　　当該資産を取得した日（令和 1 年 7 月）に業務の用に供したと仮定して耐用年数と償却方法を判断します。まず、令和 1 年 7 月取得なので償却方法は定額法を適用します。次に耐用年数

は新築後 8 年 6 か月経過している中古資産の耐用年数を計算します。

・耐用年数（簡便法）＝（47年 − 8 年 6 か月）＋ 8 年 6 か月×20％＝（564か月 − 102か月）＋102か月×20％＝482.4か月＝40.2年→40年（端数切捨て）

> ※ 業務にかかる所得計算において経費に算入すべき減価償却費を簡便法による中古資産の耐用年数ではなく法定耐用年数により計算することも認められますが、法定耐用年数により計算していた場合、譲渡所得を計算するための取得費算定においても法定耐用年数で計算すべきと考えます。

・令和 4 年の減価償却費の額＝1,000万円×0.025（40年の定額法の償却率）× 3 か月/12か月＝62,500円

令和 5 年の減価償却費の額＝1,000万円×0.025（40年の旧定額法の償却率）×12か月（所有期間に 1 か月未満の端数がある場合は切上）/12か月＝250,000円（令和 5 年分の減価償却費の額は事業に係る所得計算の経費に算入せず、譲渡所得から控除される取得費に算入することを選択してもかまいません。）

(ハ) 取得費の計算＝10,000,000円 − 非業務用の期間の減価の額405,000円 − 業務用の期間の減価の額（62,500円（令和 4 年分）＋250,000円（令和 5 年分））＝9,282,500円

（事業に係る所得計算において、譲渡年の減価償却費を経費に算入しない場合、取得費は9,532,500円（10,000,000円 − 非業務用の期間の減価の額405,000円 − 業務用の期間の減価の額（62,500円（令和 4 年分）））になります。）

（消費税の取扱い）

非業務用から業務用に転用した場合、特段の消費税の処理は生じません。

補論　業務用から非業務用に転用した場合の減価償却計算とみなし消費税

　業務用から非業務用に転用した場合、非業務用に転用した日までの月数（1か月未満の期間は1か月に切り上げます。）に相当する減価償却費の額を計算します（所令132①二イ）。

　次に、非業務用に転用した日からは、所得金額の計算のために償却費を計算する必用はありませんが、当該資産を売却した場合、取得費を計算するために非業務用に転用した日から売却の日までの年数（1年未満の端数は、6か月未満は切り捨て、6か月以上は1年とします。）に応じた減価の額を計算します。ここでは譲渡の日に当該資産を取得した場合に適用される法定耐用年数の1.5倍（端数切捨て）の年数で旧定額法により減価の額を計算します。

（消費税の取扱い）

　業務用から非業務用に転用した場合、事業として対価（転用時の時価）を得て行われた資産の譲渡とみなされます（消法4⑤一、28③一）。したがって、転用時に時価で譲渡したものとみなして消費税が課されますので注意を要します。なお、転用時に譲渡とみなす規定は消費税の規定であり、所得税においては譲渡したものとみなされませんので、譲渡所得を計算する必要はありません。

補論　相続・贈与による取得に中古資産の耐用年数を適用することの可否

　相続・遺贈・贈与により取得した資産については、被相続人・贈与者が適用していた耐用年数を適用し、取得価額を引き継ぎます（所法60①）。相続・遺贈・贈与により資産を取得した時に中古資産を取得したものとし

て中古資産の耐用年数を適用することはできません（国税不服審判所裁決平成24年3月1日大裁（所）平23-37裁事86）。ただし、限定承認による相続、限定承認による包括遺贈、及び一定の負担付贈与等のように相続・遺贈・贈与に当たり、被相続人・遺贈者・贈与者において税務上、譲渡を認識する場合には、相続人・受遺者・受贈者が被相続人・遺贈者・贈与者から中古資産を取得したものとして、中古資産の耐用年数を適用できます。

補論　中古資産に多額の資本的支出を行った場合の法定耐用年数への変更

中古資産を取得して、簡便法等により法定耐用年数よりも短い耐用年数により減価償却をしている場合、当該中古資産の再取得価額の50％を超える資本的支出を行った場合（注）、当該資本的支出を行った年以降は法定耐用年数に改定して減価償却しなければなりません（耐通1-5-3）。

(注)　各年において支出された資本的支出の合計額又は一の計画に基づいて支出した資本的支出の合計額の大きい金額で判断します。

補論　平成10年の法定耐用年数の改定の取扱い

法定耐用年数は平成10年に短縮されました。業務用資産の減価償却額は平成9年までは改正前の耐用年数により計算し、平成10年以降は改正後の耐用年数で計算します。中古資産の簡便法による耐用年数については平成10年分において再計算することが認められています（耐通1-5-7）。

非業務用の資産は、譲渡した時において適用される法定耐用年数の1.5倍（端数切捨て）により減価の額を計算します。

| 補 論 | 所得税における「耐用年数の適用等に関する取扱通達」の適用について |

　「耐用年数の適用等に関する取扱通達」は法人税の取扱いを規定した通達で、所得税の計算において「耐用年数の適用等に関する取扱通達」を適用することができるか論点になります。これについては「所得税についての耐用年数の適用等に関する取扱いについて」において、一部を除いて「耐用年数の適用等に関する取扱通達」を準用する旨が定められています。

Q10 譲渡税が課される相続

10-1 法人への遺贈

　Aさんは遺言書を作成して、所有する土地（時価1億円、取得価額4,000万円）を、同族会社である法人に遺贈しました。Aさんが亡くなった場合に、Aさんにはどのような課税関係が生じるのでしょうか。

Answer

　Aさんが亡くなった時、土地を法人に1億円で譲渡したものとみなして6,000万円の譲渡所得が生じます。

> **法人に遺贈した場合の、遺贈者の課税関係**
>
> 　法人に遺贈した場合、被相続人が法人に財産を譲渡したものとみなして所得税が課されます。

解説

　法人に財産を遺贈した場合、遺贈者は当該財産を時価で譲渡したものとみなします（所法59①一）。したがって、Aさんは当該土地を1億円で譲渡したものとみなして、譲渡所得6,000万円（1億円−4,000万円）を計算して、これに対する所得税（長期譲渡であれば所得税15%（復興増税を除く。））が課されます（住民税は課されません。）。

　なお、当該譲渡所得の申告をするときには、Aさんは亡くなっていますので、Aさんの相続人がAさんの所得税の申告（準確定申告）をすることになります。

（注1）　贈与を受けた法人は、受贈益1億円を益金として計上することになります。

（注2）　同族法人の株主に対して、株式の価値の増加に応じて相続税が課されます（相基通9-2）。詳しくは、「**Q7　財産を取得していないのに相続税・贈与税が課される場合**」を参照してください。

10-2 限定承認による相続

　40年前に購入して現在利用していない土地（時価 1 億円、相続税評価額8,000万円、取得価額2,000万円）を所有する A さんが亡くなり、相続人（長男 B と次男 C）が限定承認をした場合、どのような課税がなされるでしょうか。なお、A さんはその他に財産はなく、借入金が3,000万円ありました。

Answer

　相続人が限定承認しているため、相続若しくは包括遺贈により承継された財産は時価で譲渡したものとみなして8,000万円（＝時価 1 億円－取得価額2,000万円）に対して所得税が課されます。

　所得税率は15％ですので、所得税額(注)1,200万円（8,000万円×15％）が課されます。これは、被相続人 A さんの準確定申告で申告し納税します。

　(注)　復興特別所得税2.1％の加算は無視して計算しています。

限定承認の課税関係

　相続又は包括遺贈した財産を、被相続人が時価で譲渡したものとみなして、被相続人に所得税が課されます。

解　説

　限定承認とは、相続により承継する財産よりも債務の方が多い場合に、承継した財産をもってしても弁済できない債務の負担まではしなくて済む制度です。相続に当たっては、被相続人の遺産と債務の状況に応じて、単純承認、限定承認、相続放棄の選択肢があります。

(1) 相続放棄

親が多額の借金をしていて、借金の方が財産よりも明らかに多い時に、相続人が親の相続を受けてしまうと親の借金を引き継ぐことになり、相続人は個人財産をもって親から承継した借金の弁済をしなければならなくなります。

そのような場合には、相続放棄をすることで親の財産及び借金を引き継がないことができます。なお、相続放棄をするには原則として、相続が発生したことを知ってから3か月以内に家庭裁判所に手続きをする必要があります。

(2) 単純承認

逆に、親の借金がほとんどないか、あるいは借金があっても財産の方が多い場合には、何ら手続きをする必要はありません。相続放棄や限定承認の手続きをしなければ、相続を受け入れたことになります。これを単純承認と言います。

(3) 限定承認

親の相続財産と債務のいずれが多いか不明確な場合等に、万が一にも債務の方が多かったとしても、遺産の範囲内でだけ弁済すれば良いのが限定承認です。限定承認をしておけば、後日、被相続人の債務が新たに出てきても、当該債務は、遺産の範囲内で弁済すればよく、相続人が自分の財産を拠出してまで弁済する必要はありません。

限定承認も原則として相続を知ってから3か月以内に家庭裁判所に手続きをする必要がありますが、相続放棄は相続人ごとに単独で申請することができるのに対して、限定承認は全ての相続人が全員足並みを揃えて申請しなければいけない点で異なります。

⑷ 限定承認をした場合の課税関係

限定承認は便利な制度のようですが、税務上その取扱いには注意が必要です。

相続人、包括受遺者が限定承認をした場合、相続・包括遺贈された財産を被相続人が時価で譲渡したものとみなして所得税を計算しなければならなくなります（相法59①）。

（注） 限定承認した場合には、全ての遺産に対して譲渡所得課税がなされる訳ではありません。あくまで譲渡所得の対象になるのは相続、包括遺贈により取得した財産です。限定承認された場合であっても以下の財産については譲渡所得税が課されません。
　① 生前贈与された財産（相続開始前３年内贈与財産や、相続時精算課税を適用して相続税の計算に組み入れられた財産）
　② 特定遺贈、死因贈与により承継された財産（個人が承継したものに限ります。）

補論 **限定承認をした場合の相続税**

限定承認をした場合、相続・包括遺贈された財産について所得税が課されます。当該所得税は被相続人が負担する所得税ですので、相続税の計算に当たって、債務控除することができます。

本問の場合、相続税の計算に当たっては、当該土地は相続税評価額で評価することができますので、相続財産は3,800万円（＝土地8,000万円－借入金3,000万円－所得税1,200万円）になり、基礎控除額4,200万円（3,000万円＋600万円×２名）以下になりますので相続税は課されません。

> **（参考） 限定承認とは（民法922）**
> 　相続人は、相続によって得た財産の限度においてのみ被相続人の債務及び遺贈を弁済すべきことを留保して、相続の承認をすることができる。

Q
10
譲渡税が課される相続

171

10-3 負担付遺贈

Aさんは、老後にお世話になったBさん（親族でない）に、土地を遺贈しようと考えています。ただし、Aさんが土地（時価5,000万円、相続税評価額4,000万円、取得価額3,000万円）を取得する際に借り入れた借金（相続時の残高2,700万円）をBさんに負担してもらうことを条件に当該土地を遺贈することにしました。この際に、どのような課税が生じるでしょうか。

Answer

被相続人（Aさん）が土地を2,700万円で譲渡したものとみなして、被相続人（Aさん）に譲渡損（△300万円）が生じます。

負担付遺贈における遺贈者の課税

【原則】 遺贈者は、負担額で財産を譲渡したものとみなして所得税が課されます。

【例外】 負担額が著しく少額で、「負担額＜取得費」の場合は、譲渡損はないものとされます。

解 説

上記負担付遺贈において、遺贈者（Aさん）の債務はどのようにBさんが引き受けるのか考えてみましょう。

Bさんは遺贈者（Aさん）の相続人ではありませんので、相続により遺贈者（Aさん）の債務を引き継ぐだと解釈することはできません。Bさんは、遺贈者（Aさん）に経済的利益を与える（Aさんの債務を引き受ける）ことを条件として土地の遺贈を受けたものと整理されます。

（受贈者の課税）

　Ｂさんは遺贈を受けた土地の評価額（4,000万円）のうち、負担することになる債務の額（2,700万円）を超える部分の金額（1,300万円）については、相続税の対象になります（相基通11の2-7）。

（贈贈者の課税）

　Ｂさんが引き受けた債務の額（2,700万円）については、Ａさんが当該債務の額に相当する金額の経済的利益を受けることを条件に遺贈したので、Ａさんが受ける経済的利益の額（2,700万円）で当該土地をＢさんに譲渡したものとして譲渡所得を計算します。当該土地の取得価額は3,000万円ですから、譲渡所得は△300万円（2,700万円-3,000万円）になります。

　このような負担付遺贈について、実務では、遺贈者（Ａさん）が譲渡所得を認識しなくても指摘を受けていないケースもあるようです。しかし、理論的には遺贈者（Ａさん）に譲渡所得課税が課されると考えられますので注意が必要です。

　設問のような負担付遺贈に該当する遺言を作成する場合には慎重な対応が求められます。

　㊟　負担付遺贈の負担額が遺贈する財産の時価（通常の取引価額）に比べて著しく低い価額（時価の半額未満）である場合で、遺贈者の取得費が負担額よりも大きい場合は、譲渡損はなかったものとみなされ（「4-1-1　贈与者に所得税」参照）、受遺者は、遺贈者の財産の取得価額を引き継ぎます（「4-1-3　受贈者における財産の取得価額」参照）。

（参考）　負担付遺贈があった場合の課税価格の計算（相基通11の2-7）

　負担付遺贈により取得した財産の価額は、負担がないものとした場合における当該財産の価額から当該負担額（当該遺贈のあった時において確実と認められる金額に限る。）を控除した価額によるものとする。

10-4 非居住者への相続

　居住者の相続により、非居住者である相続人又は受遺者が有価証券等を取得した時に、所得税がかかるそうですが、この制度について教えてください。

Answer

　国外転出（相続）時課税は、以下のようなものです。

国外転出（相続）時課税

　平成27年7月1日以後に、一定の居住者（注1）が亡くなり、非居住者である相続人又は受遺者が、対象資産（所有する有価証券等）（注2）を相続又は遺贈した場合、相続人又は受遺者に対する相続税とは別に、相続時の時価（注3）で被相続人が当該対象資産を譲渡したものとみなして被相続人に所得税が課されます（注4）。従って、当該被相続人の準確定申告で、当該対象資産を譲渡したとみなした所得税を申告し納税する必要があります（所法60の3）。

解説

　国外転出（相続）時課税は、国外の居住者に有価証券を相続して、その後、相続人が当該有価証券を譲渡する等により、日本国内で生じた有価証券に係る含み益に対して日本で課税する機会がなくならないように設けられています。

　通常は、相続発生時に被相続人が所有している財産に所得税が課されることはありません。しかし、相続人又は受遺者が非居住者である時に、被相続人が所有する対象資産（有価証券等）が1億円以上である場合、非居

住者に相続又は遺贈された対象資産の含み益に対して所得税が課されますので注意が必要になります。

- （注1） 所得税が課される一定の居住者（被相続人）とは、相続発生時に1億円以上の時価の対象資産（有価証券等（注2））を所有している者で、相続発生の日前10年以内において、国内在住期間が5年を超えている者を言います（所法60の3⑤）。なお、実際に非居住者である相続人又は受遺者に相続又は遺贈する対象資産がわずかであったとしても、相続が発生した時に被相続人が所有する対象資産の時価が1億円以上であるならば、非居住者に相続又は遺贈された対象資産を、被相続人が時価で譲渡したとみなした所得税が課されます。
- （注2） 対象資産とは、有価証券（株式、投資信託、公社債等）、匿名組合の出資持分、未決済の信用取引・発行日取引及び未決済デリバティブ取引を言います（所法60の3①～③）。
- （注3） 相続税評価額ではなく、所得税法に定める評価額になります。したがって非上場株式は、所得税基本通達59-6の評価額となります。また、上場株式は時価（相続発生日の最終価額）で評価します。なお、外貨建ての有価証券は相続発生日のTTMで円換算して評価します（所基通57の3-2）。
- （注4） この規定による譲渡は、上場株式について譲渡損がある場合、配当所得等との損益通算や、繰越控除の特例を適用することが可能です（措法37の12の2②十一）。

　限定承認をしたことにより、被相続人が相続財産を譲渡したものとみなして所得税が課税される規定が適用される場合（「**9-7　限定承認をした場合**」参照）は、国外転出（相続）時課税の適用はありません。

10－4－1　課税の取消

　国外転出（相続）時の課税は取り消しをすることができるそうですが、その詳細を教えてください。

Answer

　以下の場合おいて、国外転出（相続）時課税（非居住者に対して相続又は遺贈した対象資産を時価で譲渡したものとみなした課税）を取り消すことができます。

国外転出（相続）時課税を取り消しできる場合

①　相続発生の日から10年以内に対象資産を相続又は遺贈された非居住者全てが帰国した場合、帰国の時まで引き続き所有している相続対象資産に係る課税は取り消すことができます（所法60の3⑥一、⑦）。

②　相続発生の日から10年以内に、非居住者である相続人又は受遺者が相続対象資産を居住者に贈与した場合、居住者に贈与された相続対象資産に課されている所得課税（非居住者である相続人又は受遺者に相続又は遺贈した際の被相続人に対する課税）を取り消すことができます（所法60の3⑥二、⑦）。

③　非居住者である相続人又は受遺者に相続対象資産が相続又は遺贈された後に、非居住者である当該相続人又は受遺者が亡くなって相続対象資産の相続又は遺贈を受けた全ての者が、当該亡くなった相続人又は受遺者が相続又は遺贈を受けた日から10年以内に居住者になった場合、非居住者に相続又は遺贈された相続対象資産に係る課税（非居住者に相続又は遺贈した際の被相続人に対する所得税）は取り消すことができます（所法60の3⑥三、⑦）。

(注)　上記①から③において、「10年」とあるのは、納税猶予の手続きをしている場合であり、納税猶予の手続きをしていない場合は、「5年」になります。

10-4-2 納税の猶予

国外転出（相続）時に課される所得税の納税を猶予する制度について教えてください。

Answer

国外転出（相続）時に課される所得税は最大10年の間、一定の手続きのもので、猶予税額に見合う担保を差し入れた場合、納税を猶予することができます。

解 説

(1) 納税猶予について

国外転出（相続）時課税を受ける者（非居住者に相続対象資産を相続又は遺贈した被相続人）から相続対象資産の相続又は遺贈を受けた非居住者である相続人又は受遺者が、当該課税に係る準確定申告の期限までに納税管理人の届出をし、納税猶予の特定の適用を受ける旨の準確定申告をして、猶予される税額等に対する担保を提供する場合には、最大10年（注）の間、国外転出（相続）時における対象資産に係る課税を猶予することができます（所法137の3②③④）。

(注) 原則は「5年」になりますが、5年を経過するまでに延長の手続きをすれば、10年に延長することができます。

また、猶予期間中は、毎年年末に相続対象資産を相続又は遺贈された相続人又は受遺者が所有する相続対象資産について引き続き納税猶予を受ける旨の届出書を翌年の3月15日までに相続人が提出する必要があります（所法137の3⑦）。そして、猶予期間中に非居住者である相続人又は受遺者が帰国した場合等には、当該帰国した者が引き続き所有している相続対

象資産に係る猶予された税額を取り消すことができます（前問10-4-1参照（所法60の3⑥⑦））。

⑵　猶予期間中に譲渡した場合

　ただし、猶予期間中に国外転出（相続）時課税の対象になった相続対象資産を相続人又は受遺者が譲渡等（贈与又は決済を含みます。）した場合には、被相続人の準確定申告で納税猶予を届出ていた相続人は譲渡等した相続対象資産について猶予されていた所得税及び利子税を譲渡等してから4か月以内に納付しなければなりません（所法137の3⑥⑭、所令266の3⑩）。

　なお、猶予期間中に相続人又は受遺者が相続対象資産を譲渡等した時の譲渡価額が、国外転出（相続）時の時価よりも下落している時は、当該譲渡等の日から4か月以内に更正の請求をすれば、当該下落した譲渡価額で国外転出（相続）時に譲渡があったものとみなして、国外転出（相続）時の所得税を減額することができます（所法60の3⑧、153の3②）。

⑶　猶予期間が満了した場合

　猶予期間が満了する日までに、相続人又は受遺者が帰国等することにより課税の取り消しをできない場合、猶予期間が満了する日までに、準確定申告をした相続人は猶予されていた所得税及び利子税を納付しなければなりません（所法137の3②）。

　なお、猶予期間の満了日における相続対象資産の価額が、国外転出（相続）時の時価よりも下落している時は、当該満了日から4か月以内に更正の請求をすれば、当該満了日の価額で国外転出（相続）時に譲渡があったものとみなして、国外転出（相続）時の所得税を減額することができます（所法60の3⑪、153の3③）。

10 − 5　代償分割

　Aさんが亡くなりました。相続人は長女と次女で、Aさんの主な遺産は自宅の土地（時価１億円）です。長女と次女は話し合って、Aさんの自宅はAさんと同居していた長女が相続し、その代わりに、長女が40年前から所有している駐車場として利用している土地（時価3,000万円、取得価額1,000万円）を次女に代償財産として交付する旨の遺産分割協議を締結しました。

　このような遺産分割協議をした場合、相続税の他に所得税は課税されないでしょうか。

Answer

　長女が次女に駐車場を時価で譲渡したものとみなして、長女に譲渡所得（2,000万円）が生じ、所得税が課されます。

遺産分割協議で相続人が所有する財産を他の相続人に交付した場合の課税

　相続人が所有する財産を時価で他の相続人に譲渡したとみなして、相続人に所得税を課税します。

解　説

　長女が以前から所有している駐車場として利用している土地は、Aさんの遺産の分割協議により長女から次女に引き渡されます。長女と次女は当該駐車場の売買の契約をしている訳ではないのですが、税務上はこの遺産分割協議は以下のように考えます。

　「長女はAさんの自宅（１億円）を相続により取得するので、次女に対

して3,000万円を支払うことにする。なお、当該3,000万円の支払いにかえて、長女が所有する駐車場の土地を次女に3,000万円で譲渡し、対価の支払いは、長女が次女に対して負担する代償分割による債務（3,000万円）と相殺する。」

　このように整理すると、長女は次女に駐車場の土地を3,000万円で譲渡したものとみなすことができます。そこで、長女に譲渡所得が2,000万円（時価3,000万円－取得価額1,000万円）発生し、これに対して20％の税率（所得税（復興特別所得税を除きます。）及び住民税）で税金がかかります。

　このように、遺産分割協議の名のもとに締結されたものであっても、代償分割で、代償金の代わりに相続人が所有する財産を交付する場合には、当該財産の交付は、当該財産の時価で譲渡したものとみなして所得税が課されますので注意が必要です（所基通33-1の5）。

補論　代償財産として取得した財産の取得価額

　次女は、代償財産として取得した当該駐車場の土地を代償金3,000万円で取得したものと考えますので、次女にとっての取得価額は3,000万円になります（「9-5　代償分割をした場合」参照）。

（参考）　代償分割による資産の移転（所基通33-1の5）

　遺産の代償分割（現物による遺産の分割に代え共同相続人の1人又は数人に他の共同相続人に対する債務を負担させる方法により行う遺産の分割をいう。以下同じ。）により負担した債務が資産の移転を要するものである場合において、その履行として当該資産の移転があったときは、その履行をした者は、その履行をした時においてその時の価額により当該資産を譲渡したこととなる。（昭52直資3-14、直所3-22追加）

甲が亡くなり、以下の土地Ａ、Ｂを長男と長女で相続することになりました。

・土地A（時価1億、取得費6,000万円）

・土地B（時価8,000万円、取得費3,000万円）

長男と長女は、土地AとBを2分の1ずつ相続し、共有とする遺産分割協議をしましたが、後日、共有だと面倒だということになり、土地Aは長男が、土地Bは長女が相続し、長男は長女に1,000万円を代償金として支払う旨の遺産分割協議をやり直しました。

(1) 遺産分割協議のやり直しはできるのでしょうか。

(2) 遺産分割協議のやり直しは税務上、どのように扱われますか。

Answer

遺産分割のやり直しの取扱い

(1) 私法上の取扱い

　　遺産分割協議のやり直しは私法上、相続人の全員の合意があれば可能です。

(2) 税務上の取扱い

　　遺産分割協議のやり直しは、原則(注)として相続税の修正ではなく、当初の遺産分割協議による相続が完了した後の新たな取引（贈与又は交換、譲渡）として贈与税又は所得税の対象になります。

(注) 相続人の自由な意思に基づく贈与又は交換等を意図していない場合には税務上も相続の範ちゅうで整理されます。具体的には、当初の遺産分割協議後に生じたやむを得ない事情により当初の遺産分割が合意解除された場合や、当初の遺産分割協議に無効又は取消すべき原因がある場合がこれに該当します。

（遺産分割協議のやり直しの税務上の整理）

　長女は１回目の遺産分割により取得した土地Ａの持分２分の１を5,000万円で長男に譲渡し、長男は１回目の遺産分割により取得した土地Ｂの持分２分の１を4,000万円で長女に譲渡して、それぞれの譲渡対価の差額（現金1,000万円）を長男が長女に支払ったものとして課税関係を整理します。

・長女の課税関係＝Ａ土地の譲渡による譲渡所得を2,000万円認識します。

・長男の課税関係＝Ｂ土地の譲渡による譲渡所得を2,500万円認識します。

　なお、譲渡所得の交換特例（所法58）の要件を満たす場合には、当該特例を適用することも検討されますし、相続税の一部を取得費に加算する取得費加算特例（措法39）の適用も検討されます。

解説

(1)　私法上、遺産分割協議のやり直しができるか

　遺産分割協議のやり直しについては、裁判で争われた事例があります。そこでは、「既に成立している遺産分割協議の全部又は一部を全員の合意によって解除した上、改めて分割協議を成立させることができる（最高裁平成２年９月27日判決）」とされ、遺産分割協議のやり直しは私法上認められています。

　したがって、遺産分割協議のやり直しにより財産を移転することは可能です。なお、遺産分割協議のやり直しには、上記のとおり相続人全員の合意が必要です。

(2)　税務上の遺産分割協議のやり直しの処理

　当初の遺産分割協議が法的に有効であったとしても、私法上それを合意解除すると当初の遺産分割協議はさかのぼって効力を失い、遺産分割協議

をする前の状態に戻ります。そして改めて遺産分割協議をした場合、私法上は二回目の遺産分割により財産が相続人に帰属することになります。

　税務上の取扱いについても、基本的には私法上の形式と一致すべきです。したがって、二回目の遺産分割協議による財産の移転は税務上も相続により移転したものとして相続税の申告を修正して、相続税の枠組みの中で対応すべきです。

　しかし、遺産分割協議のやり直しは、相続人が自由な意思に基づく贈与や交換等を相続人間で行うことを目的として行われることがあります。このような場合は、遺産分割協議のやり直しという相続の範ちゅうの形式をとっていますが、実態は相続人間の贈与、交換、譲渡であると認められますので、税務上は実態に即して贈与税、所得税の対象として課税することとし、私法上とは異なる独自の取扱いをしています（「相続税法基本通達逐条解説」19の2-8の解説を参照）。

相基通19の2-8の解説文

　各人に具体的に帰属した財産を分割のやり直しとして再分配した場合には、一般的には、共同相続人間の自由な意思に基づく贈与又は交換等を意図して行われるものであることから、その意思に従って贈与又は交換等その態様に応じて贈与税又は所得税（譲渡所得等）の課税関係が生じることとなる。

　もっとも、共同相続人間の意思に従いその態様に応じた課税を行う以上、当初の遺産分割協議後に生じたやむを得ない事情によって当該遺産分割協議が合意解除された場合などについては、合意解除に至った諸事情から贈与又は交換の有無について総合的に判断する必要がある。

　また、当初の遺産分割による財産取得について無効又は取消しすべき原因がある場合には、財産の帰属そのものに問題があるので、これについて

> の分割のやり直しはまだ遺産の分割の範ちゅうとして考えるべきである。

　なお、遺産分割協議のやり直しが、以下のような事情により行われ、相続人間の贈与、交換等を目的としていない場合には、税務上も相続の範ちゅうで整理されます。

遺産分割協議のやり直しが税務上も相続の範ちゅうで整理される場合

① 　やむを得ない後発事象により当初の遺産分割協議が合意解除され、やり直される場合

② 　当初の遺産分割協議に無効又は取消しすべき原因がある場合

（注1）　**無効・取消・解除について**
　　　　契約が効力を有しない要因として「無効」「取消」「解除」があります。無効は当事者の意思表示は必要とせず初めから効力を有しないのに対して、取消と解除は、当初は有効であった契約が当時者の意思表示によりさかのぼって効力を失う点で異なります。また、取消は契約成立時に存在する事情を原因とするのに対して、解除は契約成立後の事情を原因とする点で異なります。

（注2）　**遺産分割協議の法定解除・約定解除**
　　　　契約の解除には、法律の規定に基づく法定解除、契約書の定めによる約定解除と、契約当事者の合意によりなされる合意解除がありますが、遺産分割協議については、その安定性が求められることから法定解除、約定解除はできないとする見解が多数のようです。
　　　　これについて、代償金の負担が履行されないことを原因として遺産分割協議を解除できるか争われた裁判で次のように指摘されています。
　　　　「相続人の1人が他の相続人に対して右協議において負担した債務を履行しないときであっても、他の相続人は民法541条によって右遺産分割協議を解除することができないと解するのが、相当である。（最高裁平成元年2月9日判決）」

（注3）　**遺産分割協議が無効になる場合**
　　　　遺産分割協議が無効になる場合とは、例えば以下のような場合が考

えられます。

㈠ 相続人のうち一部が遺産分割協議に参加していない場合

　　㊟ 遺産分割協議後に認知された相続人がいる場合には遺産分割協議は無効にならず、金銭で調整することになります。

㈡ 相続人でない者が遺産分割協議に参加している場合

㈢ 認知症等により意思能力がない者が成年後見人を選任せず遺産分割協議に参加している場合

㈣ 遺産分割協議の内容に重大な錯誤がある場合

　錯誤無効の場合は以下のような場合があります。

　（ⅰ） 当初の遺産分割協議が成立後に遺言書が見つかり、当該遺言書の内容を知っていたならば当初の遺産分割協議はなされなかったであろうと認められる場合（最高裁平成5年12月16日判決）

　（ⅱ） 当初の遺産分割協議を行った際に遺産と認識していなかった重要な財産が遺産であることが判明し、当該重要な財産が遺産であることがわかっていたならば当初の遺産分割協議はなされなかったと認められる場合

　（ⅲ） 当初の遺産分割協議を行った際に税負担に関する誤った認識（錯誤）があり、当該錯誤が重要な動機として遺産分割協議に明示的に表示され、当該錯誤がなかったら当初の遺産分割協議の意思表示をしなかったと考えられ、かつ、当該錯誤につき重大な過失がなかった場合

　※ 錯誤による規定は民法改正（2020年4月1日施行）により、施行日以後に締結された遺産分割協議から以下のように変わります。

	旧民法	新民法
錯誤による法律行為	無効	取消し
無効（取消し）を主張できない場合	重大な過失があったとき	重大な過失があったとき（次に掲げる場合を除く） ① 相手方が表意者に錯誤があることを知り、又は重大な過失によって知らなかったとき ② 相手方が表意者と同一の錯誤に陥っていたとき

㈤ 遺産分割協議の内容に強行法規や公序良俗に反する内容が含ま

れている場合

（注4）　**遺産分割協議が取り消される場合**

遺産分割協議が取り消される場合とは例えば以下のような場合が考えられます。

㈠　脅迫、詐欺により遺産分割協議をしてしまった場合

㈡　未成年者である相続人が親や兄弟と遺産分割協議をする際に特別代理人が選任されていない場合

補　論	遺産分割協議のやり直しをした時に相続税の更正の請求ができるか

遺産分割のやり直しが、税務上相続後の相続人間における財産の贈与、交換等ではなく、遺産分割の範ちゅうとして整理される場合に、国税通則法に規定する更正の請求の要件を満たすならば、原則として相続税の更正の請求ができるはずです。しかし、遺産分割協議のやり直しによる更正の請求を無制限に認めると、税務調査により指摘を受けた納税者が遺産分割協議をやり直して税負担の軽減を図ることを許容することになり、結果として、納税者間の公平性が害されることになりかねません。

そこで、税負担の不知や誤認を原因とする遺産分割協議のやり直しについては以下の要件の全てを満たすものに限定して更正の請求を認めることとしています。

税負担の不知や誤認を原因として遺産分割協議をやり直した際に更正の請求ができる要件（東京地裁 平成21年2月27日）

以下㈠から㈡の要件全てを満たす場合、相続税の更正の請求ができるものと判断されます。

㈠　更正の請求の期間内に遺産分割協議がやり直されている。

㈡　自ら誤信に気づきやり直したものである（税務調査等の指摘を受けて修正したものではない。）。

(ハ)　当初の遺産分割協議の経済効果を完全に消失している。

(ニ)　やり直しの理由が、やむを得ない事情による１回限りのものである。

　なお、申告期限から５年内の更正の請求については、国税通則法において「やむを得ない事情」の有無は要件に付されていません（国通法23①一）。したがって、当初の遺産分割協議が効力を有しないことを原因として申告期限から５年内に遺産分割協議をやり直した場合には、「やむをえない事情」の有無に関わらず相続税の更正の請求ができるのではないかという意見もあるようです。確かに文理解釈上はそのようにも考えられますが、税務実務上、国税通則法は包括的に国税の取扱いについて規定したものであり、これに基づいて更正の請求がなされたとしても、各税法の規定や解釈に従ってそれが認められるかどうか判断されることになる（＊）と解され、結果として上記(イ)〜(ニ)の要件を満たすことが必要と考えられます。

　＊　「法人税基本通達逐条解説２−２−16」の解説文参照

補　論　申告期限内に遺産分割協議をやり直した場合

　法的に有効に成立した遺産分割協議を相続税の申告期限内にやり直し、やり直した遺産分割協議に基づいて相続税の申告をすることは、それが税負担の軽減を目的としている場合であっても、実務上、許容され、遺産分割協議のやり直しを贈与税や所得税の対象とは扱っていません。当初の遺産分割協議が合意解除されて無効になったという私法上の形式を税務上も踏襲し、二回目の遺産分割協議を相続による財産の取得と認めているものです。

　このように申告期限内の遺産分割協議のやり直しについて贈与税や所得税の対象としないのは、そのように取り扱っても課税上の弊害が生じないと考えられているからです。

10-6-1　遺産分割協議をやり直した場合の登録免許税

　当初の遺産分割協議により相続登記する際に0.4％の登録免許税が課されました。遺産分割協議をやり直した場合、当初の遺産分割協議による相続登記は抹消され、やり直した遺産分割協議により改めて相続登記がなされます。

　この際に、当初の遺産分割協議による相続登記にかかる登録免許税は還付されるでしょうか。

Answer

　当初の遺産分割協議に基づく相続登記の登録免許税は還付されません。

解　説

　既に当初の遺産分割協議により相続登記がなされている場合、当初の相続登記を抹消します。抹消にかかる登録免許税は不動産１個につき1,000円となります。次に、２回目の遺産分割協議に基づいて相続登記をしますが、その際には原則として0.4％の登録免許税が課されます。

　なお、当初の遺産分割協議による登記が錯誤や解除により抹消されたとしても、登録免許税は登記を行ったという行為に画一的に課されるもので、一度適法に登記が完了した時点で納税義務が確定します。したがって、当初の遺産分割協議による登録免許税は原則として還付されません。

　なお、遺産分割協議をやり直した場合の登記については、上記とは別に所有権更正登記により行うことができる場合もあります。この場合には、通常一筆につき1,000円で登記することができます。また、真正な登記名義の回復により行うことも考えられますが、この場合については２％の登録免許税が課されます。

10−6−2 遺産分割協議をやり直した場合の不動産取得税

　相続を原因とする不動産の取得には不動産取得税は課されませんが、遺産分割協議をやり直して不動産が移転する場合に、不動産取得税は課されるのでしょうか。

Answer

　遺産分割協議のやり直しの目的により判断が分かれます。

①　当初の遺産分割協議により取得した財産を相続人間で贈与又は譲渡する目的でなされた場合……不動産取得税が課されます。

②　上記①に該当せず、当初の遺産分割協議を合意解除してあらためて遺産分割協議をしたものと認められる場合……不動産取得税は課されません。

解 説

　不動産取得税は、相続（包括遺贈及び被相続人から相続人に対してなされた遺贈を含みます。）による不動産の取得については非課税とされています（地法73の7①）。

　遺産分割協議のやり直しによる不動産の取得に対して不動産取得税が課されるかどうかは、法的形式によってではなく真実の法律関係に従って判断されるものと解されます。

　遺産分割協議のやり直しが、当初の遺産分割協議により取得した財産を相続人間で贈与又は譲渡する目的でなされた場合には、たとえ形式的には遺産分割協議による不動産の取得であったとしても、不動産取得税が課されるものと考えられます。

　他方で、遺産分割協議のやり直しが、相続人間での贈与や譲渡を目的と

したものでない場合、当該遺産分割協議のやり直しによる取得は相続による不動産の取得として、不動産取得税を課さないと判断された事例があります（最高裁 昭和62年1月22日）。

　これは、当初の遺産分割では相続税の配偶者軽減が十分に享受できないため、相続税の申告期限までに遺産分割協議をやり直した事例です。第一審においては以下のように遺産分割のやり直しにより移転した所有権に対して不動産取得税が課されるとしました。

岡山地裁（昭和58年4月13日）

　第一回遺産分割協議が錯誤により無効であるということは到底できず、他に同協議を無効とすべき事実についての主張立証は存しない。

　したがって、原告の「相続に因る不動産の取得」は有効な第一回遺産分割協議による本件（四）の土地の所有権取得のみであって、原告主張の第二回遺産分割協議による本件（一）ないし（三）の各土地の共有持分権の取得は相続とは別個独立の新たな法律行為（贈与）に基づくものと解される。

　しかし、上告審においては以下のようにこれが取り消され、最高裁で取り消しが確定しました。

広島高裁（昭和59年7月26日）

　第1回遺産分割協議によって取得した財産を控訴人に与える意思で、第2回遺産分割協議をなしたとも、また経済的にも、控訴人を除くその余の相続人が本件相続財産に基づく経済的利益を控訴人に与える目的で、第2回遺産分割協議をなしたものとも認め難い（〜省略〜）

　第1回の遺産分割協議を相続人全員が合意解除し改めて第2回遺産分割

の協議をすることを不可とする理由も存しないから、第1回遺産分割協議に錯誤が存しなかったことにより、直ちに、第2回遺産分割協議は仮に第1回遺産分割の協議により相続人らが相続によって取得した遺産を相続人各自の合意によりその帰属を変更しようとする新たな法律行為であるとする被控訴人の主張は、前説示の事実関係にある本件においては失当である。

なお、相続税の申告においては、当初の遺産分割協議は錯誤ないし過誤に基づくものであって、その真意に基づく遺産分割は第2回遺産分割協議によって確定したと解釈し、第2回遺産分割協議による相続税申告を認めています。

10-7 遺留分侵害額請求に基づく遺産の交付

母が亡くなりました。遺産は自宅の土地（時価2億円、相続税評価額 1.6億、取得費2千万円）だけで遺言書に従って、母と同居していた長女が相続しました。後日、長男から遺留分侵害額請求がありましたが、長女には支払うべき金銭がないので、遺留分侵害額（5千万円）の金銭の支払に代えて遺産である土地の持分の1/4を交付しました。

(1) 相続税の申告期限までに遺留分侵害額が確定していない場合、長女が相続した財産をいくらとして相続税の申告を行えばよいでしょうか。

(2) 長女は土地の持分が3/4になりますが、相続税の課税価額はいくらとして更正の請求をすればよいでしょうか。

(3) 長女には所得税が課されるでしょうか。

Answer

(1) 長女は土地1.6億を相続したものとして申告します。

(2) 長女が相続した財産の価額

= 土地1.6億 −〔遺留分侵害額5千万円×（土地の相続税評価額（1.6億)/土地の時価（2億))〕= 1.2億

(3) 長男が相続した財産の価額

=〔遺留分侵害額5千万円×（土地の相続税評価額（1.6億)/土地の時価（2億))〕= 4千万円

遺留分侵害額請求に対して財産を交付した場合の所得税

遺留分侵害額を金銭で支払う代わりに財産を交付した場合、遺留分侵害額で財産を譲渡したものと同様に、遺留分義務者に所得税が課されます。

長女は土地の持分 1／4 を 5 千万円で譲渡したとみなされます。

譲渡所得＝譲渡価額 5 千万円－取得費 5 百万円＝45百万円

解説

(1)　当初申告時

　相続税の申告時に、遺留分侵害額が確定していない場合は、遺留分侵害額請求がなされていないものとして申告します。したがって、長女は土地（1.6億円）を相続した者として相続税の申告をします（相基通11の2-4）。

(2)　遺留分侵害額請求に基づき支払うべき金銭の額が確定した場合

　遺留分侵害額請求が確定した場合、長女は相続する財産が減少しますので、確定してから4か月以内であれば更正の請求をすることができます（更正の請求をしなくてもかまいません。）。更正の請求を行うときの課税価額は以下のように計算します。

・長女＝土地1.6億円－遺留分侵害額に相当する価額

・長男＝相続した金額 0 円＋遺留分侵害額に相当する価額

　なお、長女は金銭を支払う代わりに遺産である土地の持分の 1／4 を交付することになりましたが、遺留分侵害額請求は金銭の支払請求権であり（民法1046①）、当該金額が 5 千万円になりますので、5 千万円を交付したものとして相続税の計算を行います。

　「遺留分侵害額に相当する価額」は代償分割（相基通11の2-10）に準じて次の算式で計算して差し支えないものとされています（令和2年7月7日　資産課税課情報17号（事例2-1））。

〈算　式〉

$$遺留分侵害額 \times \frac{\begin{array}{l}\text{遺留分侵害額の支払の請求の基因となった遺贈に係る}\\\text{財産の相続開始の時における価額（相続税評価額）}\end{array}}{\begin{array}{l}\text{遺留分侵害額の支払の請求の基因となった遺贈に係る}\\\text{財産の遺留分侵害額の決定の基となった相続開始の時}\\\text{における価額（時価）}\end{array}}$$

⒮　相続人及び包括受遺者の全員の協議により、他の合理的方法により計算することも認められます。

(3)　長女にかかる所得税

　長女と長男が遺産分割協議において、長女が持分の3/4を相続し、長男が1/4を相続する内容で合意した場合には、長女は最初から土地の3/4を相続したものと整理して長女に所得税は課されません。しかし、遺留分侵害額請求とは金銭の支払の請求であり、これが確定すると長女が負担する金銭債務が確定します。当該金銭債務を金銭で支払うか、遺産の一部を交付するかは相続とは関係のない行為になります。遺産である土地の1/4を交付したのは遺産分割ではなく、金銭債務を代物弁済したものと整理されます。したがって、長女は土地の持分1/4を5千万円で譲渡したものとして所得税が貸されます（所基通33-1の6）。

　土地の1/4の取得費は5百万円ですので、譲渡所得＝45百万円（譲渡価額5千万円－5百万円）と計算されます。

　※　**取得費加算の特例（措法39）**
　　　本件土地の譲渡所得税の計算に当たって、相続・遺贈により取得した財産を相続税の申告期限から3年以内に譲渡した場合に、相続税のうち当該財産を相続するのにかかった部分の金額を取得費に加算できる特例がありますが、3年以内に土地の持分を長男に移転していれば当該特例が適用できるものと考えます。

　※　**居住用の3千万円控除（措法35）**
　　　土地は長女が居住の用に供していますが、家屋が譲渡されていないので、居住用財産の3千万円控除は適用されないと考えます。

※　**土地の取得費**

　　長男は交付された土地を相続により取得したのではなく、5千万円で購入したものと同様に考えますので、当該土地の取得価額は5千万円になります。

Q_{11}　法人から低い価額で取得（所得税）

　長女（Ｘ社の取締役）は父が所有し経営する会社（Ｘ社）から土地（時価1,000万円、相続税評価額800万円）を時価よりも低い600万円で購入しました。この時、長女にはどのような課税が課されますか。

Answer

　長女は取得した財産の時価と実際の取引金額の差額（400万円）に対して所得税が課されます。

> **低い価額により法人から財産を取得した個人の課税**
>
> 　法人が個人に財産を時価より低い価額で譲渡する場合、当該差額について、財産を取得した個人に対して所得税（一時所得（＊））が課されます。
>
> ＊　受贈者が法人の役員・社員等である場合には、賞与（退職を起因としている場合には退職金）とみなされます。

解説

　法人が個人に財産を譲渡する場合、低い価額で財産の譲渡を受けた個人に対して時価と譲渡対価の差額に対して所得税が課されます（所基通36-15）。

　受贈者が贈与する法人の社員・役員等である場合には、一時所得ではなく、賞与として給与所得となります。ただし、社員・役員が退職する際に贈与を受けるものは退職所得となります。

　ここで注意したいのは、著しく低い価額による譲渡でなく、低い価額で

の譲渡であっても時価と取引価額の差額に対して課税がなされる点です。

したがって、本問の場合、長女が取得した財産の時価（1,000万円）と実際の取引価額（600万円）の差額（400万円）の経済的利益を長女は受けていますので、長女に所得税が課されます。

なお、長女は当該利益供与をした法人（Ｘ社）の取締役に該当しますので、長女は当該400万円を役員賞与として課税されることになります。

補論　関連する論点

○　長女がＸ社の役員・社員でない場合には、一時所得として課税されます。

○　財産を低額で譲渡した法人は、時価（1,000万円）で土地を譲渡したとものとして処理をし、実際に受け取る譲渡対価との差額は、役員賞与として処理されます。

（参考）　所得税基本通達36-15（経済的利益）

　法第36条第1項かっこ内に規定する「金銭以外の物又は権利その他経済的な利益」（以下36－50までにおいて「経済的利益」という。）には、次に掲げるような利益が含まれる。

(1)　物品その他の資産の譲渡を無償又は低い対価で受けた場合におけるその資産のその時における価額又はその価額とその対価の額との差額に相当する利益

　～以下省略～

Chapter 3

財産の評価額に
係る盲点

Q12 相続税評価額

12-1 時価と財産評価基本通達による評価額は同額か？

　相続税・贈与税を計算する際の財産の評価額は、通常、財産評価基本通達に従って評価した価額を言いますが、この評価額と時価は同じと考えてよいでしょうか。

Answer

　時価と財産評価基本通達に従って計算した評価額は、通常同額になりますが、異なることもあります。

解説

　相続、遺贈又は贈与により取得した財産の価額は、当該財産の取得の時における時価によるものとされています（相法22）。時価とは、一義的に客観的交換価値を言い、具体的には「不特定多数の当事者間で自由な取引が行われる場合に通常成立すると認められる価額」を言います。本来は、相続等により取得した財産の時価を個別に計算する必要があるのですが、それでは大変な手間がかかってしまいます。

　そこで、客観性のある財産の画一的な評価方法を「財産評価基本通達」に規定し、これを相続税・贈与税を計算するための財産の評価方法としています（注1、2）。

　したがって、財産評価基本通達に従って計算された評価額とは、時価を計算するための簡便法のようなもので、正確には時価とは異なることがあり得ますが、実務上、相続税・贈与税を計算する際には許容されています。

なお、財産評価基本通達による評価方法は、相続税・贈与税の計算においては認められていますが、所得税・法人税においては認められているものではありません。

（注1）　財産評価基本通達に以下のように記述されています。

　　　　　時価とは、課税時期（〜括弧内省略〜）において、それぞれの財産の現況に応じ、不特定多数の当事者間で自由な取引が行われる場合に通常成立すると認められる価額をいい、その価額は、この通達の定めによって評価した価額による。（財産評価基本通達1(2)）

（注2）　判例（＊）に以下のように記述されています。

　　　　　財産の時価すなわち客観的交換価値の評価は必ずしも容易でなく、これを個別に評価することになれば、納税申告をする納税者にとって不便かつ負担であるばかりか、課税庁の事務負担が重くなり、課税事務の迅速な処理が困難となるおそれがあるため、財産評価基本通達により財産評価の一般的基準を定め、これに定められた方法によって画一的に評価をするものである。

　　　　　このような課税実務上の取扱いは、納税者の便宜、公平、徴税費用の節減という見地からみて合理的であり、財産評価基本通達の定める画一的な評価方法を形式的にすべての納税者に適用して財産の評価を行うことは、租税負担の実質的公平を実現するものとして是認することができる。

＊　東京地方裁判所平成18年（行ウ）第562号

12 - 2　財産評価基本通達による評価額を適用できない場合

　財産評価基本通達による評価が認められない場合とは、どのような場合がありますか。

Answer

　財産評価基本通達により評価すると租税負担の公平を著しく害することが明らかな場合等、当該通達により評価することが著しく不適当と認められる場合は、当該通達によらず時価（客観的交換価値）で評価する必要があります。

解 説

　一般的に、相続税、贈与税を計算する際の財産の評価額は財産評価基本通達によって評価されます。しかし、財産評価基本通達に定める評価方式を画一的に適用するという形式的な平等を貫くことによって、租税負担の公平を著しく害することが明らかである場合等においては、財産評価基本通達による評価額ではなく、原則に立ち返って、財産の時価（客観的交換価値）に基づいて評価するものとされています（注1、2）。

（注1）　財産評価基本通達には以下のように規定されています。

　　　この通達の定めによって評価することが著しく不適当と認められる財産の価額は、国税庁長官の指示を受けて評価する。（財産評価基本通達6）

（注2）　判例（＊）において、以下のように記述されています。

　　　評価基本通達に定める評価方式を画一的に適用するという形式的な平等を貫くことによって、かえって、実質的な租税負担の公平を著しく害することか明らかである等の特別な事情がある場合には、別の評価方式によることか許される。
＊　大阪地方裁判所　平成12年2月23日

なお、租税負担の公平を著しく害することが明らかであるかどうかの判断基準としては具体的な基準は定められていませんので個別の事案に応じて判断することが必要になりますが、どのような場合に、財産評価基本通達による評価額が認められないのか、以下の判決（最高裁判所　令和2年（行ヒ）第283号　令和4年4月19日判決）が参考になります。

本件事案は、銀行からの提案（不動産を購入して相続税対策する内容）により、相続の概ね3年前に銀行から融資（10.6億円）を受けて不動産を購入（13.9億円）し、相続税の申告において当該不動産を財産評価基本通達による評価額（3.3億円）で申告したが、相続税調査において当該不動産は鑑定評価額（12.7億円）で評価すべきであると否認された事案です。

以下において、租税法上の一般原則である平等原則に鑑みて、評価通達による評価額を画一的に適用することが「租税負担の公平に反すべき事情」がある場合に、特定の者の相続財産の価額についてのみ評価通達を上回る価額にすることができると示しています。

> ア　他方、租税法上の一般原則としての平等原則は、租税法の適用に関し、同様の状況にあるものは同様に取り扱われることを要求するものと解される。そして、評価通達は相続財産の価額の評価の一般的な方法を定めたものであり、課税庁がこれに従って画一的に評価を行っていることは公知の事実であるから、課税庁が、特定の者の相続財産の価額についてのみ評価通達の定める方法により評価した価額を上回る価額によるものとすることは、たとえ当該価額が客観的な交換価値としての時価を上回らないとしても、合理的な理由がない限り、上記の平等原則に違反するものとして違法というべきである。もっとも、上記に述べたところに照らせば、相続税の課税価格に算入される財産の価額について、評価通達

> の定める方法による画一的な評価を行うことが実質的な租税負担の公平
> に反するというべき事情がある場合には、合理的な理由があると認めら
> れるから、当該財産の価額を評価通達の定める方法により評価した価額
> を上回る価額によるものとすることが上記の平等原則に違反するもので
> はないと解するのが相当である。

　次に、本件事案では、鑑定評価額に対する評価通達による評価額は約26
％に過ぎず、大きな乖離があると認めていますが、当該乖離があることを
もって「租税負担の公平に反すべき事情」があるということはできないと
示しています。

> イ　これを本件各不動産についてみると、本件各通達評価額と本件各鑑定
> 　評価額との間には大きなかい離があるということができるものの、この
> 　ことをもって上記事情があるということはできない。

　本件事案では、評価額の乖離を産んだ不動産を購入した目的が相続税の
負担を軽減することであったと認定されています。

> 　もっとも、本件購入・借入れが行われなければ本件相続に係る課税価格
> の合計額は6億円を超えるものであったにもかかわらず、これが行われた
> ことにより、本件各不動産の価額を評価通達の定める方法により評価する
> と、課税価格の合計額は2,826万1,000円にとどまり、基礎控除の結果、相
> 続税の総額が0円になるというのであるから、上告人らの相続税の負担は
> 著しく軽減されることになるというべきである。そして、被相続人及び上
> 告人らは、本件購入・借入れが近い将来発生することが予想される被相続
> 人からの相続において上告人らの相続税の負担を減じ又は免れさせるもの

であることを知り、かつ、これを期待して、あえて本件購入・借入れを企画して実行したというのであるから、租税負担の軽減をも意図してこれを行ったものといえる。

そして、相続税が軽減されることを知り、これを期待したものであるので、本件は「租税負担の公平に反すべき事情」があると認定し、評価通達による評価額を上回る鑑定評価額により不動産を評価することは、平等原則に反するものでないと結論し、納税者の敗訴が確定しました。

そうすると、本件各不動産の価額について評価通達の定める方法による画一的な評価を行うことは、本件購入・借入れのような行為をせず、又はすることのできない他の納税者と上告人らとの間に看過し難い不均衡を生じさせ、実質的な租税負担の公平に反するというべきであるから、上記事情があるものということができる。

ウ　したがって、本件各不動産の価額を評価通達の定める方法により評価した価額を上回る価額によるものとすることが上記の平等原則に違反するということはできない。

（注3）　当該規定（財産評価基本通達6）に基づいて財産評価基本通達に従って計算した評価額が否認された事例の一つに高層マンションを利用して節税した事例などがあります（「12-6　**否認された高層マンション節税**」参照）。

12 - 3　贈与において財産評価基本通達による評価が認められない場合

　贈与において、財産評価基本通達による評価が認められない贈与がある
そうですが、どのような取引でしょうか。

Answer

　財産評価基本通達による評価が認められない場合は、以下の取引があり
ます。

財産評価基本通達による評価が認められない場合

　土地、建物、附属設備、構築物について、個人間で以下の取引をした場
合、贈与税が課されますが、この時の財産の評価額は財産評価基本通達に
よる評価額ではなく、時価で計算する必要があります。

　① 　負担付贈与（負担額が贈与財産の時価に比べて著しく低い場合）

　② 　譲渡（譲渡対価の額が譲渡資産の時価に比べて著しく低い場合）

解 説

　時価に比べて「著しく低い価額」による譲渡や、負担付贈与のうち負担
額が贈与財産の時価に比べて「著しく低い価額」である場合、財産の取得
者に、財産の時価と譲渡対価又は負担額の差額に対して贈与税が課されま
す（「4-5　著しく低い価額で取得」参照）（相法7、相基通21の2-4）。

　ここで、贈与税を計算するに当たって取得した財産の時価は財産評価基
本通達による評価額で計算することが原則ですが、当該財産が土地、建物
等（建物、附属設備、構築物）である場合、相続税評価額（財産評価基本
通達による評価額）ではなく、時価（通常の取引価額）で評価しなければ

なりません（負担付贈与通達1）。

なお、この規定は、通常の取引価額と相続税評価額の開きに着目した贈与税の回避を防止する目的で設けられたもので、贈与税が課される場合においてのみ適用されるものです。

したがって、負担付死因贈与や、負担付遺贈のように相続税が課される場面での適用はありません。

以上より、土地、建物等の贈与が負担付贈与に該当すると、相続税評価額で評価できないので、税務計算上、税負担が大きくなります。例えば、賃貸建物を贈与すると、賃貸建物の贈与と同時に敷金債務も受贈者に移転します。これは、負担付贈与に該当しますので、建物は相続税評価額で評価することができなくなります（通常の取引価額で評価しなければならなくなります。）。

なお、負担付贈与における負担額と同額の現金を合わせて贈与すると、建物を相続税評価額で評価することが可能となります。現金を合わせて贈与することになるので、贈与財産は増加しますが、建物を相続税評価額で評価できれば、それを打ち消しメリットの方が大きくなることが少なくありません。

負担付贈与に当たっては、よく検討して贈与をする必要があります。

（参考）　負担付贈与通達1

　土地及び土地の上に存する権利（以下「土地等」という。）並びに家屋及びその附属設備又は構築物（以下「家屋等」という。）のうち、負担付贈与又は個人間の対価を伴う取引により取得したものの価額は、当該取得時における通常の取引価額に相当する金額によって評価する。

　ただし、贈与者又は譲渡者が取得又は新築した当該土地等又は当該家屋

等に係る取得価額が当該課税時期における通常の取引価額に相当すると認められる場合には、当該取得価額に相当する金額によって評価することができる。

㊟ 「取得価額」とは、当該財産の取得に要した金額並びに改良費及び設備費の額の合計額をいい、家屋等については、当該合計金額から、評価基本通達130（償却費の額等の計算）の定めによって計算した当該取得の時から課税時期までの期間の償却費の額の合計額又は減価の額を控除した金額をいう。

㊟ 負担付贈与通達の「取得価額」と所得税法の「取得価額」

　負担付贈与通達の「取得価額」は上記の通り償却後の金額を意味しますが、所得税において「取得価額」は償却前の、取得に要した金額のことを意味します（所令126）。また、負担付贈与通達における償却方法は「定率法」（財基通130）と規定されていますが、所得税において建物に適用される償却方法は平成10年4月1日以降、「旧定額法」であり、平成19年4月1日以降は「定額法」と定められています（所令120①一、120の2①一ロ）。

12-4 時価より低い路線価評価（相続税評価）は問題ないか？

　土地について、財産評価基本通達に定める評価（路線価に基づく評価）は、時価（通常の取引価額）に比べて20％程度低い評価額になると言われています。

　このように、時価に比べて低い評価額で評価することが認められるのは何故ですか。

Answer

　時価に比べて低いと言われる路線価評価が認められる理由は、以下になります。

時価よりも低い路線価評価が認められる理由

・　個別に時価を算定することは、納税者にとって不便で課税庁にとっても事務負担が重くなるため、画一的な算定基準が必要です。

・　1年を通じて同じものが適用されるため、1年の間に地価が下落しても、納税者が不利にならないように配慮しています。

解説

　原則として、土地を相続・贈与した際に課税される土地の評価額は、時価（客観的交換価値）になります。

　ただし、土地の評価を個別に行うことは、納税者にとって不便、かつ、負担になり、課税庁にとって事務負担が重くなります。そこで、画一的な評価方法を財産評価基本通達に定め、土地は路線価を基礎として評価(注)するものとされています。

　なお、路線価は1年間を通じて同じものが適用されるため、その1年の

間に地価が下落しても、その価額が路線価を下回らないようにする必要が
あります。このように評価の安全性を考慮して、路線価を1年間の地価の
変動に耐え得るものにするため、路線価は時価の80%の水準に定め、当該
路線価による評価を認めています。

　㊟　路線価が付されていない土地については、固定資産税評価額に地域別に
　　定められた倍率を乗じて計算します。

12-5 所得税・法人税の時価と相続税評価額は同額か？

所得税・法人税の時価と相続税評価額は、同額になるのでしょうか。

Answer

　所得税・法人税における時価と、財産評価基本通達による評価額とは異なります。

解説

　財産評価基本通達に定める評価方法は、相続税・贈与税を計算するための評価方法で、所得税・法人税において認められた評価方法ではありません。所得税・法人税における時価とは不特定多数の当事者間で自由な取引が行われる場合に通常成立すると認められる価額で、財産の客観的交換価値です。

　そして、所得税・法人税においては、相続税・贈与税のように財産評価基本通達による評価方法を認める法令・通達はありません。したがって、所得税・法人税における時価の算定に当たっては、財産評価基本通達により計算すると問題になることがありますので注意が必要です。

　例えば、土地について、財産評価基本通達による評価額は相続税・贈与税における評価に当たって認められていますが、所得税・法人税における時価としては認められません。

　また、取引相場のない株式（非上場株式）について、所得税における時価を算定する場合には、財産評価基本通達に定める評価方法を一部変更して計算することが必要になります（所基通59-6、法基通4-1-6）。

12 - 6 否認された高層マンション節税

　高層マンションは、実際の価値に比べて相続税評価額が相当に低く評価されるので相続対策に有効と言われていますが、税務否認される心配はないでしょうか。

Answer

　明らかな節税目的で高層マンションを取得したケースでは、評価減が認められなかったケースがありますので注意が必要です。

高層マンションについて財産評価基本通達による評価額が否認された事例

　高層マンションを相続の直前に取得し、直後に譲渡している事例で、課税の公平性を鑑み、実際の取得価額で評価することが妥当と判断されています。

解 説

　高層マンションの財産評価基本通達に基づく相続税評価額は、時価（通常の取引価額）に比べて著しく少額(注)になります。そこで、相続税対策を目的として高層マンションを取得することが少なくないようです。

　(注)　高層マンションの高層階の部屋の相続税評価額（財産評価基本通達による評価額）は、時価（通常の取引価額）に比べて20％～30％程度で評価されるケースが少なくないようです。

　一般的には、高層マンションは時価（通常の取引価額）に比べて著しく低い価額（財産評価基本通達に定められた評価方法による評価額）で評価することが認められていますが、以下の事例のように、明らかに節税を目的としているケースでは否認されています。

〔事　例〕

・平成19年8月4日　高層マンションの購入契約を締結（購入価額＝2.93億円）

・平成19年8月16日　所有権移転登記（代金決済）

・平成19年9月3日　相続発生（後日、相続評価額＝0.58億円で相続税を申告）

・平成20年2月2日　本件マンションを仲介業者に売却する媒介契約締結

・平成20年7月23日　本件マンションを売却する契約締結（売却価額＝2.85億円）

　※　被相続人、及び相続人は本件高層マンションを空室にしており、居住や賃貸等の用途に使用していません。

　上記事案では、高層マンションは親が亡くなる約半月前に親の名義で取得されていますが、高層マンション取得時において親は意思能力がない状態で、子供が親の名義で取引を行っています。

　また、親が亡くなって約4か月後には子供が本件高層マンションの売却を依頼する媒介契約を締結して、さらに、それから半年以内に売却しています。

　高層マンションの購入価額は2.93億円でしたが、相続税評価額は財産評価基本通達に従った評価額（0.58億円）で申告されました。その後、本件高層マンションは2.85億円で売却されています。

　国税不服審判所は、高層マンションの取得を、子供が親の名義を無断で使用してなされた相続税の負担を回避するための取引であると認定し、当該高層マンションを財産評価基本通達に定める評価方法で評価すると、課

税の平等を害するので、財産評価基本通達による評価額（0.58億円）ではなく、実際の購入価額である2.93億円で評価するのが妥当と判断しました。

　当該事例は、相続発生の直前に高層マンションを購入し、直後に売却している極端なケースですが、このような場合はもとより租税負担の公平を害することが明らかと認められる場合は、財産評価基本通達に従った評価が認められず、時価（客観的交換価値）で評価されますので注意が必要です。

（参考）　平成23年 7 月 1 日 国税不服審判所裁決

　平成23年 7 月 1 日の国税不服審判所の裁決書（本件事例）によると以下のように記されています。

　『このような場合に、評価基本通達に基づき本件マンションを評価することは、相続開始日前後の短期間に一時的に財産の所有形態がマンションであるにすぎない財産について実際の価値とは大きく乖離して過少に財産を評価することとなり、納税者間の実質的な租税負担の平等を害することとなるから、上記の事情は、評価基本通達によらないことが正当として是認されるような特別の事情に該当するというべきである。』

12-7 増改築等の資本的支出の相続税評価

増改築された家屋の評価や、取得後、施された附属設備の評価はどのように計算するのでしょうか。

Answer

(イ) 家屋の評価…増改築された部分が固定資産税評価に加味されていない場合、増改築部分を旧定額法にならって計算した償却費の累計額相当額を控除した金額の70％の金額で評価します。

(ロ) 附属設備の評価…新築後に施された附属設備は、定率法にならって計算した償却費の累計額相当額を控除した金額の70％の金額で評価します。

解説

（家屋の評価）

家屋の相続税評価額は固定資産税評価額で評価します（貸家の場合、固定資産税評価額の70％で評価します。）。家屋を新築した後に増改築があったとき、家屋に増改築部分を加味した固定資産税評価額が付されているならば、同様に当該固定資産税評価額で評価します。しかし、通常は増改築部分が加味されていません。そのような場合は別途増改築部分を評価する必要があります。増改築部分の評価は評価対象家屋と類似する家屋の固定資産税評価額を基として、構造、経過年数、用途等の差を考慮して評価しますが、そのような評価は一般的に困難です。そこで、再建築価額（新たに同様の増改築を行った場合に要する金額を言いますが、通常は当該増改築に要した金額とします。）から償却費の累計額相当額（旧定額法）を控除して、70％を乗じて評価します（評基通89、89-2）。所得税法では平成19年4月1日以降取得した建物について定額法が適用されますが、相続税

評価では旧定額法の考え方に基づいて計算しますので注意が必要です。

固定資産税評価に含まれない家屋の相続税評価額

増改築部分に固定資産税 ──Yes──▶ 固定資産税評価額で評価
評価額が付されている

│ No
▼

類似する家屋の固定資産税評価額を基として構造、経過年数、用途等の差を考慮して評価できますが、一般的にそのような評価は困難です。

▼

増改築部分の家屋の評価額＝

〔増改築部分の再建築価額（取得に要した金額）－償却費の累計額相当額〕

×70％

　※償却費の累計額相当額の計算…再建築価額×0.9×（経過年数/耐用
　　年数）
　　・耐用年数は相続、遺贈又は贈与があった年の1月1日に適用され
　　　る法定耐用年数
　　・経過年数は1年未満の期間は切上

(注)　貸家の建物である場合、上記評価額に70％を乗じた価額で評価します（評基通93）。なお、貸家の建物附属設備（貸家の建物の評価額に含まれるものを除きます。）は貸家としての70％評価はしません。

（附属設備の評価）

　家屋と構造上一体となっている附属設備（電気、ガス、給排水設備、建物に埋め込まれている空調設備等）は、基本的には家屋を新築した際の固定資産税評価に含まれていますので、別途評価する必要はなく、家屋の評価に含めて評価されます（評基通92⑴）。しかし、家屋を新築した後に施した附属設備及び家屋と構造上一体となっていない附属設備については、

固定資産税評価に含まれず、別途評価する必要があります。この評価は、門、塀の設備の評価（評基通92⑵）にならって、附属設備の再建築価額から定率法により計算した償却費の累計額相当額を控除した金額に70％を乗じた金額で評価します。再建築価額は評価対象の附属設備を新たに取得した場合に要する金額を言いますが、新たに取得した場合に要する金額の認識が難しく、当該評価対象の附属設備の取得に要した金額と大きな乖離がないと認められる場合、当該取得に要した金額としても問題ないと考えます。所得税法では平成28年4月1日以降取得した附属設備には定額法が適用されますが、相続税評価に当たっては定率法により償却費相当額を計算しますので注意が必要です。

固定資産税評価に含まれない附属設備の相続税評価額

　附属設備の評価額＝

　〔再建築価額（取得に要した金額）－償却費の累計額相当額〕×70％

　　※償却費の累計額相当額の計算……定率法で計算
　　　・耐用年数は相続、遺贈又は贈与があった年の1月1日に適用される法定耐用年数
　　　・経過年数は1年未満の期間は切上

（門、塀、庭園設備の評価）

　門、塀、庭園設備は、そもそも建物の固定資産税評価に含まれません。そこでこれらは別途評価する必要があります。

⑴　門、塀の評価

　門、塀は時の経過と共に減価する資産ですので附属設備の評価と同様に、再建築価額から定率法で計算した償却費の累計額相当額を控除した金額に

70％を乗じた金額で評価します（評基通92(2)）。詳細は上記（固定資産税評価に含まれない附属設備の評価）を参照ください。

(2)　庭園設備の評価

　庭園設備は時の経過とともに減価する資産ではないので、門、塀のように償却費を計算するのではなく、調達価額（課税時期においてその財産をその財産の現況により取得する場合の価額）に70％を乗じた金額で評価します（評基通92(3)）。

（一般動産の評価）

　評価対象資産が機械装置、工具、器具、備品に該当する場合、一般動産として評価します。一般動産の評価は、原則として売買実例価額、精通者意見価格等を参酌して評価することになっています。しかし、これらの価額が明らかでない動産については、評価対象の動産と同種及び同規格の新品の課税時期における小売価額から、償却費の累計額相当額（定率法により、法定耐用年数を適用して計算（償却期間に１年未満の端数があるときは、１年）します（財基通129、130）。

㊟　**非業務用資産の相続税評価のための償却計算に適用する耐用年数について**
　　不動産を譲渡する際の取得費の計算において、非業務用資産の耐用年数は法定耐用年数に1.5を乗じて計算しますが、相続税評価額の計算では非業務用であっても1.5を乗じることはなく、課税時期に適用される法定耐用年数で計算します。

（賃借人が施設した設備等の内容による考察）

　賃借人が賃借している家屋に施した設備等には、当該設備等が建物の構成部分となり、建物に付合して当該設備等の所有権が建物の所有者に帰属するもの（民法242）と、畳、建具のように建物の構成部分とならず（建物に付合せず）、所有権が賃借人にあるものがあります。

賃借人が施設した設備等の内容	建物の構成部分となり、建物に付合する設備等	建物の構成部分とならず、建物に付合しない設備等
所有権の帰属先	建物所有者	賃借人
賃貸契約終了時の賃借人が有する請求権	有益費償還請求権（契約で排除することができます。）	造作買取請求権（契約で排除することができます。）
評　価	建物に付合した設備等は評価の対象になりませんが、建物から取外して、譲渡することができる設備等は評価の対象となります。 ※　有益費償還請求権が排除されている場合、当該権利の評価は不要	附属設備等として評価（定率法で償却した金額の70％） ※　造作買取請求権が排除されている場合、当該権利の評価は不要

（建物の構成部分となり、建物に付合する設備等）

　建物に付合する設備等は、賃借人には所有権がありませんので評価の対象にならないとする考え方があります。しかし、賃貸契約が終了するまでは、賃借人が当該設備等を自由に取外し、他に売却できるようなものである場合、評価の対象になると考えます（平成 7 年 3 月28日大阪地裁・平成 8 年 1 月26日大阪高裁）。また、賃借人が施設した建物に付合した設備等により建物の価値が増加した場合、賃借人が賃貸契約の終了時に貸主に対して金銭を請求する権利（有益費の償還請求権（民法608②））を有するならば、当該権利を評価する必要があります（設備等の評価と、有益費の償

還請求権の評価が重複しないように評価する必要があります。）。なお、一般的な賃貸借契約では、賃借人が当該有益費の償還請求権を排除する規程が設けられており（有益費償還請求権は任意規定であり、これを排除する契約は有効です。）、排除されている有益費は評価の対象になりません（平成2年1月22日裁決　裁決事例集No.39−380頁）。

(注)　賃借人が施設した建物に付合する設備等は賃借人に所有権がありませんが、当該設備等が業務用のものである場合、建物又は附属設備等として計上され、償却費を経費処理します。これは、造作に対する賃借人の権原が認められていることから（民法242ただし書）、所得計算において経費を期間配分するための処理と考えられます。

（建物の構成部分とならず、建物に付合しない設備等）

建物に付合しない設備等（造作）は、建物の構成部分とならず、賃借人に所有権が認められ、自己が所有する建物に施設された附属設備と同様に評価（定率法で償却した金額の70％）すべきと考えます。なお、賃借人が賃貸契約の終了時に貸主に対して造作を時価で買い取ることを請求する権利（借地借家法33）を有する場合には、当該造作買取請求権を評価する必要があります。なお、造作の評価と造作買取請求権の評価が重複が生じないように評価する必要があります。ただし、一般的には、賃貸契約において賃借人の造作買取請求権を排除する規定が設けられており（造作買取請求権は任意規定であり、これを排除する契約は有効です。）、排除されている造作買取請求権は評価の対象になりません。

（参考）　平成7年3月28日大阪地裁

『本件建物付属設備は、いずれも、造作又は造作に類するものであり、しかも、これらは富士製作所がその権原により附属させているものであって、少なくとも本件賃貸借契約が終了するまでは、同会社がこれを本件建

物から取外し、撤去等を自由にすることができるものであり、右各物件の性質・態様からすれば、これらは本件建物から分離して独立の財産として取引の対象となり得るものというべきであるから、相続税法上の「財産」に当たるということができる。』

(参考)　平成8年1月26日大阪高裁

『本件建物附属設備が本件建物に附合したからといって、前説示のとおり、取り外すことのできる動産であるから、本件建物から分離して他に売却して譲渡することが可能であり、相続税法上の財産と言うべき』

民法

(不動産の付合)

第242条　不動産の所有者は、その不動産に従として付合した物の所有権を取得する。ただし、権原によってその物を附属させた他人の権利を妨げない。

(賃借人による費用の償還請求)

第608条　賃借人は、賃借物について賃貸人の負担に属する必要費を支出したときは、賃貸人に対し、直ちにその償還を請求することができる。

2　賃借人が賃借物について有益費を支出したときは、賃貸人は、賃貸借の終了の時に、第196条第2項の規定に従い、その償還をしなければならない。ただし、裁判所は、賃貸人の請求により、その償還について相当の期限を許与することができる。

借地借家法

(造作買取請求権)

第33条　建物の賃貸人の同意を得て建物に付加した畳、建具その他の造作がある場合には、建物の賃借人は、建物の賃貸借が期間の満了又は解約

の申入れによって終了するときに、建物の賃貸人に対し、その造作を時価で買い取るべきことを請求することができる。建物の賃貸人から買い受けた造作についても、同様とする。

2　前項の規定は、建物の賃貸借が期間の満了又は解約の申入れによって終了する場合における建物の転借人と賃貸人との間について準用する。

Q13 著しく低い価額とは

　著しく低い価額で売買をすると税務上問題になる場合があると思います
が、「著しく低い価額」とは、どの程度低い価額を言うのでしょうか。

　これは非常に複雑で難解な課題です。なぜなら、検討する取引により
「著しく低い価額」についての判断基準が異なるからです。以下において、
取引別に「著しく低い価額」について解説していきたいと思います。

13-1 みなし贈与

　個人間の取引では、「著しく低い価額」で財産を取得した者に対して贈
与税が課されます。ここで、「著しく低い価額」とは、どのような価額を
言うのでしょうか。

Answer

　みなし贈与課税が課されるか否かを判断する際の「著しく低い価額」に
ついては、明確な規定はありません。したがって、社会通念に従って個別
に判断する必要があります。

> **贈与とみなされる「著しく低い価額」とは**
>
> 　「著しく低い価額」とは、社会通念に従って個別に判断する必要があり
> ますが、時価に比べて20％程度低い価額（時価の80％程度の対価）は「著
> しく低い価額」に該当しないという見解があります。他方で、時価の80％
> 程度の対価による売買であっても、財産の取得者に贈与税が課される税務
> 行政がなされている現実もありますので慎重な対応が必要です。

　解　説

　個人間で「著しく低い価額」の対価で財産の売買がなされた時、財産の<u>取得者</u>は、譲渡者から、当該財産の時価と譲渡対価の差額に相当する金額を贈与により取得したものとみなされます。

　まず、ここで言う時価とは、原則として相続税評価額（財産評価基本通達による評価額）を意味しますが、譲渡される資産が土地、建物、附属設備、構築物である場合、第三者間で通常成立する取引価額（客観的交換価値）を言います。

　次に、「著しく低い価額」とは、具体的にどの程度低い価額を示しているのか具体的な法律の規定はありません。明確な規定がない以上、社会通念に従って判断するしかありません。

　参考になるものとして、土地、建物等の譲渡及び負担付贈与について規定した負担付贈与通達があります。当該通達において個人間で行われた売買等について贈与税が課されるか否かについては、個々の取引の実態を総合勘案して実質的に贈与を受けたと認められる金額があるかどうかにより判断する旨が記載されています。そして、負担付贈与通達の注書きにおいて、財産の評価額が下落した等の理由がない限り取得価額（建物、附属設備、構築物の場合、<u>定率法</u>で減価償却をした後の価額）よりも低額で売買された取引は「著しく低い価額」による取引に該当すると示されています。

　この通達の文言に従って考えると、例えば、土地を時価で取得した後に、当該時価より低い相続税評価額（財産評価基本通達により路線価に基づいて計算した評価額で一般的に時価の80％程度の価額となる）で売買した場合、「著しく低い価額」による譲渡と認められ、時価と相続税評価額との差額に贈与税が課されると解されます。

　これを根拠として、土地や建物を相続税評価額で売買すると、当該売買は「著しく低い価額」による売買であると判断し、当該土地、建物の取得

者に贈与税を課税する税務指導が少なくないようです。

しかし、負担付贈与通達に異を唱える判例（東京地方裁判所　平成18年（行ウ）第562）があります。当該事案は、相続税評価額（財産評価基本通達による評価額）で親族から土地を購入した者に対して、課税当局が「著しく低い価額」による譲渡であったと認め、時価（客観的交換価値）と相続税評価額（財産評価基本通達による評価額）の差額に対して贈与税を課税したことに対して、納税者が訴訟を起こしたものです。

当該判例では、土地の相続税評価額（財産評価基本通達による評価額）による売買は時価（客観的交換価値）の約80％の水準による売買であるが、80％という水準は、社会通念上「著しく低い価額」には該当しないと述べ、贈与税の課税を取り消しました。

また、負担付贈与通達において「実質的に贈与を受けたと認められる金額」の有無によって判断すべき旨が規定されていますが、裁判官は、この判断基準は不明瞭であると指摘し、当該規定は「著しく低い」という語からかけ離れた解釈を許すものとなっており、その意味で妥当なものということはできないと、負担付贈与通達の規定の一部に異議を述べています。

（まとめ）

以上のように、個人間で「著しく低い価額」による譲渡が行われた場合、時価と譲渡対価の差額に対して財産の取得者に贈与税が課されます。なお、贈与税の計算に当たっての時価とは、相続税評価額（財産評価基本通達による評価額）を認めていますので、通常は相続税評価額（財産評価基本通達による評価額）で財産を譲渡する限り贈与税が課されることはありません。

ただし、譲渡する財産が土地等又は家屋等である場合には、相続税評価額（財産評価基本通達による評価額）による売買は、時価（客観的交換価

値）よりも低い価額による売買となり、これが「著しく低い価額」による売買に該当するかどうかについては個別の判断が必要になります。このような取引は「著しく低い価額」による売買とは言えないとして、これを認める判例もありますが、負担付贈与通達によると「著しく低い価額」による売買に該当するように解釈されます。

　土地、建物等を時価（客観的交換価値）で売買をする場合には問題は生じないのですが、（歯切れが悪くなり恐縮ですが）相続税評価額（財産評価基本通達による評価額）で売買する場合には慎重な検討が必要になると考えます。

（参考）　相続税法における「著しく低い価額」について、法律・判例・通達上の解釈

◎　**相続税法**

　著しく低い価額で財産の譲渡を行った時に、贈与税が課される根拠となる法律は以下になります。

> 　著しく低い価額の対価で財産の譲渡を受けた場合においては、当該財産の譲渡があった時において、当該財産の譲渡を受けた者が、当該対価と当該譲渡があった時における当該財産の時価（〜括弧省略〜）との差額に相当する金額を当該財産を譲渡した者から贈与（〜括弧省略〜）により取得したものとみなす（相法7）。

◎　**負担付贈与通達**

　贈与税が課される判断基準について、以下のように記述されています。

> 　個々の取引について取引の事情、取引当事者間の関係等を総合勘案し、実質的に贈与を受けたと認められる金額があるかどうかにより判断する（負担付贈与通達2項（抜粋））。

以上の記述には具体的な判断基準は明示されていませんが、同通達の注書きで「著しく低い価額」について一例を示しています。

> ㈲　その取引における対価の額が当該取引に係る土地等又は家屋等の取得価額を下回る場合には、当該土地等又は家屋等の価額が下落したことなど合理的な理由があると認められるときを除き、「著しく低い価額の対価で財産の譲渡を受けた場合」又は「著しく低い価額の対価で利益を受けた場合」に当たるものとする。(負担付贈与通達2項(注))

　上記通達を、ある土地(時価＝100、相続税評価額＝80)を100で購入した後、相続税評価額(80)で子供に譲渡した事例で検討してみましょう。当該通達に従って考えると、譲渡価額は取得価額を下回る価額であり、譲渡価額が取得価額を下回る理由は土地の時価の下落ではなく、相続税評価額が時価よりも低額で評価(一般的には時価の80%)されることによるものであるので、「著しく低い価額の対価で財産の譲渡を受けた場合」に該当し、土地の購入者である子供が、時価(100)と譲渡対価(80)の金額との差額(20)を贈与により取得したものとみなして、贈与税が課されると判断されます。

◎　判例(東京地方裁判所　平成19年8月23日)

① 著しく低い価額の解釈について、以下のように述べています。

> 「著しく低い価額」の対価とは、その対価に経済合理性のないことが明らかな場合をいうものと解され、その判定は、個々の財産の譲渡ごとに、当該財産の種類、性質、その取引価額の決まり方、その取引の実情等を勘案して、社会通念に従い、時価と当該譲渡の対価との開差が著しいか否かによって行うべきである。

> 　80%という割合は、社会通念上、基準となる数値と比べて一般に著し

く低い割合とはみられていないといえる。

　相続税評価額は、土地を取引するに当たり一つの指標となり得る金額であるというべきであり、これと同水準の価額を基準として土地の譲渡の対価を取り決めることに理由がないものということはできず、少なくとも、そのように定められた対価をもって経済合理性のないことが明らかな対価ということはできない。

② 　第三者との間では決して成立し得ないような対価で売買が行われていると指摘する税務当局に対しては以下のように判示しています。

　「第三者」という表現によって、親族間やこれに準じた親しい関係にある者相互間の譲渡とそれ以外の間柄にある者相互間の譲渡とを区別し、親族間やこれに準じた親しい関係にある者相互間の譲渡においては、たとえ「著しく低い価額」の対価でなくても課税する趣旨であるとすれば、同条（＊）の文理に反するというほかない。

＊ 　同条とは、相続税法第7条を指摘しています。相続税法第7条では、個人間で著しく低い価額で財産を取得した場合に贈与税を課する旨、規定していますが、同条では財産の譲渡者と購入者の関係や、租税回避の意図・目的の有無については限定していません。

③ 　負担付贈与通達に記載されている「個々の取引の意図、目的その合理性」といったことが、「著しく低い価額」に当たるか否かを判断する際の一事情として考慮されるべきという税務当局の主張に対しては以下のように判示しています。

　取引の意図・目的、合理性といった事情を考慮するとなると、結局、当事者に租税負担回避の意図・目的があったか否かといった点が重要な考慮要素になると思われるが、相続税法7条は、当事者に租税負担回避

の意図・目的があったか否かを問わずに適用されるものである。

と述べ、税務当局の主張を

同条（＊）の趣旨に反することになるというべきである。

＊　同条とは、相続税法第7条を示しています（上記②の（＊）参照）。
　と指摘しています。

　なお、本件事案において、租税回避の意図があった場合には「著しく低
い価額」による譲渡であると判断し、贈与税を課税すべきとする税務当局
の主張を前提としても、本件事案は土地の持分の譲渡であり、かつ取引に
合理的な理由があったことから、租税回避の意図を認めることはできない
と判示しています。

④　負担付贈与通達に記載されている「実質的に贈与を受けたと認められ
　る金額があるかどうか」という判断基準については、以下のように判示
　しています。

　「実質的に贈与を受けたと認められる金額があるかどうか」という判
断基準は、同条（＊）の趣旨にそったものとはいい難いし、基準としても
不明確であるといわざるを得ないほか、「著しく低い」という語からか
け離れた解釈を許すものとなっており、その意味で妥当なものというこ
とはできない。

＊　同条とは、相続税法第7条を示しています（上記②の（＊）参照）。

　以上のように、負担付贈与通達について異を唱える反面、以下のように
まとめています。

　　同通達2（＊）は、結局のところ、個々の事案に応じた判断を求めているのであるから、上記のような問題があるからといってそれだけで直ちにこれを違法あるいは不当であるとまではいえないというべきである。もっとも個々の事案に対してこの基準をそのまま硬直的に適用するならば、結果として違法な課税処分をもたらすことは十分考えられるのであり、本件はまさにそのような事例であると位置づけることができる。

　＊　負担付贈与通達の第2項を指します。

13-2 譲渡損の否認

個人間で「著しく低い価額」で財産を譲渡した場合に譲渡損がなかった
ものとされますが、ここでいう「著しく低い価額」とは、どのような価額
でしょうか。

Answer

個人間の売買で、譲渡損がないものとされる「著しく低い価額」

時価の2分の1に満たない価額を言います。

解 説

個人間で財産を売買する場合、譲渡者は原則として、取引金額（売買さ
れた価額）に従って税務上処理します。

ここで、当該取引金額が時価よりも「著しく低い価額」であった場合、
財産の取得者に贈与税が課されますが、ここでの「著しく低い価額」につ
いては前問「13-1　みなし贈与」を参照ください。

これとは別に、財産の譲渡者において、取得費が取引金額よりも多額で
あり、当該取引金額が時価に比べて「著しく低い価額」である場合は、譲
渡損はなかったものとされます（所法59②）。ここで譲渡損の計上の可否
を判定する際の「著しく低い価額」の判断基準は時価の2分の1に満たな
い金額と明示されています（所令169）。

（参考）　譲渡損が認められない規定（所法59②）

居住者が前項に規定する資産を個人に対し同項第2号に規定する対価の
額（＊）により譲渡した場合において、当該対価の額が当該資産の譲渡に係
る山林所得の金額、譲渡所得の金額又は雑所得の金額の計算上控除する必

> 要経費又は取得費及び譲渡に要した費用の額の合計額に満たないときは、
> その不足額は、その山林所得の金額、譲渡所得の金額又は雑所得の金額の
> 計算上、なかったものとみなす。

＊ 「著しく低い価額」をいい、具体的には、時価の2分の1に満たない金
額と規定されています（所令169）。

補 論 **譲渡損がなかったものと見なされる場合の取得価額**

本問のように「著しく低い価額」で財産が譲渡され、譲渡損の計上が認
められない場合には、財産の取得者における当該財産の取得価額は、譲渡
者の取得価額を引き継ぎます（「**9-2 著しく低い価額で取得した場合**」
参照）。

13-3 法人への譲渡

　個人が法人に対して「著しく低い価額」で財産を譲渡した場合、時価で譲渡したものとみなして譲渡所得を計算しますが、ここでいう「著しく低い価額」とは、どのような価額でしょうか。

Answer

個人が法人に譲渡した取引価額が時価で認定される「著しく低い価額」

　時価の2分の1に満たない価額を言います。

解 説

　個人が財産を譲渡した場合、原則として、取引金額により税務上の処理をしますが、取引金額が時価に比べて「著しく低い価額」であるならば、譲渡先が法人である時には、取引金額での処理は認められず、時価で譲渡したものとみなして譲渡所得の計算をします（所法59①）。

　ここで言う「著しく低い価額」とは、時価の2分の1に満たない価額をいいます（所令169）。

（参考1）　時価で譲渡したものとみなす規定（所法59①）

　次に掲げる事由により居住者の有する山林（事業所得の基因となるものを除く。）又は譲渡所得の基因となる資産の移転があつた場合には、その者の山林所得の金額、譲渡所得の金額又は雑所得の金額の計算については、その事由が生じた時に、その時における価額に相当する金額により、これらの資産の譲渡があつたものとみなす。

一　贈与（法人に対するものに限る。）又は相続（限定承認に係るものに限る。）若しくは遺贈（法人に対するもの及び個人に対する包括遺贈の

うち限定承認に係るものに限る。)

二 <u>著しく低い価額の対価</u>として政令で定める額による譲渡 <u>(法人に対するものに限る。)</u>

（参考2） 所得税法第59条における「著しく低い価額」について（所令169）

法第59条第1項第2号（贈与等の場合の譲渡所得等の特例）に規定する政令で定める額は、同項に規定する山林又は譲渡所得の基因となる資産の譲渡の時における価額の2分の1に満たない金額とする。

13-4 株主への贈与

同族会社に対して時価より「著しく低い価額」の対価で財産の譲渡をしたことにより、当該同族会社の株価が増加した場合、株主は株式の評価額が増加した金額を「著しく低い対価」で財産を譲渡した者から贈与を受けたものとして贈与税が課されますが（相法9、相基通9-2⑷）、ここで言う「著しく低い価額」とは、どのような価額でしょうか。

Answer

同族会社の取引により株主にみなし贈与課税が課される場合の「著しく低い価額」

個々の取引について、社会通念に従って個別に判断されます。

解 説

ここでは、所得税法の規定の適用ではなく、相続税法第9条規定により贈与税が課されます。贈与税・相続税においては「著しく低い価額」について具体的な規定はありません。

したがって、個々の取引について個別の事情を勘案して判断することになります（「13-1 みなし贈与」参照）。

13 - 5 棚卸資産の譲渡

① 　個人事業主が棚卸資産を役員・使用人に一律若しくは地位・勤続年数に応じて、一般の消費者が通常消費する程度のものを、仕入れ金額以上の価額であれば、多少安く販売しても問題になりませんが、「著しく低い価額」で販売すると問題になります。ここでの「著しく低い価額」とはどの程度低い価額を言いますか。

② 　個人事業主が棚卸資産を、贈与、相続人以外に対する死因贈与・特定遺贈をした場合には、贈与者、被相続人、遺贈者に対して棚卸資産の時価に対して所得税が課されます。ここでの時価について教えてください。

③ 　棚卸資産を「著しく低い価額」の対価による譲渡をした場合には、譲渡者に対して棚卸資産の時価と譲渡価額の差額に対して所得税が課されます。ここでの「著しく低い価額」とはどの程度低い価額を言いますか。

Answer

> **棚卸資産のみなし譲渡の規定における「著しく低い価額」**
> 　上記のいずれの場合も棚卸資産の通常販売する価額の70%未満の金額を意味しています。

解 説

① 　個人事業主が棚卸資産を使用人等に安く売っても許容される水準について、「著しく低い価額」として規定していますが、具体的に、当該棚卸資産の通常の販売価額の70%未満の金額と規定されています（所基通36-23）。

② 　個人事業主が亡くなり、相続人以外の者に死因贈与・特定遺贈した場合には、原則として、個人事業主が棚卸資産を時価（通常の販売価額）

で譲渡したものとみなして所得税が課されます（所法40①一、所基通39-1）。

　ただし、当該死因贈与・特定遺贈を譲渡とみなして、譲渡価額（収入金額）を通常の販売価額の70％以上の価額（取得価額以上の金額である場合に限ります。）で帳簿に記載している場合には、これを認めています（所基通39-2）。

　　（注）　棚卸資産を自家消費した場合、原則として棚卸資産を通常の販売価額で譲渡したものとみなして計算しますが、譲渡価額（収入金額）を通常の販売価額の70％以上の価額（取得価額以上の金額である場合に限ります。）で帳簿に記載している場合には、これを認めています（所基通39-2）。

③　個人事業主が棚卸資産を著しく低い価額で譲渡した場合には、棚卸資産の通常の販売価額と、譲渡対価の差額について、個人事業主に所得税が課されます（所法40①二）。ここでの「著しく低い価額」とは通常の販売価額の70％を意味します（所基通40-2）。

　そして、所得税が課されるべき金額を算定する際には、通常の販売価額×70％の金額と、実際の譲渡対価の額との差額で計算することが許容されています（所基通40-3）。

> 所得税の対象となる金額 ＝ 通常の販売価額×70％ － 実際の譲渡対価の額

　　（注）　棚卸資産を通常の販売価額の70％に満たない金額で譲渡している場合であっても、棚卸資産が、商品の型崩れ、流行遅れ等によって値引販売が行われることが通常である場合や、実質的に広告宣伝の一環として値引販売をしたり、金融上の換金処分として値引販売をする場合には、これを認めています。

Chapter 4

借地権に係る盲点

Q14 借地権

14-1 権利金の認定課税の基本

借地権に関する、税務上の考え方を教えてください。

Answer

税務上、借地権を認識するかどうかは、以下のように判断することができます。

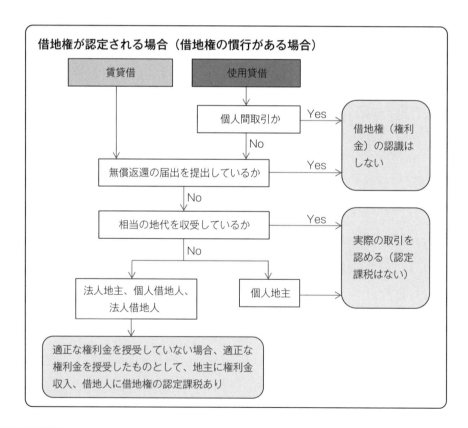

借地権が認定される場合（借地権の慣行がある場合）

- 賃貸借
- 使用貸借

個人間取引か → Yes → 借地権（権利金）の認識はしない

↓ No

無償返還の届出を提出しているか → Yes → 借地権（権利金）の認識はしない

↓ No

相当の地代を収受しているか → Yes → 実際の取引を認める（認定課税はない）

↓ No

法人地主、個人借地人、法人借地人 ／ 個人地主 → 実際の取引を認める（認定課税はない）

↓

適正な権利金を授受していない場合、適正な権利金を授受したものとして、地主に権利金収入、借地人に借地権の認定課税あり

　土地を借りた場合、税務上、借地権を認識するかどうかは複雑で理解しにくいものになっています。私法（民法・借地借家法）上の取扱いと税法では、借地権の有無についておおよその取扱いは一致していますが、税法は、課税の公平性を目的としていますので、私法上の取扱いと一致していない点もあります。これが課税関係を分かりにくくしている一因です。

　まず、土地を貸す（借りる）場合、賃貸借と使用貸借に分かれます。

　賃貸借とは有償で土地を貸す（借りる）ことをいい、使用貸借とは、無償で土地を貸す（借りる）ことをいいます（民法593）。なお、土地の固定資産税相当額程度の賃貸料で貸す場合も使用貸借に含まれます。

　そして、借地権の基本的な考え方は、使用貸借の場合、借地権は発生しないと考え、賃貸借では借地権が発生すると考えます（借地権の慣行がある場合に限ります。）。ただし、使用貸借であっても、貸主又は借主の一方若しくは両者が法人である場合には、税務上は借地権を認識します。

　借地権を認識すべき場合、権利金として相当の対価の授受がなされているならば、当該授受に対して課税関係が生じます。

　他方で、権利金として相当の対価の授受がなされてないならば、当該対価の授受がなされたとみなして課税することになります。これを権利金収入又は借地権の認定課税といいますが、個人地主に対して認定課税は課されません。

　また、借地権を税務上認識すべき場合であっても、無償返還届出書（貸主又は借主の一方若しくは両者が法人である場合に限ります。）を税務署に提出するか、相当の地代を支払う場合には借地権を認識しないことを税務上認め、権利金収入又は借地権の認定課税は課されません。

> **（参考） 使用貸借（民法593）**
>
> 　使用貸借は、当事者の一方が無償で使用及び収益をした後に返還をすることを約して相手方からある物を受け取ることによって、その効力を生ずる。

14-2 個人地主の課税関係（借地権の設定時）

14-2-1 不動産所得になる場合

Aさんが所有する土地（時価1億円）を、賃借人が当該土地に建物を所有することを目的に貸して、権利金（2,000万円）を受け取りました。

この場合、Aさんにどのような課税がなされますか。

Answer

Aさんが受領した2,000万円は、不動産所得になります。

解説

土地を貸して、実際に受領した権利金が土地の時価の半額を超える等の要件を満たす場合には、土地の一部を譲渡したものと扱われます（**14-2-2**参照）が、そうでない場合は、受領した権利金は不動産所得になります。

本件は、土地の時価の20％相当の権利金を受け取った場合ですので、土地の譲渡には該当せず、2,000万円は不動産所得になります。

14 - 2 - 2　譲渡所得とみなされる場合

　Ａさんが所有する土地（取得価額7,000万円、賃貸時の時価１億円）を、借主が建物を建築する目的で、年額240万円で賃貸して、借地権を設定した対価として権利金（6,000万円）を受け取りました（底地の価額は4,000万円）。

　この場合、Ａさんにはどのような課税がなされますか。

Answer

　Ａさんは、土地の譲渡による所得を1,800万円計上します。

　個人の地主が借地権の設定に伴って、権利金を受領した際の課税関係は、以下のようになります（所法33①、所令79）。

個人地主の権利金に係る課税関係

　以下の①から③の全ての要件を満たす場合を除き、受領した権利金は、不動産所得になります。

> **権利金が土地の譲渡に該当する要件**
>
> 　以下の要件全てを満たした場合、受領した権利金は土地の譲渡の対価と認識し、譲渡所得を計算します。
>
> ①　建物若しくは構築物の所有を目的とする借地権又は地役権を設定するものである。
>
> ②　借地権又は地役権の対価として支払を受ける金額が、土地の価額の半額を超える。
>
> ③　借地権又は地役権の対価として支払を受ける金額が、当該設定により支払を受ける地代の年額の20倍に相当する金額を超える。

　借地権の設定の対価として受け取る権利金が土地の時価の半額を超え、さらに、土地の20年分の賃貸料を超える場合、当該権利金として受け取った金額は、土地の一部（借地権部分）を譲渡したものとして譲渡所得税が課されます。

　設例においては、権利金の額（6,000万円）は、土地の時価（1億円）の半額を超え、土地の年賃貸料（240万円）の20倍の金額（4,800万円）も超えますので、土地の一部（借地権部分）を譲渡したものとみなして譲渡所得を計算する必要があります。

　譲渡所得を計算するに当たり、譲渡収入から控除する土地の取得費は、賃貸した土地の取得費に借地権の設定の対価として支払を受ける金額が当該金額と、その土地の底地の価額の合計額に占める割合を乗じた金額となります。

　本問の場合は、譲渡収入から控除する土地の取得費は、

$$4,200万円 = \begin{array}{c}借地権を設定し\\ た土地の取得費\\ （7,000万円）\end{array} \times \frac{\begin{array}{c}借地権の対価として支払を\\ 受けた金額（6,000万円）\end{array}}{\begin{array}{c}借地権の対価として支払を\\ 受けた金額（6,000万円）\end{array} + \begin{array}{c}底地の価額\\ （4,000万円）\end{array}}$$

となります（所基通38-4）。

　したがって、譲渡所得は1,800万円（譲渡収入6,000万円－控除する取得費4,200万円）となります。

　当該土地の所有期間が借地権を設定した年の1月1日において5年を超えるならば、長期譲渡に該当しますので、20％（所得税15％、住民税5％）の税率で所得税が課されます（復興特別所得税を加味していません。）。

（参考１）

所得税法33条第１項（譲渡所得）

第33条　譲渡所得とは、資産の譲渡（建物又は構築物の所有を目的とする地上権又は賃借権の設定その他契約により他人に土地を長期間使用させる行為で政令で定めるものを含む。以下この条において同じ。）による所得をいう。

所得税法施行令79条（資産の譲渡とみなされる行為）

第79条　法第33条第１項（譲渡所得）に規定する政令で定める行為は、建物若しくは構築物の所有を目的とする地上権若しくは賃借権（以下この条において「借地権」という。）又は地役権（～括弧内省略～）の設定（借地権に係る土地の転貸その他他人に当該土地を使用させる行為を含む。以下この条において同じ。）のうち、その対価として支払を受ける金額が次の各号に掲げる場合の区分に応じ当該各号に定める金額の10分の５に相当する金額を超えるものとする。

　一　当該設定が建物若しくは構築物の全部の所有を目的とする借地権又は地役権の設定である場合（第３号に掲げる場合を除く。）その土地（借地権者にあっては、借地権。次号において同じ。）の価額（～括弧内省略～）

　二　省略

　三　省略

２　省略

３　第１項の規定の適用については、借地権又は地役権の設定の対価として支払を受ける金額が当該設定により支払を受ける地代の年額の20倍に相当する金額以下である場合には、当該設定は、同項の行為に該当しないものと推定する。

（参考２）　所得税基本通達38－4

（借地権等の設定をした場合の譲渡所得に係る取得費）

　38－4　借地権等の設定の対価による所得が譲渡所得とされる場合において、令第174条《借地権等の設定をした場合の譲渡所得に係る取得費》の規定により当該譲渡所得に係る収入金額から控除する取得費は、次に掲げる場合の区分に応じ、それぞれ次に掲げるところにより計算した金額となることに留意する。（昭56直資３－２、直所３－３改正）

(1)　その土地について初めて借地権等を設定した場合

$$\text{その借地権等を設定した土地の取得費(A)} \times \frac{\text{その借地権等の設定の対価として支払を受ける金額(B)}}{\text{B＋その土地の底地としての価額(C)}}$$

(2)　現に借地権等を設定している土地について更に借地権等を設定した場合

$$\left(A - \text{現に設定されている借地権等につき(1)により計算して取得費とされた金額}\right) \times \frac{B}{B+C}$$

(3)　先に借地権等の設定があった土地で現に借地権等を設定していないものについて借地権等を設定した場合（38-4の２の取扱いが適用される場合を除く。）

$$A \times \frac{B}{B+C} - \text{先に設定して借地権等につき(1)により計算して取得費とされた金額}$$

(注)　この算式により計算した金額が赤字となる場合は、その赤字はゼロとする。

14-2-3　認定課税はないのか？

　Aさんが所有する土地（時価1億円）を、当該土地に同族会社が建物を建築する目的で賃貸し、Aさんは通常は権利金（6,000万円）の支払いを受けるべきですが、権利金の授受を行いませんでした。

　この場合、Aさんにはどのような課税がなされるでしょうか。

Answer

　個人地主であるAさんには、権利金の授受がなかったとしても適正な権利金を認定した課税はなされません。

> 個人地主には権利金収入の認定課税はありません。

解説

　土地を賃貸する時に権利金を受け取ると、当該実際に授受した権利金に課税がなされます（14-2-1、14-2-2参照）。

　ところで、同族会社に賃貸する際に、通常は権利金の授受を行う慣行にある土地であるにも関わらず権利金の授受を行わなかったならば、権利金収入に対する課税を逃れることができるのでしょうか。それとも、授受すべき権利金の金額を認定課税されるのでしょうか。

　個人が法人に対して著しく低い価額で財産の譲渡を行った場合には、時価で譲渡したものとして認定課税がなされます（所法59①一）。

　ここで、土地の賃貸による借地権の設定は、所得税法59条が適用される「譲渡所得の基因となる資産の移転」には該当しないことが通達で明示されています（所基通59-5）。つまり、借地権の設定に伴い、実際に支払う権利金の金額がいくらであろうと、譲渡所得の認定課税はなされません。

そのため、Ａさんが土地を賃貸して借主である法人に借地権が生じるか否かに関わらず、権利金の授受を行わないのであれば、地主であるＡさんに課税は生じません。権利金の授受がある場合は、実際に収受した権利金収入の金額に応じて不動産所得又は譲渡所得を計算します（**14-2-1・2**）。

なお、当該設例は賃借人が法人の場合ですが、賃借人が個人であっても、個人地主（賃借人）に権利金収入の認定課税がなされることはありません。

（参考） 借地権等の設定及び借地の無償返還（所基通59－5）

　法第59条第1項に規定する「譲渡所得の基因となる資産の移転」には、借地権等の設定は含まれないのであるが、借地の返還は、その返還が次に掲げるような理由に基づくものである場合を除き、これに含まれる。（昭56直資3－2、直所3－3追加）

(1) 借地権等の設定に係る契約書において、将来借地を無償で返還することが定められていること。

(2) 当該土地の使用の目的が、単に物品置場、駐車場等として土地を更地のまま使用し、又は仮営業所、仮店舗等の簡易な建物の敷地として使用していたものであること。

(3) 借地上の建物が著しく老朽化したことその他これに類する事由により、借地権が消滅し、又はこれを存続させることが困難であると認められる事情が生じたこと。

14-3 個人借地人の課税関係（借地権の設定時）
14-3-1 贈与税が課される場合（個人地主・個人借地人）

　Aさんが所有する土地（権利金の授受の慣行がある土地で、時価1億円、過去3年間の自用地としての相続税評価額の平均額は8,000万円、借地権割合は60%）を長男に年額賃貸料を192万円で賃貸し、権利金を授受しない場合、長男にはどのような課税がなされますか。

Answer

　長男に借地権の贈与があったものとみなして4,800万円に対して贈与税が課されます。

借地人の認定課税

　地主及び借地人が<u>個人</u>である場合、借地人に以下解説に計算される借地権の価額から実際に支払った権利金の額を控除した金額について、地主から贈与を受けたものとみなして贈与税が課されます。

解　説

　賃借人（長男）が土地を賃借することにより長男に借地権が生じる時、当該借地権の評価額（賃借人（長男）が権利金を支払う時は、当該権利金の額が当該借地権の金額に満たない場合、当該満たない金額）は、賃借人（長男）が親から贈与を受けたものとみなして、贈与税が課されます（相法9、相続税財産評価関係個別通達《相当の地代に満たない地代を支払って土地の借受けがあった場合》）。

この場合に、長男に帰属する借地権の評価額は、以下の算式により定めます。

Q
14

借
地
権

〈算 式〉借地権の評価額

$$\text{自用地とし}_{\text{ての価額}} \times \left\{ \text{借地権割合} \times \left(1 - \frac{\text{実際に支払っている地代の年額} - \text{通常の地代の年額}}{\text{相当の地代の年額} - \text{通常の地代の年額}} \right) \right\}$$

（注1）「自用地としての価額」とは、借地権を設定した年以前3年間の自用地としての当該土地の相続税評価額の平均額を言いますが、実際に支払っている権利金の金額がある場合に限り通常の取引価額によります。

（注2）「実際に支払っている権利金の額」がある場合、上記算式により計算した金額から「実際に支払っている権利金の額」を控除した金額が認定課税（贈与税）されます。なお、「実際に支払っている権利金の額」には、その他供与を受けた経済的利益がある場合には、当該金額を含んで算定します。

本問の場合、権利金を授受していませんので、自用地としての評価額は過去3年の相続税評価額の平均額で計算します。

贈与されたとみなされる金額

$$= 8,000万円 \times 60\% \times \left(1 - \frac{(192万円 - 192万円)}{(480万円 - 192万円)} \right) = 4,800万円$$

※　相当地代＝8,000万円×6％＝480万円
※　通常地代＝8,000万円×（1－60％）×6％＝192万円

なお、借地人に贈与として認定された価額は、借地権の取得価額に計算することはできません。

㊟　地主の課税関係

　　個人地主であるＡさんには権利金収入の認定課税はありません（14- 2 - 3
参照）。

補　論　使用貸借の場合

　個人間取引で土地を使用貸借する場合、賃借人（長男）には借地権が生
じませんので、個人地主及び個人借地人に権利金収入及び借地権の認定課
税はありません（地代の認定課税もありません（14- 7 参照）。）。そこで、
相続税・贈与税の財産評価に当たっても借地権はゼロとし、地主は更地評
価となります。なお、個人間の取引においては、無償返還の届出書の制度
はありません。

補　論　相当の地代（相続税）

　相当の地代とは、借地権の設定による贈与税の認定課税がなされうる取
引形態において認定課税が課されない一定の地代で、以下の算式で定める
地代（年額）を言います（相続税財産評価関係個別通達（相当の地代を支
払っている場合等の借地権等についての相続税及び贈与税の取扱いについ
て 1 ））。

> 自用地としての価額× 6 ％

㊟　「自用地としての価額」とは、借地権を設定した年以前 3 年間の自用地
　としての当該土地の相続税評価額の平均額を言います。
　　通常支払われる権利金に満たない金額を権利金として支払っている場合
　又は借地権の設定に伴い通常の場合の金銭の貸付けの条件に比し特に有利
　な条件による金銭の貸付けその他特別の経済的な利益（以下「特別の経済
　的利益」という。）を与えている場合は、当該土地の自用地としての価額

から実際に支払っている権利金の額及び供与した特別の経済的利益の額の合計額に「自用地としての価額（相続税評価額の３年平均額）/ 借地権の設定時の当該土地の通常の取引価額」を乗じた金額を控除した金額を相当の地代の計算の基礎となる当該土地の自用地としての価額とします（相当の地代を支払っている場合等の借地権等についての相続税及び贈与税の取扱いについて「１（相当の地代を支払って土地の借受けがあった場合）」）。

　ただし、借地権の評価額（贈与認定額）を計算する場合には、実際に支払っている権利金の額又は供与した特別の経済的利益の額がある場合であっても、これらの金額がないものとして相当の地代を計算します（相当の地代を支払っている場合等の借地権等についての相続税及び贈与税の取扱いについて「２（相当の地代に満たない地代を支払って土地の借受けがあった場合）」）。

補　論　通常の地代（相続税）

　通常の地代とは、通常の賃貸借契約に基づいて通常支払われる地代をいいますが、この把握が困難なこともあり、一般的には以下により算定した価額により計算しています。

> 自用地としての価額×（１−借地権割合）×６％

（注）「自用地としての価額」とは、借地権を設定した年以前３年間の自用地としての当該土地の相続税評価額の平均額を言います。

14-3-2 所得税が課される場合（法人地主・個人借地人）

　甲社が所有する土地（権利金の授受の慣行がある土地で、時価1億円、借地権割合は60%）をAさんに年額賃貸料を240万円で賃貸し、権利金を授受しない場合、Aさんにはどのような課税がなされますか。

Answer

　Aさんは、甲社から借地権の贈与を受けたものとみなして6,000万円に対して所得税が課されます。

> **借地人の認定課税**
>
> 　地主が<u>法人</u>である場合、借地人には以下解説に計算される適正な権利金の価額から実際に支払った権利金の金額を控除した金額が、享受した経済的利益の金額として所得税が課されます。

解説

　賃借人（Aさん）が土地を賃借することにより、賃借人（Aさん）に借地権が生じます。そこで、賃借人（Aさん）は甲社から当該借地権の評価額（賃借人（Aさん）が権利金を支払う時は、当該権利金の額が当該借地権の金額に満たない場合、当該満たない金額）の贈与を受けたものとみなして、所得税が課されます（法人税基本通達13-1-3）。

　なお、Aさんが甲社の役員や社員である場合には、役員賞与又は賞与とし、そのような関係がない場合には一時所得となります。

　この場合に、Aさんに帰属する借地権の評価額は、次の算式により計算します。

〈算　式〉権利金収入及び借地権の評価額

$$\text{土地の更地価額} \times \left(1 - \frac{\text{実際に収受している地代の年額}}{\text{相当の地代の年額}} \right)$$

（注1）　この算式で計算した金額が通常収受すべき権利金の金額を超える場合は、通常収受すべき権利金の額とします。

（注2）　権利金を一部支払っている場合には、この算式で計算した金額から支払った権利金を控除した金額が認定課税（所得税）されます。

（注3）　土地の更地価額とは、相続税評価額ではなく、通常の取引価額を意味します。

本問の場合、Aさんの所得として計算される金額は以下になります。

Aさんが甲社から贈与されたとみなされる金額

$$= 1\text{億円} \times \left(1 - \frac{240\text{万円}}{1\text{億円} \times 6\%} \right) = 6{,}000\text{万円}$$

　※　相当の地代の年額＝1億円×6％

なお、借地人に所得として認定された借地権の評価額は、借地権の取得価額に計算することができます（その他、借地権を取得するために要した費用は借地権の取得価額に算入されます。）。

㊟　地主（法人）の課税関係

　地主（法人）は、上記算式で計算した金額（借地人（個人）に帰属する借地権の評価額）の権利金を受取ったものと整理します。従って、実際に収受した権利金の金額がこれに満たない場合には、その差額に対して権利金収入の認定課税がなされます。

　本問の場合、甲社が受取るべき権利金（Aさんに帰属する借地権の評価額）は6,000万円で、実際に受領した権利金はゼロなので、6,000万円の権利金収入が益金として認定されます。そして、当該金額は、Aさんに対する寄付金とて処理されます（Aさんが役員又は従業員である場合には役員賞与又は賞与）。

補論　無償返還の届出を提出している場合

　無償返還の届出書を提出している場合には、権利金収入及び借地権の認定課税はなされません。ただし、相当地代を収受しない場合、地代の認定課税がなされます（**14-7**参照）。

　なお、使用貸借である場合であっても個人間の取引とは異なり、認定課税がなされますので注意が必要です。

補論　使用貸借の場合

　使用貸借である場合、取引法上、借地権が生じることはないのですが、個人間取引及び無償返還届出書が提出されている場合を除き借地権が生じたものとみなして借地人に借地権の認定課税、地主に権利金収入の認定課税（個人地主には認定課税はありません（**14-2-3**参照）。）が課されます。したがって、相続税・贈与税の財産評価に当たっても個人間取引及び無償返還届出書が提出されている場合以外は使用貸借であっても、借地権が生じているものとして評価することになります。

　ところで、使用貸借開始時に借地権の認定課税がなされるべきであったにも関わらず、結果として借地権の認定課税がなされていないときに、相続税・贈与税の財産評価に当たって借地権が生じているものとして評価してよいのかが論点になります。

　これについては、使用貸借した時点で認定課税がなされているか否かに関わらず、借地権が生じているものとして評価する見解が多数説であるようです。しかし、取引法上、借地権が発生していないこと、使用貸借開始時に取引当事者が借地権を認識せず、結果として認定課税がなされていないことを鑑みると、借地権が生じていないものとして評価（借地人の土地の権利の価額はゼロ、地主の土地は自用地価額で評価）すべきとする見解にも一理あるように思えます。

補 論　相当の地代（法人税・所得税）

　相当の地代とは、認定課税がなされうる取引形態においても認定課税が課されない一定の地代で、以下により計算します（法基通13-1-2）。

　なお、法人税基本通達の規定と相続税財産評価個別通達の規定は基本的に同じです。

> 相当地代の年額＝土地の更地価額×6％

㊟　「土地の更地価額」とは、借地権を設定した土地の、その時点の更地としての時価（通常の取引価額）をいいますが、課税上の弊害がない限り、公示価格や基準値の標準価格から合理的に計算した価額、又は相続税評価額により計算した価額（若しくはその3年平均額）によることができます。

　土地の更地価額とは、権利金を収受しているとき又は特別の経済的利益の額があるときは、これらの合計額に「土地の更地価額として計算した価額／借地権の設定時の当該土地の通常の取引価額」を乗じた金額を控除した金額とします（法基通13-1-2）。

　ただし、権利金収入及び借地権の評価額（認定課税額）を計算する場合には、実際に収受している権利金の額又は特別の経済的利益の額がある場合であっても、これらの金額がないものとして相当の地代を計算します（法基通13-1-4）。

14－4　法人地主・法人借地人の認定課税

　甲社が所有する土地（権利金の授受の慣行がある土地で、時価１億円、借地権割合は40％）を乙社に年額賃貸料を360万円で賃貸し、権利金を3,000万円授受しており、甲社は3,000万円を収益に計上し、乙社は3,000万円を借地権として資産計上していますが、問題ないでしょうか。

Answer

　本件取引で適正な権利金の金額は4,000万円となります。地主（甲者）は、4,000万円を受領したものとみなして、利益に計上し、実際に授受した金額との差額（1,000万円）は乙社に対する寄付金として処理されます。乙社は4,000万円で借地権を取得したものとみなして、借地権を4,000万円で計上し、実際に授受した金額との差額は寄付を受けたとして利益に計上します。

> **権利金収入の認定課税・借地権の認定課税**
>
> 　法人が土地の賃貸借をした場合、以下解説に計算される借地権の価額から実際に支払われた権利金の金額を控除した金額が、地主において借地人に対する寄付金／権利金収入として認定され、借地人において借地権／受贈益として認定されます。

解説

　法人が土地の賃貸借をした場合、借地権の慣行がある土地であるならば、通常は適正な権利金の授受を行いますが、適正な権利金の授受を行わない場合には、以下の計算式で算定される借地権の価額から実際に支払われた権利金の額を控除した金額に対して、法人地主において権利金収入、借地

人において借地権の受贈益を認定して課税されます（法基通13-1-3）。

〈算　式〉権利金収入及び借地権の評価額

$$土地の更地価額 \times \left(1 - \frac{実際に収受している地代の年額}{相当の地代の年額}\right)$$

（注1）　この算式で計算した金額が通常収受すべき権利金の金額を超える場合は、通常収受すべき権利金の額とします。
（注2）　権利金を一部支払っている場合には、この算式で計算した金額から支払った権利金を控除した金額が認定課税（法人税）されます。
（注3）　土地の更地価額とは、相続税評価額ではなく、通常の取引価額を意味します。

本問の場合は以下のように計算されます。

$$土地の更地価額（1億円） \times \left(1 - \frac{実際に収受している地代の年額（360万円）}{相当の地代の年額（600万円）}\right) = 4,000万円$$

※　相当の地代の年額＝土地の更地価額（1億円）× 6 ％＝600万円

　本設例では、3,000万円の権利金を実際に収受しており、地主（甲社）では受け取った権利金（3,000万円）を収益に計上し、借地人（乙社）では支払った権利金（3,000万円）を借地権として計上しています。
　したがって、地主（甲社）から借地人（乙社）に贈与したものとして、追加で認定される権利金の額は1,000万円（＝4,000万円－実際に収受した権利金の額（3,000万円））になります。つまり、地主（甲社）は追加で1,000万円を受け取ったものとして収益に計上すると共に、借地人に寄付したとして寄付金に計上します。そして、借地人（乙社）は1,000万円分の借地権の寄付を受けたものとして受贈益を計上します。

補 論	無償返還の届出を提出している場合

　無償返還の届出書を提出している場合には、権利金収入及び借地権の認定課税はなされません（地代の認定については**14-7**参照）。

（注1）　使用貸借である場合、**14-3-2**の補論「使用貸借の場合」を参照。

（注2）　法人借地人の課税関係は地主が個人であっても、地主が法人である本間と同様になります。

14 - 4 - 1 　借地権設定による土地の損金算入

　X社が所有する土地（時価5,000万円、帳簿価額3,000万円）に、Y社が賃貸アパートを建てることを目的として、X社は当該土地をY社に賃貸しました。当該土地の借地権割合は60％で、賃貸に際してY社はX社に権利金3,000万円を支払い、年額120万円で賃貸しました。

　X社が土地を賃貸した時に権利金（3,000万円）は、収益に計上されますが、土地の帳簿価額は損金に計上することはできますか。

Answer

1,800万円を損金に算入することができます。

損金に算入できる土地の帳簿価額

$$\text{損金に算入される土地の帳簿価額} = \text{借地権の設定前の土地の帳簿価額} \times (R)$$

$$※ (R) = \frac{\text{借地権の設定前の土地の価額} - \text{借地権の設定後の土地の価額}}{\text{借地権の設定前の土地の価額}}$$

　(注)　(R)≧0.5の場合に限り、土地の損金算入が認められます。(R)＜0.5の場合には (R)＝0とみなして、土地の損金算入は認められません。

解 説

　法人が所有する土地に借地権を設定したことにより、土地の価額が半額以下になったと認められる場合には、土地の帳簿価額を、借地権の設定により土地が減価した割合に応じて損金にすることが認められています（法令138①）。

　本問の場合、X社が土地を賃貸したことにより、土地の価額は5,000万

円から2,000万円（借地権設定前の価額5,000万円 − 借地権の価額（3,000万円））に60％減価します。当該減価割合が50％以上になりますので、借地権設定前の土地の帳簿価額（3,000万円）の60％（1,800万円）を損金に算入することができます。

補 論 　個人地主と法人地主の比較

　土地に借地権を設定した場合の地主の権利金収入については、個人地主（個人間取引を除きます。）であれば所得税、法人地主であれば法人税が課されます。

　そして、個人地主の場合、権利金の額が土地の時価の<u>半額</u>を<u>超える</u>等の要件（14-2-2参照）を満たした時には土地の譲渡とみなし（譲渡とみなされない場合は不動産所得）、法人地主の場合、権利金の額が土地の時価の<u>半額以上</u>になる時には譲渡とみなして、個人地主も法人地主も同様に、土地の価額の減価割合に応じて、土地の簿価を取得費（損金）にすることができます。

14-5 認定借地権／権利金収入の額は所得税・法人税と相続税で異なるか？

土地を賃貸借した際に、借地権／権利金収入が認定されることがありますが、贈与税を計算するための計算式と所得税・法人税を計算するための計算式は異なりますが、問題にならないのでしょうか。

Answer

贈与税における借地権の金額の計算式と、所得税・法人税における借地権の計算式は、形式的には異なりますが、内容は同じです。

解 説

土地を賃貸借した場合に借地権／権利金収入が認定されることがあります。個人間取引においては贈与税が課され、それ以外の場合には所得税・法人税が課されます。

ここで、贈与税を計算するための計算式と、所得税・法人税を計算するための計算式は、以下のように異なります。

(1) 贈与税において認定される贈与額の計算式（「14-3-1　贈与税が課される場合」参照）

〈算　式〉

自用地としての価額 × 借地権割合 × $\left(1 - \dfrac{\text{実際に支払っている地代の年額} - \text{通常の地代の年額}}{\text{相当の地代の年額} - \text{通常の地代の年額}}\right) - \text{実際に支払っている権利金}$

(2) 所得税・法人税において認定される受贈額の計算式（「14-3-2　所得税が課される場合」「14-4 法人地主・法人借地人の認定課税」参照）

〈算　式〉

$$土地の更地価額 \times \left(1 - \frac{実際に収受している地代の年額}{相当の地代の年額} \right) - 実際に支払っている権利金$$

　この両者の計算式は、贈与税において「自用地としての価額」は相続税評価額の３年平均額(＊)で、所得税及び法人税において「土地の更地価額」は相続税評価額ではなく通常の取引価額になる差異はあります。しかし、それ以外の部分については、この両者の計算式を展開して整理すると同じ内容を示しています。

　したがって、形式的に表現されている算式は異なりますが両者は同一と言えます。

　＊　実際に支払っている権利金の額がある場合は、通常の取引価額。

14 − 6 権利金（借地権）の認定課税の回避策

借地権の慣行のある土地を賃貸する際に権利金を授受しない場合、貸主にとっては、収受すべき権利金を受け取ったものとした認定課税、借主にとっては借地権の供与を受けたものとして認定課税がなされることがありますが、これを避けるための対応策を教えてください。

Answer

権利金（借地権）の認定課税がなされない場合

① 個人間の使用貸借である場合

② 無償返還の届出書が提出されている場合

③ 相当の地代を収受している場合

④ 個人地主には認定課税はなされません。

⑤ 適正な権利金の授受がなされている場合

解説

まず、個人間の取引について、使用貸借であれば権利金収入や借地権の認定課税がなされることはありません。

次に個人間の取引以外については、土地の賃貸借契約において土地を無償で変換する旨を定め、無償返還届出書（＊）を提出すれば認定課税はなされません。

＊ 無償返還の届出書は、土地の貸借の契約が終了した時に無償で土地を返還する旨の契約をし、税務署にその旨の届出をした場合に、借地権の認定課税をしないという制度です。この制度は、地主・借地人が共に個人の場合には適用がありません。

さらに、相当の地代を授受する場合にも認定課税はなされません。

　なお、これらの要件を満たさない場合であっても個人地主には認定課税がなされることはありません。

　土地の貸借をする場合には、借地権の認定課税の有無とその対応策を検討した上で、進めるようにすることが重要だと考えます。

14-7 地代の認定課税

以下の場合、地代が低額であるとして、地代の認定課税はなされるでしょうか。

① 子供が自分の居住用の建物を建てるために親の土地を無償で借りた。

② 個人地主が法人借地人に対して低額の地代で土地を貸した。

Answer

設問の①②の場合とも、認定課税はありません。

地代の認定がある場合

・個人間取引……………………なし

・個人地主・法人借地人……なし

・法人地主・個人借地人……法人地主・個人借地人共にあり得ます。

・法人地主・法人借地人……法人地主についてのみあり得ます。

解 説

地代の認定は、法人借地人にはありません。これは、仮に低額の地代を支払っていた場合に、本来支払うべき地代との差額を支払ったとしてその差額を損金に認定し、それと共に、当該差額は実際には支払っていないので利益として益金に計上されるので、結果として認定課税がなされたとしても変わらないことになります。

また、個人間の取引においては低額の地代での土地の賃貸借も認められており、地代の認定はありません。子供が、親が所有する土地を低額（又は無償）で借りて、その土地に子供が建物を建てることはよくありますが地代の認定課税はなされません。

　そして、個人地主は借地人が法人であっても同様に認定課税はありません。

　以上より、地代の認定課税がなされ得るのは、法人地主と、法人地主から土地を賃借した個人借地人に限ります。そして地代の認定課税の計算は、権利金収入や借地権の認定課税がなされる場合には、当該認定課税を前提として地代の認定課税額を計算します。

　ただし、相当地代（土地の価額の上昇に応じて、上昇後の土地の価額を基礎として計算した相当地代の額に改訂した地代）を収受する場合、地代の認定課税はありません。なお、土地の賃貸開始時において相当地代を収受している場合、その後の土地の価額の上昇に関わらず地代を据え置いたとしても、（注1⑴地代のスライド方式）を選択した場合を除き地代の認定課税はなされません（無償返還届出書が提出されている場合を除きます。）。これは、その後の土地の価額の変動部分は借地人に自然発生借地権として帰属するものと整理されるためです。

（注1）　法人が他人に土地を使用させた場合（通常権利金を収受しない土地の使用又は無償返還届出書が提出される場合を除きます。）、相当の地代を収受することにした時は、⑴当該地代を土地の価額の上昇に応じてスライドするか、⑵それ以外とするか、「相当の地代の改訂方法に関する届出書」を土地所有者と借地人の連名で土地所有法人の所轄税務署に遅滞なく（借地権の設定等があった後、最初の確定申告期限まで）提出することになります。なお、届出がないときは上記⑵を選択したものとみなされます（法基通13-1-8）。なお、⑴を選択したにも関わらず適正な相当地代に改訂していない場合には地代の認定課税がなされます。

（注2）　法人が他人に土地を使用させた時に相当の地代を収受することにした場合、その後の地価の上昇に応じて地代が改訂されているならば借地権の価額はゼロと評価されます。他方で、地代を据え置いている場合、地価の上昇分は自然発生的に借地人に帰属していくと整理されます。また、地代が中途半端に増加している場合も同様に、地価の上昇

分の一部が自然発生的に借地人に帰属すると整理されます。自然発生
借地権は次の計算式で算定されます（法基通13-1-15）。

〈算　式〉自然発生借地権の価額

$$\text{土地の更地価額} \times \left(1 - \frac{\text{実際に収受している地代の年額}}{\text{相当の地代の年額}}\right)$$

（※1）　土地の更地価額とは、相続税評価額ではなく、通常の取引価
額です。
（※2）　計算される借地権の価額は、通常取引される借地権の価額を
上限とします。

　地代の認定課税が課される場合、法人地主は適切な地代を収益として計
上することが求められますので、以下に示す金額が土地の賃貸収入として
認定されることがあります（第三者間取引で、利益供与を目的としたもの
でなければ過度に気にする必要はないと考えます。）。そして、当該認定さ
れた金額は実際には受け取っていないので、収入に認定された金額は相手
勘定として借地人に対する寄付等と処理されます。

認定地代の計算（法人地主、法人地主から賃借した個人借地人）

（土地の時価－権利金の額（認定権利金を含む。））×6％－実際の地代

　法人地主から土地を賃借した個人借地人は、本来支払うべき地代を支払
わなかったものとして、上記算式により認定される金額について所得税
（地主法人の役員や従業員である場合には給与所得、その他の場合は雑所
得(注)）が課されます。

　(注)　当該借地人が地主法人にとって100％株主である場合には、配当金とみ
なされることがあります。

Chapter 5

債務の相続等に係る盲点

Q15 債務の資産税

　資産税と言うと、財産についての課税関係ばかりが注目されますが、債務についても注意すべき論点がいくつかあります。

　以下に、これらの論点をまとめて解説したいと思います。

15-1 債務の遺産分割

　被相続人の債務を、相続人間でどのように分割するか、その場合の論点を、以下の設例を通じて検討したいと思います。

（設　例）

　父が亡くなりましたが、父の財産は賃貸アパート（相続税評価額は２億円）と、現金2,000万円だけです。他方で、父には当該賃貸アパートを購入する際の借入金（銀行借入）が１億円残っています。相続人は、長女と次女の２名です。

　ここで、長女と次女が話し合って、「賃貸アパートと借入金は長女が相続し、現金2,000万円は次女が相続する」内容の遺産分割協議書を作成しました。

15-1-1 債務の遺産分割は無効なのか？

15-1の（設例）において、借入金を長女が相続する内容の遺産分割は有効でしょうか。

Answer

債務の遺産分割は当事者間では有効ですが、債権者に対してはその内容を主張できません。

債務の遺産分割

○ 債権者に対しては遺産分割協議の内容を主張することはできません。相続分（又は包括遺贈の割合）で負担することになります。

○ 遺産分割協議の内容は相続人等の間では有効となります。

解 説

⑴ 債務の遺産分割は債権者に対して有効か

遺産分割の対象となるのは、積極財産だけであり、被相続人が負担していた借入金等の債務は遺産分割の対象とはならず、被相続人の債務は各共同相続人がその相続分（又は包括遺贈の割合）に応じて承継するものと解されています。これは、大半の相続財産を特定の相続人に分割し、債務は別の資力のない相続人に分割する内容の遺産分割協議を認めてしまうと、債権者（被相続人に対する債権を有する債権者）を害することになるためです。

⑵ 債務の遺産分割は相続人間では有効か

当該遺産分割協議は当事者間では有効です。本問の場合、銀行は長女に

対しても、次女に対してもそれぞれ5,000万円の返済を求めることができます。仮に、次女が当該債務の返済に応じて、銀行に5,000万円を返済したならば、次女が遺産分割協議の内容に基づいて長女に求償することができます。

15-1-2 債務分割のリスク

15-1の（設例）のように被相続人の全ての債務は長女が承継する旨の遺産分割協議書を作成しました。その後、10年が経過した後に、債権者（銀行）が次女に対して、5,000万円の債務の返済を求めてきました。

次女はどのように対応すればよいでしょうか。

Answer

次女は、債権者（銀行）に対して5,000万円を返済しなければなりません。ただし、次女は長女に対して銀行に返済した金額（5,000万円）を求償することができます。

> **債務分割のリスク**
>
> 債務分割の合意の内容に関わらず、後日、債権者から相続分に相当する債務の弁済を求められるリスクがあります。

解 説

長女は被相続人から2億円の賃貸アパートを相続し、被相続人が当該賃貸アパートを購入した際の借入金の残債務（1億円）を承継する旨で、次女と合意して遺産分割協議書を作成しています。しかし、この内容は債権者には主張できません。

例えば、長女が当該賃貸アパートを相続した後に、当該賃貸アパートで事故が発生し、長女は所有者としての責任を問われ、多額の損害賠償債務を負担することになり、その結果、長女は被相続人から承継した債務（1億円）を銀行に返済できない状態になったとしましょう。

債権者（銀行）は、被相続人の債務に係る長女と次女の合意内容に関わ

らず、相続分で長女と次女に債務の履行を請求することができます。もちろん、このような事故が発生せずに、長女がきちんと銀行に返済をしていれば、銀行が次女に対して返済を求めることはないでしょう。しかし、長女が返済困難な状態になった時には、債権者（銀行）は次女に対して、被相続人の債務の半分（次女の相続分）の返済を求めてきます。これに対して次女は、「相続により取得した財産は現金（2,000万円）だけですので、銀行に対して2,000万円を弁済するのは仕方がないが、相続した財産を超えた返済の請求は拒否できるのではないか」と考えています。しかし、結論として、次女は銀行に対して5,000万円を返済しなければなりません。つまり、被相続人から相続した財産を超えた債務を返済しなければならなくなります。

　このように、被相続人が債務を負っている場合、当該債務について相続人間の協議で、特定の相続人が債務を承継することを合意したとしても、当該承継した相続人がこの債務を弁済できないような状態になり、他の相続人が債権者から相続分に相当する債務の履行を求められた時には、返済を拒むことはできません。相続人間での債務の承継についての合意書を債権者に提示しても、それは債権者に対しては何ら効力を有しません。したがって、被相続人に債務がある場合、相続人間で相続分と異なる負担額で債務を承継することを合意したとしても、後日、忘れた頃に負担することがないはずの債務の履行を求められるリスクが残ります。

　(注)　債務の分割の内容を債権者に主張する対応策
　　　　相続人間での債務の分割の内容を債権者に主張できるようにするための対応策は、「15‐1‐3　**債務分割を債権者に対して有効にする**」を参照してください。

15-1-3 債務分割を債権者に対して有効にする

債務の遺産分割協議書の内容を債権者が認めた場合、遺産分割協議の内容を債権者に対して有効にするためにはどのような手続きが必要でしょうか。

Answer

免責的債務引受を締結する必要があります。

債務の遺産分割 ＝ 相続人等の間で有効 ＋ 債権者に対しては無効

債権者の合意を得て、免責的債務引受契約を締結すれば有効になります。

解 説

債務の遺産分割を債権者が許容する場合、債権者の承諾を得て、債権者、長女及び次女が免責的債務引受契約を締結すれば、相続により債権者に対して次女が負担する借入金（5,000万円）は免責されて、次女は返済する義務を免れます。そして、当該次女が免れた借入金（5,000万円）は長女が債務引受し、返済する義務を負います。

このように遺産分割協議書の内容に従った免責的債務引受契約を締結すれば、債権者に対しても遺産分割協議の内容が有効となります。

このような免責的債務引受をすれば、後日次女が債権者（銀行）から相続分に相当する債務の履行を求められることはなくなります。

15－1－4　債務分割を行った時の相続税申告

　債務の遺産分割協議は相続人の間では有効ですが、債権者に対しては相続人それぞれの相続分（又は包括遺贈の割合）で負担するものとなります。

　この場合、相続税の申告に当たっては、遺産分割協議の内容に従って申告すべきなのか、それとも相続分（又は包括遺贈の割合）に応じて債務を申告すべきでしょうか。

Answer

　遺産分割協議の内容に従って相続税の申告をします。

解　説

　相続税の申告書に置いては、それぞれの相続人毎に、相続した財産の価額から債務の金額を控除して計算します。ここで、控除する債務の金額は「その者の負担に属する部分の金額を控除（相法13①）」するものとされています。そして、「「その者の負担に属する部分の金額」とは、相続又は遺贈（包括遺贈及び被相続人から相続人に対する遺贈に限る）によって財産を取得した者が実際に負担する金額をいう（相基通13-3）」ものとされています。

　したがって、相続人が遺産分割協議に従って実際に債務を負担する場合には、当該遺産分割協議の内容に従って相続税の申告をすることになります。

15-1-5 債務分割が成立しない場合の相続申告

15-1（設例）において、賃貸アパート（相続税評価額2億円）を長女、現金2,000万円を次女に遺贈する内容の遺言書があった時、被相続人の債務（1億円）の負担について長女と次女の間で合意ができていない場合、債務は相続分（又は包括遺贈の割合）に従って申告すればよいでしょうか。

Answer

原則として、被相続人の債務について相続分（それぞれ5,000万円）で申告しますが、次女が負担する債務を2,000万円、長女が負担する債務を8,000万円として申告することも認められています。

債務の負担について合意ができていない場合

【原則】 相続分（又は包括遺贈の割合）で債務を負担するものとして申告

【例外】 原則により計算した場合、負担する債務の額が、相続又は遺贈により取得した財産の価額を超える部分の金額は、他の相続人又は包括受遺者の課税価額から控除することができます。

解 説

債務の負担が確定していない場合、原則として、相続人（又は包括受遺者）は、民法900条から902条までの規定による相続分（又は包括遺贈の割合）で債務を負担したものとして相続税の計算をします。

ただし、相続分（又は包括遺贈の割合）で債務を負担するものとした場合、ある相続人（又は包括受遺者）が負担する債務の金額が、当該相続人（又は包括受遺者）が相続又は遺贈により取得した財産の価額を超える場合、当該超える部分の金額を他の相続人（又は包括受遺者）が相続又は遺

贈により取得した財産の価額から控除することが認められます（相基通13-3）。

　本問の場合、原則通りに債務について相続分で割り振ると、長女、次女共に5,000万円の債務を負担するとして計算されます。この場合、長女が相続する財産の価額は賃貸アパート（2億円）から債務の額（5,000万円）を控除して、1億5,000万円が課税価額となります。

　他方で、次女は現金（2,000万円）から債務の額（5,000万円）を控除すると、ゼロとなります。

　結果として、次女が負担する債務のうち、3,000万円は相続税の計算上、控除されないことになってしまいます。そこで、このように債務の負担額が確定していない場合には、長女の課税価額（1億5,000万円）から次女が控除できなかった債務の額（3,000万円）を控除して相続税の計算をすることが認められています。なお、他の相続人又は包括受遺者の債務等超過分を控除することが可能な者が複数いる場合には、これらの者の間で債務超過分をどのように配分するかについての調整・合意がなされていることが必要であるとされています（平成22年3月15日裁決　裁決事例集№79）。

補　論　債務の分割が確定している場合

　債務の分割が確定している場合については、ある相続人等が負担する債務を、相続税の計算において債務控除できなかったとしても、他の相続人等の課税価額から債務控除することはできません（「**15-2-1　遺産分割により控除額が異なる**」参照）。

15－2 相続で控除されない債務
15－2－1 遺産分割により控除額が異なる

　父が亡くなり、遺産は賃貸マンション（時価５億円、相続税評価額２億円）と、当該マンションを建築するための借入金３億円、預金２億円でした。

　したがって、相続財産の評価額は計４億円、債務は３億円です。相続人は長男と次男で、以下のような遺産分割協議を行った場合、相続税の課税価額はいくらになるでしょうか。

⑴　長男が賃貸マンションと借入金を承継し、預金は次男が相続する内容で遺産分割協議書を作成しました。

⑵　長男が賃貸マンションと預金１億円、借入金３億円を承継し、次男が預金１億円を相続する遺産分割協議書を作成しました。

Answer

　相続税の課税価額は、設問の⑴が２億円、⑵が１億円となります。

> **相続する財産の相続税評価額よりも承継する債務の金額が大きい場合**
>
> 　当該債務が過大となった部分の金額は、相続税の計算上債務控除できず、不利になります。

解 説

　相続税の課税価額は、個人別に課税価額を計算し、次に個人別の課税価額を集計して計算します。

(1)のケース

まず、相続人各人の課税価額を計算します。

・ 長男の課税価額 = 0 （賃貸マンション 2 億円 − 借入金 3 億円（マイナスは無視））

・ 次男の課税価額 = 2 億円（預金）

以上より、相続税の課税価額は 2 億円（長男の課税価額 0 + 次男の課税価額 2 億円）になります。

(2)のケース

まず、相続人各人の課税価額を計算します。

・ 長男の課税価額 = 0 （賃貸マンション 2 億円 + 預金 1 億円 − 借入金 3 億円）

・ 次男の課税価額 = 1 億円（預金）

以上より、相続税の課税価額は 1 億円（長男の課税価額 0 + 次男の課税価額 1 億円）になります。

　被相続人が残した財産の評価額は 4 億円で、債務は 3 億円ですから、本来は、差し引き 1 億円が相続税の課税価額になるはずです。しかし、(1)の遺産分割協議の場合、相続税の課税価額は 2 億円になります。これは、被相続人の債務（3 億円）のうち 1 億円は相続税の課税価額を算定する際に加味されないことが原因です。というのも、(1)の場合、長男が承継した財産の評価額が 2 億円、他方で承継した債務が 3 億円です。債務の方が多額になりますが、当該債務が多い部分の金額は相続税の課税価額の算定上、控除できないことになります。

　このように、相続税評価額の計算において、債務の方が多額になるような遺産分割は注意が必要です。

15 - 2 - 2　債務超過会社は相続税においては不利

　Aさん（個人財産を2億円所有）は同族会社（X社）を所有し経営して
います。

　昨今は業績が思わしくなく、X社の主な資産は営業に必要な資産が1億
円あり、主な債務は買掛金等の営業債務が1億円の他に銀行から1億円を
借り入れ（Aさんが個人保証しています）ており、1億円の債務超過です。
Aさんが亡くなった場合、相続税の課税価額はいくらになるでしょうか。

Answer

　相続税の課税価額は2億円です。

> 　原則として、会社の債務超過額は、個人の相続財産から控除することは
> できません。

解　説

　X社は1億円の債務超過ですので、X社の株式の評価額はゼロとなりま
す。また、X社は銀行借入の返済が厳しい状況ですが、これはX社の借入
金であり、Aさんはこれを保証していますが、Aさんにとって確実な債務
ではありませんので、Aさんが亡くなった際の相続財産から控除すること
はできません。そこで、Aさんが亡くなった場合の相続税の課税価額は2
億円になります。

　しかし、実態は、AさんとX社は同じであり、X社が借入の返済ができ
ない場合には、Aさんが対応せざるをえません。X社の資産は1億円、負
債は2億円で、純資産は△1億円です。AさんとX社を合算すると、純財
産は1億円（個人財産2億円－会社の債務超過額1億円）です。しかし、

現状でＡさんが亡くなると、２億円に対して相続税が課されてしまいます。これでは、実態に比べて税負担が大きくなってしまいます。

15-2-2-1 債務超過会社の対応策

　債務超過会社がある場合、当該債務超過額は相続税の課税価額の計算に当たって控除することはできません。したがって、当該債務超過額を個人で補填しなければならないような状態の場合、当該補填をしていない限り、将来の補填の見込み額を課税価額から控除することは困難です。会社が債務超過状態の場合、何か対応策はないでしょうか。

Answer

　以下のような対応策が検討されます。

債務超過会社の対応策

〔生前の対応策〕

　①　債務超過会社に個人財産を贈与又は出資して、債務超過を解消する。

　②　合名会社、合資会社に組織変更して、個人が無限責任社員になる。

〔相続発生後の対応策〕

　③　相続税の申告期限までに、債務超過会社を清算し、債務超過部分の債務を相続人が負担して、当該相続人が実際に負担した法人の債務の額を、相続税の申告に当たって債務控除する。

解　説

①　債務超過会社を所有している場合、当該債務超過会社の株式はゼロであり、債務超過額が1億円であっても、株式を△1億円で評価することはできません。また、当該債務超過会社の債務を、被相続人が個人保証していたとしても、保証している債務は、被相続人にとって負担することが確実な債務ではありませんので、相続税の計算において債務控除す

ることは困難です。つまり、相続税の課税価額を算定するに当たって、債務超過額を加味することはできません。

そこで、対応策として、相続が発生する前に個人財産を債務超過会社に贈与又は出資して債務超過を解消する方法があります。同族会社の債務超過額が1億円の場合、個人財産1億円を当該債務超過会社に贈与又は出資した場合、当該債務超過会社だった会社の株式の評価額はゼロのままですが、個人財産は1億円減少します。つまり、会社の債務超過額として、相続税の課税価額の算定上、控除されなかった部分の金額が、当該会社に贈与又は出資された個人財産と相殺されることになります。

> ㊟　贈与か出資かいずれを選択するかにより、法人の課税が異なります。贈与であれば、法人では受贈益（益金）を認識しますが、出資であれば基本的に益金になりません。

② 　株式会社の株主は有限責任です。万が一にも会社が倒産したとしても、株主は当該会社が返済できなくなった債務の弁済を求められることはありません。これに対して、合同会社や合資会社の無権責任社員は会社の債務に対して無限責任を負いますので、合同会社や合資会社が倒産した場合、会社が返済できなくなった債務を無限責任社員は負担しなければなりません。

以上より、無限責任社員が亡くなった場合、合同会社や合資会社の債務超過額は、無限責任社員の相続財産から控除することが認められています。

そこで、株式会社を合同会社又は合資会社に組織変更し、無限責任社員になった者については、会社の債務超過額を相続財産から控除することが可能になります。

以上の対策は、生前にしなければ効果がありません。もしも、対策を実行する前に相続が発生してしまった場合には、別の対応策を検討しな

けれればなりません。

③　相続税の課税価額を計算する際に、控除できる債務は、負担すること
が確実であるものに限られています。そこで、相続税の申告期限までに
債務超過会社を清算し、当該会社の債務超過部分の金額を、被相続人の
保証を承継した相続人が実際に負担してしまいます。そのように対応す
ることにより、相続発生時に被相続人が保証していた債務の負担が確実
になり、当該顕在化した負担額を相続税の課税価額から債務控除をする
ことが実務上、可能になると考えます。

15－2－3　相続税の課税価格に加算される贈与と債務控除

　母が亡くなりました。相続人である長男が相続したのは、賃貸マンションの1室（相続税評価額2,000万円）だけです。なお、当該マンション取得のための借入金が3,000万円あり、当該借入金は長男が負担することになりました。

　長男は母が亡くなる前年に母から現金1,500万円の贈与を受けていました。この場合、長男の相続税の課税価格はいくらになるでしょうか。

(1)　1,500万円の生前贈与について相続時精算課税の適用を受けていない場合

(2)　1,500万円の生前贈与について相続時精算課税の適用を受けている場合

Answer

債務控除の対象になる生前贈与財産は以下になります。

債務控除の対象になる生前贈与財産

(1)　暦年贈与により申告している財産……債務控除の対象になりません。

(2)　相続時精算課税を適用して受贈した財産……（原則）債務控除の対象になります。

> **（例外）**　以下①又は②に該当する場合は相続時精算課税により贈与を受けた財産に関する債務に限り債務控除の対象になります（相基通13－9）。
>
> 　①　受贈者が相続又は遺贈により財産を取得している場合で、制限納税義務者に該当する。

---

　　　② 受贈者が相続又は遺贈により財産を取得していない
　　　　場合で、相続開始時に日本に住所を有しない。

　(注) 受贈者がそもそも、相続人又は包括受遺者のいずれにも該当しない場
　　　合は債務控除できません。相続放棄をしている場合も同様です。

したがって、上記(1)の相続税の課税価格は1,500万円になり、(2)の相続税の課税価格は500万円になります。

解　説

(1) 暦年贈与により受贈した財産からの債務控除について

相続税の計算において、債務控除の対象になる財産は「相続又は遺贈により取得した財産」(制限納税義務者の場合は「相続又は遺贈により取得した財産でこの法律の施行地にあるもの」)と規定されています(相法13①②)。したがって、相続前3年内の贈与であることにより相続税の課税価格に加算された受贈財産は、相続又は遺贈により取得した財産に該当しませんので債務控除を適用することはできません(相基通19-5)。

本件において、遺産である賃貸マンション(2,000万円)と相続前3年内贈与の1,500万円のうち、債務控除の対象になるのは賃貸マンションのみになります。結果として、借入金の額(3,000万円)を賃貸マンションの相続税評価額(2,000万円)から控除するとゼロ(マイナスはないものとされます。)となり、これに相続前3年内贈与の金額(1,500万円)を加算しますので、相続税の課税価格は1,500万円になります。

(参考) 債務の通算(相基通19-5)

法第19条の規定により相続開始前3年以内に贈与によって取得した財産の価額を相続税の課税価格に加算した場合においても、その加算した財産

> の価額からは法第13条第１項又は第２項に規定する控除はしないのである
> から留意する。

⑵　相続時精算課税により受贈した財産からの債務控除について

　相続税の計算において、債務控除の規定（相法13①②）では債務控除の
対象になる財産は「相続又は遺贈により取得した財産」（制限納税義務者
の場合は「相続又は遺贈により取得した財産でこの法律の施行地にあるも
の」）と規定（相法13①②）されています。ここでは、相続時精算課税に
より贈与を受けた財産から債務控除できる旨が規定されていません。

　では、相続時精算課税により贈与を受けた財産から債務控除することは
できないのでしょうか。

　この点については、相続時精算課税に関する規定において債務控除の対
象になる財産を次のように言い換えています。

　「相続又は遺贈により取得した財産〔でこの法律の施行地にあるもの〕
及び被相続人が第21条の９第５項に規定する特定贈与者である場合の当該
被相続人からの贈与により取得した同条第３項の規定の適用を受ける財産
（相法21の15②）」

㊟　〔　〕は制限納税義務者に該当する場合の規定に追記された文言です。

　したがって、相続時精算課税の適用により贈与を受けた財産も債務控除
の対象とされています。

　本件において長男は、相続により財産を取得していますので、長男が無
制限納税義務者であれば相続時精算課税を適用した財産（現金1,500万円）
から債務控除をすることができます。よって、相続税の課税価格は500万

円（賃貸マンション（2,000万円）＋相続時精算課税により受贈した現金（1,500万円）－借入金（3,000万円））になります。

以上より、相続発生前3年内贈与により相続財産に加算される贈与財産は債務控除の対象になりませんが、相続時精算課税により相続財産に加算される贈与財産は基本的に債務控除の対象になります。債務控除の取扱いは贈与税の申告の仕方により異なりますので、その点も踏まえて贈与の申告方式の選択をするとよいでしょう。

補論 **相続時精算課税の受贈者が制限納税義務者又は非居住者である場合の注意点**

相続時精算課税適用者が以下(イ)又は(ロ)に該当する場合には、相続時精算課税を適用した贈与により受贈した財産の価額から債務控除できる債務は以下の(i)～(v)の債務に限ります。

(イ)　相続又は遺贈により財産を取得しており、制限納税義務者である場合

(ロ)　相続又は遺贈により財産を取得しておらず、相続開始時において日本に住所を有しない場合

(i)　相続時精算課税により受贈した財産に係る公租公課

(ii)　相続時精算課税により受贈した財産を目的とする留置権、特別の先取得権、質権又は抵当権で担保される債務

(iii)　上記(i)(ii)に掲げる債務を除くほか、相続時精算課税により受贈した財産の取得、維持又は管理のために生じた債務

(iv)　相続時精算課税により受贈した財産に関する贈与の義務

(v)　上記(i)から(iv)の債務を除くほか、被相続人が死亡の際、日本に営業所

> 又は事業所を有していた場合においては、当該営業所又は事業所に係る
> 営業上又は事業上の債務

　仮に、長男及び被相続人である母が相続発生前10年以内に日本に住所を有していない等により長男が制限納税義務者に該当する場合は、賃貸マンションを取得するための借入金は相続時精算課税を適用した受贈財産（現金1,500万円）にとって、上記(i)～(v)に該当しないので相続時精算課税を適用した現金（1,500万円）から債務控除をすることは認められません。

　ただし、制限納税義務者であっても相続又は遺贈により取得した財産が国内財産である場合、当該国内財産に関する債務は債務控除の対象になりますので、相続により取得した賃貸マンション（2,000万円）から当該賃貸マンションを取得するための借入金（3,000万円）を債務控除することは可能であり、相続税の課税価格は1,500万円（ゼロ《賃貸マンション（2,000万円）－借入金（3,000万円）㈲》＋相続時精算課税により贈与を受けた現金（1,500万円））となります。

　㈲　マイナスはなかったものとされます。

補論　相続時精算課税の受贈者が相続人又は包括受遺者でない場合

　債務控除が適用されるのは、相続人若しくは包括受遺者に限られますので、相続時精算課税により贈与を受けた受贈者が例えば孫で、当該孫が相続人でも包括受遺者でもない場合には債務控除の対象にはなりません。

（参考）相続時精算課税適用者の債務控除（相基通13-9）

　法第21条の9第5項に規定する相続時精算課税適用者（以下「相続時精算課税適用者」という。）に係る法第13条の規定の適用については、当該相続時精算課税適用者の相続又は遺贈による財産の取得の有無に応じて、それぞれ次に掲げるとおりとなるのであるから留意する。

(1)　相続又は遺贈により財産を取得した相続時精算課税適用者（法第21条の15第1項に該当する者）　無制限納税義務者である場合には第13条第1項の規定、制限納税義務者である場合には同条第2項の規定が適用される。

　㊟　当該相続時精算課税適用者が、相続人に該当せず、かつ、特定遺贈のみによって財産を取得した場合には、同条の規定は適用されないのであるから留意する。

(2)　相続又は遺贈により財産を取得しなかった相続時精算課税適用者（法第21条の16第1項に該当する者）　当該相続に係る被相続人の相続開始の時において法施行地に住所を有する者である場合には第13条第1項の規定、法施行地に住所を有しない者である場合には同条第2項の規定が適用される。

　㊟　当該相続時精算課税適用者が、相続人又は包括受遺者に該当しない場合には、同条の規定は適用されないのであるから留意する。

15 - 3　債務免除

債務免除とは、どのようにするのでしょうか。

Answer

債務免除の仕方

　債権者が債務者に対してその意思を表示すれば成立します。ですから、債権者と債務者が合意することが要件ではなく、債権者の一方的な意思で行うことができ、債務者の承諾は必要とされていません。

解 説

債務免除について、民法において以下のように規定されています。

　債権者が債務者に対して債務を免除する意思を表示したときは、その債権は、消滅する（民法519）。

　債務免除の意思表示の仕方は、特段の様式が定められているわけではありませんが、後日問題になることを避ける意味で、書面で債務者に対して通知することが好ましいと思われます。

　さらに、できることならば意思表示がなされた日を明確にする観点から、債務者から受領書を受け取るか、内容証明郵便により通知すると良いと思われます。また、債務免除は遺言で行うこともできます。

15－3－1　贈与税が課される場合（個人間）

　父が子供に１億円を貸付け、子供は株式運用していましたが、運用に失敗し、返済が困難になったため、父は子供に対する貸付金を免除しました。

　この場合、どのような課税関係になるでしょうか。

Answer

　債務免除を受けた場合の債務者の課税関係は、以下になります。

債務免除の課税関係

【原則】　免除された金額を、債権者からの贈与とみなして贈与税が課されます。

【例外】　債務者が資力を喪失して、債務を弁済することが困難である場合、当該弁済が困難な部分の金額は贈与とみなされません。

解説

　債務者が債務免除を受けた場合、債務者は利益を受け取ります。これが所得税の対象になるのか、贈与税の対象になるのか論点になりますが、債務免除をしたのが個人である場合、原則として贈与税の対象になり、所得税は課税されません（相法８①、所法９①十六）。

　ただし、以下のような場合には、債務を弁済することが困難である部分の金額の免除については、贈与税も課されません（相法８①、相基通７－４、７－５、８－４、所法44の２①）。

①　資力を喪失している。

②　債務を弁済することが著しく困難である。

　ここで、「資力を喪失して債務を弁済することが困難である場合」とは、以下のように規定されています。

> 「資力を喪失して債務を弁済することが困難である場合」とは、その者の債務の金額が積極財産の価額を超えるときのように社会通念上債務の支払いが不能（破産手続開始の原因となる程度に至らないものを含む。）と認められる場合をいうものとする（相基通7-4）。

　つまり、債務超過であるか否かが一つの大きなポイントになると解釈されます。

　次に、贈与税が課されることがない「弁済することが困難である部分の金額」については、以下のように規定されています。

> 「債務を弁済することが困難である部分の金額」は、債務超過の部分の金額から、債務者の信用による債務の借換え、労務の提供等の手段により近い将来において当該債務の弁済に充てることができる金額を控除した金額をいうものとするのであるが、特に支障がないと認められる場合においては、債務超過の部分の金額を「債務を弁済することが困難である部分の金額」として取り扱っても妨げないものとする（相基通7-5）。

　ここでは、支障がない限り、債務超過部分の金額を弁済することが困難である部分と認めて、当該債務超過の金額については債務免除を受けても課税しない旨が示されています。

　なお、本来は、弁済することが困難である部分の金額とは、単に債務超過の金額ではなく、債務者の労務による収入等を勘案して判断すべきものですので、債務者に多額の収入がある場合には、当該収入による弁済額を

考慮すべきと考えられます。

| 補 論 | **遺言で債務免除した場合** |

　債務免除を遺言で行った場合には、免除を受けた者は、債権者から遺贈を受けたものとみなして相続税が課されます。ただし、本設例で紹介したように、資力を喪失して債務を弁済することが困難である場合には、課税がなされません。

15 - 3 - 2　法人税と贈与税が課される場合（個人⇒法人）

Ａさんは、同族会社（Ｘ社）に3,000万円を貸付けています。同族会社は資金繰りが厳しく、Ａさんは3,000万円を債務免除することにしました。

この場合、どのような課税関係になるでしょうか。

Answer

債務免除を受けた会社（Ｘ社）は、債務免除益（3,000万円）を計上します。また、Ｘ社が債務免除を受けることにより、Ｘ社の株式の価値が増加した場合には、Ａさんから当該増加した分に対して贈与がなされたものとみなして、株主（Ａさん以外の株主）に贈与税が課されます。

個人が同族法人に債務免除した場合

・個人（免除した者）…………課税なし

・法人（免除を受けた者）……利益を計上（法人税）

・同族会社の株主………………株式の価値が増加した場合、増加した部分
　　　　　　　　　　　　　　　の金額を債務免除者から贈与を受けたもの
　　　　　　　　　　　　　　　とみなして贈与税が課されます。

解 説

債務免除を受けた者は、経済的な利益を受けますので当該免除された金額を利益として計上します。免除を受けたのが法人であれば、免除益に対して法人税が課されます。仮に、法人において税務上の繰越欠損金があれば、欠損金と免除益を相殺することが可能です。他方で、免除した者（Ａさん）には特段課税はありません。

そして、免除を受けた会社が同族会社の場合、免除を受けたことにより

当該同族会社の株式の価値が増加した場合には、免除した者（Aさん）から同族会社の株主に、株式の価値の増加分の贈与があったものとみなして、贈与税が課されます。ここで、同族会社の株主は、一切の取引をしていないにも関わらず、課税が生じることがありますので注意を要します（「**Q 7　財産を取得していないのに相続税・贈与税が課される場合**」参照）。

15-3-3　所得税が課される場合（法人⇒個人）

　同族会社（X社）が、代表取締役であり同族株主であるAさんに対する貸付金1,000万円を債務免除しました。どのような課税関係になるでしょうか。

Answer

　X社は役員賞与として計上し、Aさんは役員賞与として所得税が課されます。

法人が個人に債務免除した場合

- ・法人（免除した者）…………個人に対する寄付となる（個人が法人の役員・従業員である場合は賞与（退職を起因としているならば退職金））。

- ・個人（免除を受けた者）……**（原則）**一時所得（個人が法人の役員・従業員である場合は給与所得（退職を起因としているならば退職所得））。

　　　　　　　　　　　　　　（例外）債務免除を受けた者が、資力を喪失して債務を弁済することが著しく困難である場合には、所得税は課されません。

解説

　X社は、債務免除をすることにより経済的利益をAさんに供与していますが、これはX社からAさんに対する役員賞与として処理されます。したがって、X社においては、役員賞与の損金不算入、及び当該金額に対する源泉徴収の問題が生じます。

　他方で、Aさんでは当該利益に対して所得税が課されますが、Aさんが資力を喪失して当該債務を弁済することが著しく困難である場合には所得税は課されません（所法44の2、所基通44の2-1）。

（参考）「資力を喪失して債務を弁済することが著しく困難」である場合の意義（所基通44の2-1）

　法第44条の2第1項《免責許可の決定等により債務免除を受けた場合の経済的利益の総収入金額不算入》に規定する「資力を喪失して債務を弁済することが著しく困難」である場合とは、破産法（平成16年法律第75号）の規定による破産手続開始の申立て又は民事再生法（平成11年法律第225号）の規定による再生手続開始の申立てをしたならば、破産法の規定による免責許可の決定又は民事再生法の規定による再生計画認可の決定がされると認められるような場合をいうことに留意する。

Chapter 6

その他資産税に
係る盲点

Q16 相続税関係

16 - 1 未収家賃・前受家賃の相続税申告における取扱い

Aさんは6月20日に亡くなりました。Aさんは賃貸不動産を複数所有しており、賃貸収入がありました。以下の賃料について相続税の課税対象になる価額はいくらになるでしょうか。

(1) 賃料前払契約

当月分の賃料を前月末に支払う賃貸契約に基づき、5月末が支払期日の6月分の賃料（21万円）を5月末に受領している。

(2) 賃料後払契約

当月分の賃料を当月末に支払う賃貸契約に基づき、6月分の賃料は6月末に30万円受領する予定で、相続発生時において未収である。

Answer

原則として、相続発生時点において支払期日が到来しているものが相続税の課税価格に算入されます。

(1) 相続発生時に既に受領している6月分の賃料（21万円）の全額が現預金として相続税の課税価格になり、期間未経過の6月21日から6月30日の期間に相当する賃料を課税価格から減額することはできません。

(2) 6月の賃料の支払時期は到来していませんので、6月分の賃料について相続税の課税価格に算入される金額はありません。6月1日から6月20日までの賃料に相当する金額を相続財産に算入する必要はありません。

前受家賃（負債）や未収家賃（資産）の相続税の課税価格計算上の注意点

　賃貸契約において決められた支払期日が到来したものが相続財産に算入されます。そこで経過勘定である前受家賃や未収家賃は無視されますが、以下のものについては注意が必要です。

①　支払期日が到来しているにも関わらず受け取っていない賃貸料

　……債権として相続税の課税価格に算入します。

②　支払期日が到来する前に受け取った賃貸料

　……前受金又は預り金として債務控除の対象になります。

解　説

(1)　相続発生時点において未経過の６月21日から６月30日までの賃料相当額（７万円）は返還する義務がある被相続人の債務ではありませんので債務控除することはできません。したがって、既に受領している６月分の賃料21万円の全額が（預金として受領しているのであれば預金として）相続税の課税価格に算入されます。

　仮に、当該６月分の賃料（支払期日が５月末）が相続発生時において未受領であった場合、相続発生時において６月分の家賃を受け取る権利が確定しているので全額（21万円）を債権として相続財産に計上する必要があります。なお、上記と同様に未経過の賃料相当額を債務控除することはできませんので未入金であったとしても相続税の課税価格は変わりません。

　また、７月分の賃料を６月末に支払う契約において、支払期日より前の６月20日に既に支払われて被相続人が受領していた場合には、当該７月分の賃料分だけ預金が増額しますが、支払期日が到来していませんので同額を前受金あるいは預り金として債務控除することができ、相続発

生時において支払期日が到来していない７月分の賃料相当額は相続税の課税価格に算入されません。ただし、７月分の賃料の契約上の支払期日が６月20日で、同日に支払われている場合には相続発生日において７月分の賃料相当額を返還する義務はありませんので債務控除することはできず７月分賃料相当額は預金として相続税の課税価格に計上されます。

(2)　６月１日から６月20日までの賃料相当額については、相続発生日において支払期日が到来していませんので、以下の質疑応答にあるとおり相続税の課税価額に算入する必要はありません。

（参考）　支払期日未到来の既経過家賃と相続財産〜国税庁のＨＰより〜

【照会要旨】

　アパートの賃貸を業務としている者が本年４月24日に死亡しました。

　賃貸借契約において、そのアパートの賃貸料の支払期日は、毎月の末日とする旨が明定されており、その契約に従って賃貸料が支払われてきました。未収家賃はありません。

　この場合、４月分の家賃は、４月30日に相続人が収受しましたが、その家賃のうち４月１日から24日までの期間に対応する既経過分の家賃については、相続税の課税価格に算入する必要がありますか。

【回答要旨】

　死亡した日においてその月の家賃の支払期日が到来していない場合は、既経過分の家賃相当額を相続税の課税価格に算入しなくて差し支えありません。

　以上、所得の計算に当たっては収益を期間対応させて未収収益（資産計上）や前受収益（負債計上）を認識している場合であっても相続税の課税価格の計算上は無視されます。ただし、支払期日が到来しているにも関わらず受領していない未収入金は相続税の課税価額に算入し、支払期日が到来していないにも関わらず受領している前受金は債務控除することができます。

16 - 2　固定資産税の相続税申告における取扱い

　Aさんは平成31年1月24日に亡くなりました。Aさんが所有している不動産にかかる平成31年度の固定資産税の納税通知書はまだ届いていません。また、平成30年度の固定資産税の第四期の納付分（納付期限は平成31年2月1日〜2月末）はまだ支払っていませんでした。

⑴　Aさんの相続税申告に当たって、以下の固定資産税を債務控除することはできますか。

⑵　Aさんの準確定申告において以下の固定資産税は経費とすることができますか。

　　①　平成30年度の第四期の未納付固定資産税（平成30年のAさんの所得税の申告において経費として計上していません。）

　　②　平成31年度の未納付固定資産税

Answer

　相続における固定資産税の取扱いは以下のようになります。

相続における固定資産税の取扱い

⑴　債務控除について……以下が債務控除の対象になります。

　　①　前年以前の固定資産税の未納付金

　　②　相続発生年度の未納付の固定資産税（納税通知が届いていなくても債務控除の対象になります。）

⑵　被相続人の準確定申告について……固定資産税の経費計上の時期は以下の選択が可能です。

　　①　納税通知書が到達した時期

　　②　4回に分割された固定資産税の納期のそれぞれの納期の開始の日

---

③　実際に固定資産税を納付した日

(1)　債務控除について

　相続発生時において未納付の平成30年の固定資産税の第四期分及び平成31年の固定資産税を債務控除することができます。したがって、①②共に債務控除することができます。

(2)　経費計上の時期について

　経費に未計上の平成30年の固定資産税の第四期分は、第四期の固定資産税の納期の開始の日か実際に納付した日に経費計上することになります。被相続人の準確定申告（計算期間１月１日〜１月24日）においては上記いずれの日も到来していませんので経費に計上することはできません。また、平成31年度の固定資産税についても納税通知書が到来していませんし、もちろん納期も到来していません。もちろん、納税もされていませんので経費に計上することはできません。以上より、①②のいずれも被相続人Ａさんの準確定申告において経費に計上することができず、相続人の所得税の申告において経費計上することになります。

解　説

　固定資産税については賦課期日（１月１日）に納税義務が確定し、賦課決定日（自治体により異なりますが５月から６月頃）に具体的に税額が確定します。ここで賦課決定日とは、固定資産税の納税通知書の到達日と考えられます。

(1)　債務控除について

　未納付の固定資産税のうち、被相続人の死亡の時に納税義務が確定して

いるものについては債務控除の対象になります（相法14①②、相令3①）。平成31年度の固定資産税について納税義務が確定するのは平成31年1月1日ですので、相続発生時点において具体的納税額は確定していませんが、その後送られてくる固定資産税の納税通知書に記載されている金額を債務控除することができます。また、相続発生時において平成30年度の固定資産税の第四期の納付分について未払であった場合、これも当然債務控除することができます。

> (注)　法人の株式評価に当たり、純資産価額の計算において固定資産税を負債に計上できる基準は上記債務控除の基準と同様です（財基通186(2)）。したがって、相続発生日の貸借対照表を基準に純資産価額を計算する場合は、未払計上されていない固定資産税であっても上記基準に従って負債に計上できることになります。
>
> 　なお、純資産価額を直前決算期末の資産・負債を対象に計算している場合は注意が必要です。評価会社が仮決算をしていないため課税時期の資産・負債が明確でない場合で、直前決算期末から課税時期までの間に資産・負債に著しい変動がなく評価額の計算に影響が少ないと認められる場合には、直前決算期末の資産・負債を対象に計算することになります。このような場合、直前期末日以前に賦課期日があった固定資産税のうち未払となっている金額を負債の帳簿価額及び相続税評価額のいずれにも記載することができます。

⑵　所得税における経費計上について

　固定資産税を必要経費に計上する時期については、原則として以下のように規定されています。

> 　その年の12月31日（年の中途において死亡し又は出国をした場合には、その死亡又は出国の時。以下この項において同じ。）までに申告等により納付すべきことが具体的に確定したもの（所基通37-6）

　つまり、原則として相続発生時までに具体的に確定している固定資産税は経費に計上することになります。ここで、具体的に確定する時とは、固定資産税については納税通知書が到達した時で判断するものとされています。したがって、固定資産税の納税通知書が到達した日の属する課税期間に固定資産税の年額を経費計上することになります。ただし、以下のような例外的な処理も認められています。

---

(3)　賦課課税方式による租税のうち納期が分割して定められている税額

　　各納期の税額をそれぞれ納期の開始の日又は実際に納付した日の属する

　　年分の必要経費に算入することができる（所基通37-6(3)）。

　固定資産税の場合、納期が4回に分割されています。そこでそれぞれの納期の開始の日に経費計上するか、又は実際に納付した日に経費計上することも認められています。

　本件では、平成30年度の固定資産税の第四期の納税分は納税通知書が到達した平成30年度の所得の計算に当たって経費に計上することもできますが、事例では平成30年の経費にしていないということですので、納期の開始の日（2月1日）又は実際に支払った日の経費となります。被相続人Aが亡くなったのは平成31年1月24日ですので、Aさんの準確定申告では経費に算入できず、相続人の確定申告において経費に計上することになります。また、平成31年度の固定資産税については、相続発生日においてまだ納税通知書が到達していませんので、被相続人Aの所得計算上の経費にならず、相続人の所得の経費に計上されます。

　なお、被相続人において経費に計上された固定資産税については、相続人において経費計上することができないのは当然です。また、法人における固定資産税の経費計上基準も所得税と同様です（法基通9-5-1(2)）。

Q17 贈与税関係

17-1 祖父母が孫の教育費を負担する場合

　親が子供の教育費を負担しても子供に対して贈与税が課されることはありませんが、同居しておらず生計を一にしていない祖父母が孫の教育費を負担した場合、贈与税はかからないのでしょうか。

Answer

　祖父母が孫の生活費や教育費を負担しても、同居や生計を一にするか否かに関わらず贈与税は課されません。

解説

　生活費や教育費に充てるための贈与で、贈与税が課されないものについては相続税法において以下のように規定されています。

贈与税が課されない生活費、教育費の要件について

　扶養義務者（注1）相互間において生活費（注2）又は教育費（注3）に充てるため（注4）にした贈与により取得した財産のうち通常必要（注5）と認められるもの（相法21の3①二）

（注1）　「扶養義務者」とは、以下の者をいいます（相基通1の2-1）。

　　① 配偶者
　　② 直系血族
　　③ 兄弟姉妹
　　④ 家庭裁判所の審判を受けて扶養義務者となった三親等内の親族

⑤　三親等内の親族で生計を一にする者

　　　祖父母が孫に教育費を贈与した場合、祖父母は直系血族に当たり、扶養義務者に該当します。同居や生計を一にするか否かは要件になっていませんので、祖父母からの教育費の贈与に対して贈与税が課されることはありません。

（注２）　「生活費」とは、その者の通常の日常生活を営むのに必要な費用（教育費を除きます。）をいい、治療費、養育費その他これらに準ずるもの（保険金又は損害賠償金により補填される部分の金額を除きます。）を含むと規定されています（相基通21の３−３）。

（注３）　「教育費」とは、被扶養者の教育上通常必要と認められる学資、教材費、文具費等をいい、義務教育費に限らないと規定されています（相基通21の３−４）。

（注４）　生活費又は教育費に充てるためのものとして贈与税の課税価格に算入しない財産は、生活費又は教育費として必要な都度直接これらの用に充てるために贈与によって取得した財産をいうものとする。したがって、生活費又は教育費の名義で取得した財産を預貯金した場合又は株式の買入代金若しくは家屋の買入代金に充当したような場合における当該預貯金又は買入代金等の金額は、通常必要と認められるもの以外のものとして取り扱われ、贈与税の課税対象になります（相基通21の３−５）。

（注５）　「通常必要と認められるもの」とは、被扶養者の需要と扶養者の資力その他一切の事情を勘案して社会通念上適当と認められる範囲の財産をいうものとされています（相基通21の３−６）。

　以上より、通常必要と認められる生活費や教育費には贈与税は課されません。ここで、「通常必要と認められるもの」とは、具体的にどこまでなのかが疑問になります。

　例えば、子供が医学部へ進学又は外国に留学し、この授業料や留学費用を祖父母が負担することがあります。通常、医学部への進学費用や外国の大学への留学費用は多額になりますが、これらは「通常必要と認められるもの」と認められ、贈与税の対象となることは基本的にはないと思われます。

　しかし、子供に車を買い与えたような場合は、通常、生活費の範囲を超

えていると思われますので贈与税の課税対象になることもあり得ると思います。他方で、子供が親から資金の援助を受けて車を購入するのではなく、親自身が購入した車を子供に無償で使用させる場合には、当然のことながら贈与税は課されません。

　また、生活費や教育費を親や祖父母等が負担する場合には、親や祖父母が直接支払うか、必要となる金額だけを子供の口座に移して、速やかに子供の口座から支払われるようにするとよいでしょう。生活費や教育費の目的で子供や孫の口座に異動した金銭であっても、別の用途（株式、不動産等の購入）に消費されてしまったり、消費されずに預貯金に預け入れられたままの状態であった等、異動した金銭が何に使われたのか明確でない場合には、贈与税の課税対象だと指摘を受ける可能性があります。

補 論　生活費や教育費の支援を受けた子供に係る所得税

　本問で検討したように、子供の生活費や教育費を親等が負担しても贈与税は課されませんが、他方で所得税が課されるのではないだろうかと疑問に思うかもしれません。これについては所得税が課されないものが列挙されており、以下の記述があります（所法9①十五）。

> **所得税が課されない生活費、教育費について**
>
> 　学資に充てるため給付される金品（給与その他対価の性質を有するものを除く。）及び扶養義務者相互間において扶養義務を履行するため給付される金品

　以上より、教育費や扶養義務の履行として生活費の補填を受けた場合は、所得税の課税対象にはなりません。

17-2 無利息で借入する場合

　子供の事業において資金が不足したので、親から無利息で借入をしました。税務上、問題になるでしょうか。

Answer

　以下の場合を除き、利息相当額の利益が子供に贈与されたものとみなして、子供に贈与税が課されます。

無利息借入をした場合、金利相当額が贈与とみなされない場合

① 利益を受ける金額が少額である場合

　　　　　又は

② 課税上弊害がないと認められる場合

解説

　夫と妻、親と子、祖父母と孫等の特殊の関係がある親族間では、金銭を無利息で貸付けること、土地や家屋を無償で貸付けることがあります。このような場合、無償で金銭を借り入れした者や、土地や家屋を無償で借り入れたものは、利息、地代や家賃に相当する金額の贈与を受けたものとみなして贈与税が課されることになります（相法9）。この規定は、贈与契約の有無という私法上の形式にとらわれず、経済的実質に応じて贈与税を課すことを趣旨として設けられた規定です。

　ただし、利益を受ける金額が少額である場合又は課税上弊害がないと認められる場合には、贈与税を課さなくてもよいとされています（相基通9-10）。

　金額が少額である場合とは、具体的にどの程度の金額を意味しているの

か明確になっていませんが、暦年贈与による基礎控除の金額（110万円）
程度であれば、少額として許容されていることが多いと思われます。

　また、課税上弊害がない場合とは、租税回避の意図の有無を問題にして
いるのでなく、その行為を容認して課税を行わなかった場合に課税の公平
性が保てないような場合を言っているものと考えられます。課税上弊害が
あるかどうかは主観的な問題であり、判断が分かれることがあり、一概に
判断基準を示すことは困難です。したがって、個別具体的事情に応じて判
断されると考えられます（適正な利息については17-2-1を参照）。

相続税法基本通達9-10（無利子の金銭貸与等）

9-10　夫と妻、親と子、祖父母と孫等特殊の関係がある者相互間で、無
　　利子の金銭の貸与等があった場合には、それが事実上贈与であるのに
　　かかわらず貸与の形式をとったものであるかどうかについて念査を要
　　するのであるが、これらの特殊関係のある者間において、無償又は無
　　利子で土地、家屋、金銭等の貸与があった場合には、法第9条に規定
　　する利益を受けた場合に該当するものとして取り扱うものとする。た
　　だし、その利益を受ける金額が少額である場合又は課税上弊害がない
　　と認められる場合には、強いてこの取扱いをしなくても妨げないもの
　　とする。

補論　返済能力がない者への貸付と贈与税

　無利息で金銭を借り入れた際に、借入れた者の財産や収入の状況から鑑
みて、明らかに返済できないと認められる場合には、形式的に借入れた形
態をとっていても、実質的には贈与されたものと認めて贈与税が課される
ことがあります。

　子供が親から事業用資金を借入れた場合で、かつ、親と子供が生計を一にしている場合には、子供が親に対して利息を支払っているか否かに関わらず、当該支払利息は子供の事業所得の計算に当たり、経費に算入することはできません。

　なお、贈与税においては利息相当額に対して子供に贈与税が課され、所得税においては当該利息が経費にならないのでは、実質的に二重課税ではないかという指摘もありますが、所得税の計算に当たって利息相当額が収入金額に加算されているわけではないので二重課税にならないと判断されています（国税不服審判 平成元年6月16日裁決）。

17－2－1　適正な利率とは

親族間で金銭の貸借をする際の利率はどのように決めればよいでしょうか。

nswer

税務上、特段の規定はありませんが、以下に具体的な考え方を示します。

親族への適正な貸付利率の考え方

1．親族への貸付者が他から借入により資金調達して貸付けていることが明らかな場合は、当該調達利率

2．上記１以外の場合で、貸付者が複数の借入をしていたりして親族への貸付けとの間で資金の紐付けが明確でない場合には、親族への貸付けを行う者の資金調達の平均借入利率などの合理的な利率

3．親族への貸付者が借入をしていない等、上記1, 2の利率がわからない場合

　①　金融機関等から借入を行ったと仮定した場合に適用される利率

　②　民法で定める法定利率……５％（現行民法404条㈲）

　　㈲　2020年４月１日に改正民法が施行されると３％になります（３年毎に見直しされます。）。

　③　特例基準割合（前年９月までの１年間の各月の短期貸付けの平均利率に１％を加えた利率）

　　㈲　2018年及び2019年の金銭の貸付けに適用される特例基準割合は1.6%です。

解 説

　親族間で金銭の貸借をする場合に設定すべき利率について、税務上特段の規定はありません。そこで、貸付ける者の事情及び借り入れする者の事情を勘案し、常識的判断をもって利率を定める必要があります。

(1)　**親族へ貸付けを行うために他社から資金調達をしている場合**

　他者から資金調達をして、親族に金銭を貸付けている場合には、調達利率よりも低い利率で金銭を貸付けるならば当該調達利率と親族への貸付利率との差に相当する利息を実質的に親族へ贈与していると認められ、親族から借入を行った者が贈与を受けたとみなされます。

　そこで、贈与とみなされないための親族への貸付利率は、そのために借入した利率を基準として定めるとよいでしょう。また、他から資金調達する際に担保提供しており、これを親族に無担保貸付けする場合には、親族のために担保提供しているので、資金調達利率に若干の上乗せをするのが合理的だと考えられます。しかし、他から資金調達する条件と、親族に貸し付ける条件が同じであれば調達利率で親族に貸付けを行うことも合理的と考えられます。

(2)　**上記(1)以外の場合で、親族への貸付者が複数の借入をしている場合**

　親族への貸付けと、そのための資金調達が直接は紐付いてはいないけれど、複数の借入が間接的に関係しているような場合には、平均借入利率などの合理的な利率で貸付けをすれば贈与とみなされることを避けることができます。

(3)　**上記(1)(2)以外の場合**

　上記(1)(2)以外の場合は、それが不相当と認められなければ以下の①から

③の利率で貸付けを行うことが認められると考えます。

① 想定借入利率

　　金融機関等の特殊の関係がない者から親族が借入を行った場合に、通常適用される利率が推測でき、当該利率で貸し付けるのであれば贈与とみなされることはないと考えます。なお、このような利率が不明瞭な場合には、以下②③の利率を検討してもよいでしょう。

② 法定利率

　　民法で定める法定利率とは、利率の定めがない取引や、不法行為による損害賠償請求権や不当利息の返還請求権等の遅延損害金に適用される利率です。現行民法の法定利率は5％ですが、改正民法の施行（2020年4月1日）により3％に変更され、定期的に見直されることになっています。具体的には、3年毎に短期貸付の平均利率の過去5年間の平均値（0.1％未満の端数切捨）が法定利率と1％以上解離した場合、1％単位で調整し変更されます。

③ 特例基準割合

　　特例基準割合とは、利子税等を計算する際に適用される利率のことで、2018年及び2019年の貸付けに適用される特例基準割合は1.6％でした。具体的な計算方法は以下に規定されています。

（参考）　特定基準利率とは（措法93②）

　各年の前々年の10月から前年の9月までの各月における短期貸付けの平均利率（当該各月において銀行が新たに行った貸付け（貸付期間が1年未満のものに限る。）に係る利率の平均をいう。）の合計を12で除して計算した割合（当該割合に0.1パーセント未満の端数があるときは、これを切り捨てる。）として各年の前年の12月15日までに財務大臣が告示する割合に、年1パーセントの割合を加算した割合をいう。

補 論　役員や使用人に無利息や低利で金銭の貸付をした場合の所得税

　使用者が役員や使用人に金銭を無利息又は通常より低い利率で貸付けた場合、実質的に経済的な利益を受けることになる役員や使用人に対して所得税が課されます（所法36①、所基通36-15(3)）。ここで、役員や使用人が受ける経済的利益（利息相当額）を算定する際の適正な利率については、当該貸付けのために資金調達しているならば当該調達利率を適用するものとし、そうでない場合には特例基準割合で計算することが認められています（所基通36-49）。また、平均借入利率等の合理的に算定した利率を適用することも認められます（所基通36-28）。

17 - 3　子供が居住する家賃を親が負担する場合

　子供が居住する住宅の家賃を親が支払っている場合、当該家賃相当額が親から子供への贈与として課税されますか。

Answer

　社会通念上適当と認められる範囲の家賃であれば贈与税の対象になりません。なお、職に就き独立して生計を立てられる資力がある子供の家賃を親が負担している場合には、贈与税の課税対象と指摘される可能性が高いでしょう。

解 説

　子供が居住する住宅の家賃を親が負担した場合について、国税庁が公表している質疑応答（「扶養義務者（父母や祖父母）から「生活費」又は「教育費」の贈与を受けた場合の贈与税に関するQ＆A」について（情報））に以下のような記述があります。

> 子が自らの資力によって居住する賃貸住宅の家賃を負担し得ないなどの事情を勘案し、社会通念上適当と認められる範囲の家賃等を親が負担している場合には、贈与税の課税対象となりません。

　例えば、留学している子供の家賃を親が負担した場合、子供は学生で資力はありませんので贈与税の対象にならないと考えられますが、社会人になり独立して生計を立てられる資力がある子供の家賃を親が負担している場合には贈与税の対象になる可能性があります。

　また、留学中の子供の家賃を負担する時に、社会通念上認められないよ

うな豪華な住居の家賃を負担している場合は注意が必要です。ところで、社会通念上認められる範囲とはどの程度なのかについて具体的な基準は示されていません。税務当局の担当者により見解が異なることもあり得る判断に困る論点です。

17 - 4 　親が所有する建物に無償で子供が居住する場合

　親が所有する建物に子供が無償で居住した場合、税務上問題が生じるで
しょうか。

Answer

　基本的に問題とされていないようです。

解 説

　無償で家屋の貸与があった場合には、貸与を受けた子供が受けた利益は
贈与によるものとみなして贈与税が課されるのではないかという論点が生
じます。

　これについては、利益を受ける金額が少額である場合又は課税上弊害が
ないと認められる場合には、贈与税を課さない旨が記載されています（相
基通 9 -10)。

　実務上、親や祖父母が子や孫の居住環境を提供することは通常、課税上
弊害がないものとして贈与税を課す取扱いはなされていないようです。

17 - 5　親が所有する土地を子供が無償で借り受ける場合

　親が所有する土地を、子供が建物の所有を目的として無償で借り受けた場合、以下の取扱いはどうなるでしょうか。

⑴　子供に借地権が移転したものとみなして贈与税が課されるか。

⑵　子供が、土地の適正な地代相当額の贈与を受けたものとして贈与税が課されるか。

Answer

⑴　無償で土地を借りた場合、使用権の価値はないとして贈与税は課されません。

⑵　課税をしなくても、課税上弊害がないと認め、贈与税は課されません。

解　説

　親族間であると、土地を無償で貸借することがあります。この場合に贈与税が課されるのではないかと心配になります。

⑴　借地権の認定課税について

　使用貸借により土地を借り受けた場合、土地の借り受けの対価として通常権利金を支払う取引慣行がある地域であったとしても、使用貸借に係る使用権の価額はゼロとして贈与税は課されません（使用貸借通達１）。

　なお、使用貸借とは、無償で使用及び収益した後に返還する契約（民法593）で、土地を無償で借り受ける場合はもちろんですが、土地の固定資産税相当額程度の授受があるものも使用貸借と考えられます。ただし、土地の地代が無償であっても権利金等の経済的利益の授受が別になされている場合には使用貸借に該当しません。

本件は、無償で土地を借り受けており、別途金銭等の授受も行っていないので使用貸借に該当します。したがって、土地の使用権の価値はゼロとして贈与税は課されません。

(注)　昭和46年までは使用貸借であっても贈与税の対象として取り扱われていたことがありました。

(2)　地代の認定課税について

夫と妻、親と子、祖父母と孫等の特殊の関係がある者相互間であるか否かに関わらず、無償で金銭や不動産の貸与があった場合には、無償で借りた者が適正な利息や地代及び家賃に相当する金額の利益を贈与により受けたものとみなして贈与税を課すことにしています（相法9）。

ただし、当該利益が少額である場合や課税上弊害がないと認められる場合には贈与税を課さないものとして取り扱われています（相基通9-10）。そして、建物等の所有を目的とする土地の使用貸借があった場合には、課税上弊害がない場合に該当するものと認め、贈与税を課さない取扱いがなされています（使用貸借通達の運用について2(1)）。

補論　借地権を無償で転借する場合

借地権を無償（使用貸借）で転貸する場合は、借地権者が本件土地に建てられている建物に居住している場合を除き、課税上弊害があると認めて贈与税が課されます。これは、土地の所有者に対して地代を支払っている借地権者が、当該借地権を無償で貸付けることは、借地権者から転借した建物所有者に利益が供与されていることが明らかですので、当該供与された利益に相当する金額に対して贈与税が課されます。

使用貸借通達（使用貸借による土地の借受けがあった場合）

1　建物又は構築物（以下「建物等」という。）の所有を目的として使用貸借による土地の借受けがあった場合においては、借地権（建物等の所有を目的とする地上権又は賃借権をいう。以下同じ。）の設定に際し、その設定の対価として通常権利金その他の一時金（以下「権利金」という。）を支払う取引上の慣行がある地域（以下「借地権の慣行のある地域」という。）においても、当該土地の使用貸借に係る使用権の価額は、零として取り扱う。

　この場合において、使用貸借とは、民法（明治29年法律第89号）第593条に規定する契約をいう。したがって、例えば、土地の借受者と所有者との間に当該借受けに係る土地の公租公課に相当する金額以下の金額の授受があるにすぎないものはこれに該当し、当該土地の借受けについて地代の授受がないものであっても権利金その他地代に代わるべき経済的利益の授受のあるものはこれに該当しない。

使用貸借通達の運用について

2　使用貸借による土地の借受け又は借地権の転借があった場合の経済的利益

　次に掲げる場合における昭和34年1月28日付直資10「相続税法基本通達」（以下「基本通達」という。）9-10のただし書の「課税上弊害がないと認められる場合」及び「その利益を受ける金額が少額である場合」の取扱いについては、次によること。（昭57直資2-179改正）

(1)　建物等の所有を目的とする土地の使用貸借による借受けがあった場合には、「課税上弊害がないと認められる場合」に該当するものとする。

(2)　建物等の所有を目的とする借地権の使用貸借による転借があった場合には、当該土地の上に存する当該転借人の所有に係る建物に、その

> 土地の借地権者が居住しているものを除き、「課税上弊害がないと認められる場合」に該当しないものとする。
>
> (3)　上記(2)の「課税上弊害がないと認められる場合」に該当しない場合における転借者が受ける利益の額は、借地権者が実際に負担している地代相当額によるものとし、その額がおおむね年額40万円以下であるときは、当分の間「その利益を受ける金額が少額である場合」に該当するものとする。

(注)　使用貸借通達の運用について 2(3)において、使用貸借により供与される利益の金額が少額である場合の基準として、利益の額がおおむね年額40万円以下である旨が記載されていますが、本通達が公表された当時の暦年贈与の基礎控除の金額が40万円であったのでこのような規定になったものと推測されます。現在の贈与税の基礎控除の金額は110万円ですので、供与される利益の金額がおおむね年額110万円以下である場合には、利益の金額が少額であると解して贈与税を課さないと読み替えることも理に適っていると考えられます。

補論　使用貸借している土地に係る固定資産税等の経費性

　使用貸借している土地の固定資産税等の経費は、所得税の計算に当たって不動産所得の経費に算入されません。

　そもそも不動産所得とは、不動産等の貸付けによる所得（所法26）であり、不動産等を使用収益させてその対価を得ることを目的とする行為から生じる所得です。使用貸借の場合、対価を得ることを目的とするものではなく、仮に固定資産税程度の賃料を受け取っていたとしてもこれは不動産の貸付けの対価というよりも損失の補償又は使用許諾に対する謝礼という意味あいのものであり不動産所得に該当しないと解されます。したがって、使用貸借にかかる不動産の固定資産税等の経費（建物を使用貸借している場合は減価償却費を含みます。）は不動産所得の経費にはなりません。使

用貸借にかかる固定資産税等を不動産所得の経費に計上してしまっている
ケースも散見されるようですので注意が必要です。

　なお、生計を一にする親族内で不動産が使用貸借された時、使用貸借に
より借り受けた者が当該不動産を事業に供している場合には、所得合算課
税により所得が計算されますので、当該借り入れしている者の事業所得、
不動産所得の計算に当たって支払賃借料は経費に算入されませんが、当該
不動産に係る固定資産税等の経費を算入して計算することは可能です(18-
1参照)。

Q18　所得税関係

18-1　所得計算されない収入・費用(生計一内での支払い)

　父は自分の事業に利用している建物及びその敷地を生計を一にする長男に贈与しました。その上で、父は長男との間で賃貸契約を締結して、父は建物の賃貸料を長男に年間300万円支払っています。父の所得税の計算に当たって、長男に支払った建物の賃貸料は経費にならないと聞いたのですが、本当でしょうか。

Answer

　生計を一にする親族間で不動産を賃貸した場合、賃貸料の支払い及び受け取りはなかったものとして賃借人及び賃貸人の所得を計算します。

　なお、本来は賃貸人(長男)において計上されるべき経費(固定資産税等)は賃借人(父)の所得の計算上経費に算入されます。

① 　父の課税関係

　　父が長男に支払った賃借料(300万円)は、父の所得の計算上経費になりませんが、長男が負担している当該建物とその敷地の固定資産税は父の所得の計算上経費にすることができます。

② 　長男の課税関係

　　父から受領した賃貸料(300万円)は長男の課税所得の計算に算入しません。なお、父に賃貸した建物及びその敷地の固定資産税も課税所得の計算に当たり経費になりません。

　事業に要した費用は、所得税の計算において経費になりますので、原則として、事業に利用する建物を賃借した場合、当該賃借料は父の所得の計算に当たっては経費になります。ところが、生計を一にする親族間でのやり取りに関しては例外規定が設けられています。

　これは、日本の所得税の税制の歴史が関係しています。戦前における所得税の規定において世帯単位課税制度（同居する親族の所得を合算して累進税率を適用して所得税を計算する制度）が導入されていましたが、戦後、現行の個人単位課税制度に移行するに当たり、所得が少ない親族に所得を分散することにより累進税率が低いところで課税を受けて税負担の軽減を図る節税を防止する規程が導入されました。これが現行の所得税法56条になっています。所得税法56条の内容は、生計を一にする親族間で、不動産所得、事業所得又は山林所得を生ずべき事業に従事したこと等により、経費の授受をした場合の所得計算は、経費を支払う者に合算して計算しましょうというものです。

　具体的には以下のとおりです。

生計を一にする親族間で経費の支払いがあった場合の処理

① 経費を支払う者の取扱い

・ 支払った経費は所得の金額の計算に当たり経費に算入しない。

・ 経費を受け取る者の所得の計算に当たって必要経費に算入されるべき金額（以下②により経費を受け取る者の所得の計算に当たって経費になりません。）は、経費を支払った者の必要経費に算入する。

② 経費を受け取る者の取扱い

・ 受け取った金額は所得の金額の計算上、ないものとみなす。

・ 本来、受け取った金額に係る経費に算入されるべき金額は、ないものとみなす。

事業から対価を受ける親族がある場合の必要経費の特例（所法56）

　居住者と生計を一にする配偶者その他の親族がその居住者の営む不動産所得、事業所得又は山林所得を生ずべき事業に従事したことその他の事由により当該事業から対価の支払を受ける場合には、その対価に相当する金額は、その居住者の当該事業に係る不動産所得の金額、事業所得の金額又は山林所得の金額の計算上、必要経費に算入しないものとし、かつ、その親族のその対価に係る各種所得の金額の計算上必要経費に算入されるべき金額は、その居住者の当該事業に係る不動産所得の金額、事業所得の金額又は山林所得の金額の計算上、必要経費に算入する。この場合において、その親族が支払を受けた対価の額及びその親族のその対価に係る各種所得の金額の計算上必要経費に算入されるべき金額は、当該各種所得の金額の計算上ないものとみなす。

㊟　「生計を一にする」については**18-1-1**を参照してください。

　以上より、長男は不動産を父に賃貸して賃貸料を受領しても所得税が課されません。他方で、父が長男に支払った賃借料は経費になりませんが、本来長男の不動産所得の経費になるべき当該不動産の固定資産税や減価償却費は父の所得の金額の計算上経費に算入されます。

　なお、この税務上の取扱いは、経費の授受を禁ずるというものではなく、私法上は経費の授受は認めるけれど、税務計算においては通常と異なる取扱いをするというものです。

補論　使用貸借と所得合算税制

　本問の事例において、長男が父に無償で建物を賃貸していた場合においても、有償で賃貸していた場合と同様に長男が負担する当該建物とその敷地に係る固定資産税や減価償却費は父の所得の金額の計算に当たって経費となります（所基通56-1）。

> **親族の資産を無償で事業の用に供している場合（所基通56-1）**
>
> 　不動産所得、事業所得又は山林所得を生ずべき事業を営む居住者と生計を一にする配偶者その他の親族がその有する資産を無償で当該事業の用に供している場合には、その対価の授受があったものとしたならば法第56条の規定により当該居住者の営む当該事業に係る所得の金額の計算上必要経費に算入されることとなる金額を当該居住者の営む当該事業に係る所得の金額の計算上必要経費に算入するものとする。

　なお、無償で建物を賃貸した場合には、無償で借りた者は利益を受けますが、当該利益が少額である場合又は課税上弊害がないと認められる場合を除き、無償で借りた者（本問では父）が経済的利益の贈与を受けたものとみなして贈与税が課されることがありますので注意が必要です（相基通9-10）。

補論　所得合算税制が適用される経費の内容

　上記に記載した生計を一にする親族へ経費の支払いがある場合に所得合算して所得を計算する特例（所法56）は、不動産の賃貸料の支払いのほか、給与の支払い、利息の支払い、業務委託料の支払等、事業に従事したことその他の事由により当該事業から対価の支払を受ける場合を広く含んでいます。

　弁護士が税理士である妻に支払った税理士報酬に対して当該特例が適用されるか争われた事例では、第一審では「事業に従事したことその他の事由により当該事業から対価の支払を受ける場合」の立法趣旨は「親族が、事業自体に何らかの形で従たる立場で参加するか、又は事業者に雇用され、従業員としてあくまでも従属的な立場で労務や役務の提供を行う場合や、これらに準ずるような場合を指し、親族が、独立の事業者として、その事業の一環として納税者たる事業者との取引に基づき役務を提供して対価の支払を受ける場合については、同条の上記要件に該当しないものというべきである。」と通常の経費と同様に経費計上を認めましたが、控訴審、最高裁では判断が変わり、「居住者と生計を一にする親族という特殊の関係に基づく所得分割による租税負担回避を防止するため、配偶者又は親族たる家族構成員が納税者の事業に雇用されている場合に限定することなく、対価の支払いを受ける場合に同条の適用があるものとしている」と所得税法56条の適用を認め、経費計上ができないと判断されました（平成15年7月16日東京地裁、平成16年6月9日東京高裁、平成17年6月24日最高裁、平成17年7月5日最高裁）。

補論　所得合算税制と青色専従者給与・事業専従者控除

　所得税法56条の規定により、生計を一にする者に対して支払った経費は税務上、認められませんが、以下の給与を支払う場合には、この例外として経費計上を認め、給与の支払いを受けた者は給与所得として計算することになります。

①　青色専従者給与（所法57①②）

　　以下の要件を満たす給与を言います。

　イ　青色申告者と生計を一にする配偶者その他親族に対する給与である。

ロ　給与の支払いを受ける者がその年の12月31日現在で年齢が15歳以上である。

ハ　その年の事業に従事することができる期間の半分を超える期間、青色申告者の営む事業に専ら従事している。

ニ　青色事業専従者給与に関する届出書を、その年の3月15日（その年の1月16日以後、新たに事業を開始した場合や新たに専従者がいることとなった場合には、その開始した日や専従者がいることとなった日から2か月以内）までに提出している。

ホ　青色専従者給与が、相当と認められる金額であり、届出書に記載されている方法で、記載されている金額の範囲内で支払われたものである。

② 事業専従者控除（所法57③④⑤）

以下の要件を満たすものを言います。

イ　以下のいずれかの低い金額
　　・配偶者については86万円、それ以外は専従者一人につき50万円
　　・事業専従者控除をする前の事業所得等の金額を専従者の数に1を足した数で割った金額

ロ　白色申告者と生計を一にする配偶者その他親族に対するものである。

ハ　給与の支払いを受ける者がその年の12月31日現在で年齢が15歳以上である。

ニ　その年の6か月超える期間、白色申告者の営む事業に専ら従事している。

ホ　確定申告書にこの控除を受ける旨、金額等を記載すること。

補論　事業／業務と所得合算税制・青色専従者給与等

　個人で事業又は業務（事業と称するに至らない程度の業務）を営む者が生計を一にする親族に、事業又は業務に従事した対価を支払う場合、所得合算税制（所法56）や青色専従者給与・事業専従者控除（所法57）は適用されるでしょうか。

A．（所得合算税制・青色専従者給与等の適用関係）

	所得合算税制 （所法56）	青色専従者給与・事業専従者控除（所法57）
事業に従事する場合	適用あり	適用あり
事業と称するに至らない程度の業務に従事する場合	適用あり	適用なし

（解説）

1　所得合算税制の適用について

　所得合算税制の条文には次のように規定されています。

　「居住者と生計を一にする配偶者その他の親族がその居住者の営む不動産所得、事業所得又は山林所得を生ずべき<u>事業に従事したことその他の事由により</u>……（所法56（所得合算税制））」

　ここで、所得合算税制が適用されるのは、「事業に従事したことその他の事由」に該当する場合で、「その他の事由」が意味するものが明確ではありません。この条文の趣旨について次の裁決が参考になります。

　経済的合理性が高く、しかも企業と家計の区分が明確にされている事業の場合でも、生計を一にする配偶者等に支払った対価は必要経費に算入しないこととされているので、事業と称するに至らない程度の業務の場合においても不動産所得の金額の計算上、配偶者等に支払った対価は当然に必

要経費に算入されないと解するのが相当である。

（昭52年分所得税、昭54-09-26裁決）

以上より、「その他の事由」に、事業と称するに至らない程度の業務に従事する場合が含まれ、所得合算税制が適用されると考えられます。

2 　青色専従者給与等の適用について

青色専従者給与・事業専従者控除の条文には次のように規定されています。

・青色専従者給与の規定

　「青色申告書を提出することにつき税務署長の承認を受けている居住者と生計を一にする配偶者その他の親族（年齢15歳未満である者を除く。）で専らその居住者の営む<u>前条に規定する事業に従事するもの</u>が……」（所法57①（青色専従者給与））

・事業専従者給与の規定

　「居住者（第一項に規定する居住者を除く。）と生計を一にする配偶者その他の親族（年齢15歳未満である者を除く。）で専らその居住者の営む<u>前条に規定する事業に従事するもの</u>が……」（所法57③（事業専従者控除））

以上より、青色専従者給与、事業専従者控除の適用があるのは「事業に従事するもの」であり、事業と称するに至らない業務に従事するものは適用されないと解されます。

18 - 1 - 1　生計を一にするとは

以下の場合、生計を一にすると判断されるでしょうか。

⑴　留学している子供と親

⑵　勤務上、大阪に単身赴任している夫と、東京に住む妻子

⑶　療養のため、介護施設に入居している親と、子供

⑷　同居しているが、夫婦それぞれが独立して生計を立てる収入があり、食事を共にし、家計費はそれぞれが6：4の割合で負担している場合

Answer

⑴　留学している子供の学費や生活費等の送金を親がしている場合は生計一と判断されます。

⑵　東京で離れて暮らす妻子の生活費を夫が送金している場合は生計一と判断されます。

⑶　親の介護や生活にかかる費用を子供が負担している場合は生計一と判断されます。

⑷　同居しており、生活を共にしているので生計一と判断されます。

解 説

「生計を一にする」とは、以下のように規定されています。

> **生計を一にするの意義（所基通 2 -47）**
>
> 　法に規定する「生計を一にする」とは、必ずしも同一の家屋に起居していることをいうものではないから、次のような場合には、それぞれ次による。
>
> ⑴　勤務、修学、療養等の都合上他の親族と日常の起居を共にしていない

親族がいる場合であっても、次に掲げる場合に該当するときは、これらの親族は生計を一にするものとする。

イ　当該他の親族と日常の起居を共にしていない親族が、勤務、修学等の余暇には当該他の親族のもとで起居を共にすることを常例としている場合

ロ　これらの親族間において、常に生活費、学資金、療養費等の送金が行われている場合

(2)　親族が同一の家屋に起居している場合には、明らかに互いに独立した生活を営んでいると認められる場合を除き、これらの親族は生計を一にするものとする。

以上より、生計を一にするとは、必ずしも同居することを要件としていません。普段は同居していない場合であっても、同居していない親族の生活費、学費、療養費等の負担をしている場合や、仕事や学校が休みの時に同居しているのであれば「生計を一にする」と判断されます。

したがって、子供が留学して同居していなくても、子供の学費や生活費を負担している場合や、子供の学校が休みの期間に同居している場合には、「生計を一にする」ものと考えらえます。

同様に、親が介護施設で暮らしていて同居していない場合であっても、親の施設利用料や生活費を負担している場合には生計を一にすると考えられます。

なお、これらの負担は常に行われていることが要件になっていますので、時々負担するような場合は生計一とは言えないことになります。

他方で、同居している場合には一般的には生計を一にするものと判断されますが、明らかに互いに独立した生活を営んでいる場合に限って、生計を一にするものとはみなされません。

　なお、同居している者がお財布を別にしていたとしても生活を共にしている場合には生計を一にするものとされています。

　例えば、お互いに独立して別々に生計を維持するだけの収入がある夫婦が同居し食事も共にしている場合、お財布は別々で食費や養育費等の家計は一定の割合でそれぞれが負担（例えば、夫が60％、妻が40％）していたとしても、以下の理由により「生計を一にする」と判断されています（東京高裁 平成16年6月9日）。

① 　収入について

　　それぞれ別々に独立して生計を維持するだけの収入があり、それぞれ別々に管理しているとしても、それは収入と家計が区別されているだけのことで、消費生活が共にされているかどうかとは関係ないので、生計を一にするかどうかの判断に影響しません。

② 　家計費について

　　夫婦で家計費を一定の割合で負担していることは、互いに独立した生活を営んでいることを意味するのではなく、逆に生計を一にする要件を裏付けるものと考えられます。

18-2 役員社宅の賃貸料

会社が役員に社宅を低額で賃貸すると、会社から役員に対して供与される経済的利益は給与とみなされます。そこで、社宅の適正な賃貸料の計算方法を教えてください。

Answer

会社が役員に賃貸する社宅の適正な賃貸料は、社宅の床面積に応じて以下のように計算します。

（役員社宅賃料の適正額）

	家屋の床面積	賃料（月額）
小規模社宅（所基通36-41）	99㎡（木造家屋は132㎡）以下	（算式A） その年度の家屋の固定資産税の課税標準額 $\times 0.2\% + 12円 \times \dfrac{\text{当該家屋の総床面積（㎡）}}{3.3（㎡）}$ $+$ その年度の敷地の固定資産税の課税標準額 $\times 0.22\%$
通常の社宅（所基通36-40）	小規模社宅・豪華社宅以外のもの	（算式B） $\left(\begin{array}{l}\text{その年度の家屋の固定資産税の課税標準額}\end{array} \times 12\% \begin{pmatrix}\text{木造家屋}\\\text{以外の家}\\\text{屋につい}\\\text{ては}10\%\end{pmatrix} + \begin{array}{l}\text{その年度の敷地の固定資産税の課税標準額}\end{array} \times 6\%\right)$ $\times \dfrac{1}{12}$ ※ 他から借り上げて貸与した社宅は、（算式B）の賃料と他から借り受けた賃借料（管理費・共益費を含む）の50％の大きい額とします。

豪 華 社 宅 (平7課法 8-1外)	240㎡超	適正賃料（第三者に貸与した場合に見込まれる賃料）

(注1)　**床面積とは**

　　床面積とは専用部分の床面積だけでなく、共用部分の床面積も含みます。区分所有されたマンションの一室の場合、登記簿に記載された面積は共有部分を含まないので利用できません。固定資産税の評価証明の課税面積は共有部分の面積が各部屋に按分された面積になります。そこで、社宅が小規模社宅、通常社宅、豪華社宅のいずれに該当するかは、評価証明に記載されている課税面積で判断します。

(注2)　**木造家屋とは**

　　木造家屋とは耐用年数が30年以下の住宅用の建物を言います。

(注3)　**豪華社宅に該当するか否かの判断基準**

　　豪華社宅に該当するかどうかは、家屋の床面積だけで判断するのではなく、当該住宅の取得価額、支払賃貸料の額、内外装その他の設備の状況等を総合勘案して判断します。家屋の床面積が240㎡を超えていたとしても当該住宅が社会通念上一般に貸与されているものと認められる場合、通常の社宅となります。また240㎡以下であっても、プール等のような設備・施設若しくは役員個人の嗜好等を著しく反映した設備・施設を有する住宅は、社会通念上一般に貸与されている住宅に該当せず、豪華社宅となります（所得税基本通達逐条解説36-40解説）。

解　説

　社宅を役員に適正額以下で賃貸すると、適正額との差額が会社から役員に供与されたとして、会社では給与として通常、損金算入されます（役員は所得税が課されます。）が源泉所得税の問題が生じます（所法34④・36、所基通9-2-9(6)）。

　なお、上記計算式に基づいて計算される役員社宅の適正賃料は、一般的には小規模社宅の場合、適正賃料（第三者間の賃貸料）の概ね10～20％で、通常の借り上げ社宅の場合、適正賃料の50％、豪華社宅は適正賃料と

なります。また、使用人の社宅の賃料は一般的に適正賃料の概ね5 ～ 10
％と計算されることが多いでしょう。

補論　使用人に賃貸する社宅の賃料

　使用人に賃貸する社宅は、社宅の床面積に関わらず小規模社宅として計
算される賃借料（算式A）の50％以上の金額であれば税務上問題となりま
せん（所基通36-47）。使用人が負担する賃借料が（算式A）により計算さ
れる賃借料の50％未満であるときは、（算式A）により計算される賃料の
半額と社員が負担する賃料の差額を給与とみなして課税されます。

補論　役員に社宅を家具付きで貸与する場合の賃料について

　家具付きで社宅を賃貸する場合、家屋に係る賃料と区分して、家具等に
係る賃料を以下のように定めます（国税庁質疑応答「社員に家具等を貸与
した場合の経済的利益」）。

① 　自社所有の家具等の賃料

　　定額法によって計算した減価償却相当額に、その家具等の維持管理に
　　通常要する費用を加算するなどの方法により合理的に見積もった金額

② 　リースを受けた家具等の賃料

　　リース料相当額

補論　社宅に係る水道光熱費の取扱い

　社宅に係る水道光熱費は、社宅を賃借する役員・社員が負担する必要が
あります（トイレ・浴室・台所等が共用となっている寄宿舎の水道光熱費
については、通常の生活に必用な程度の金額であり、各人の負担額が認識
できない場合は、会社が負担しても課税上の問題は特段ありません。（所
基通36-26））。

補論　管理費の取扱い

　役員が賃借料の他に、管理費・共益費を負担している場合、管理費・共益費を賃借料に含めて、役員が負担している賃借料が適正金額であるか判断してよいと考えます。

補論　駐車場部分の賃料（会社が家屋と駐車場を借り上げて、社宅に供した場合）

　会社が借り上げた家屋の賃借契約が、駐車場がセットになっていて会社が支払う賃料について住居部分と駐車場部分が区分かれていないときは役員が支払うべき社宅の賃料は通常通り計算し、駐車場の賃料を別途計算する必要はないでしょう。他方で、家屋の賃料と駐車場の賃料が区分されている場合は、社宅としての賃料を上記計算式に従って計算するのと別に、駐車場の賃料相当額を役員が負担する必要があります。

補論　役員社宅の一部が公的使用される場合の賃借料

　役員社宅の一部が会議室や得意先の接待用に使用される場合、その使用状況を考慮して賃借料を定めますが、簡便的に上記算式で計算した賃借料の70％以上の賃借料を定めているときはこれを認めます（所基通36-43）。ただし、豪華社宅については簡便的な計算は認められません。

補論　固定資産税の課税標準が改訂された場合

　固定資産税の課税標準が改訂（原則として３年ごとに改訂されます。）された場合、改定後の課税標準額に係る固定資産税の第１期の納期限の属する月の翌月分の社宅の賃貸料から、改定後の課税標準額で計算します（所基通36-42(2)）。なお、社員が居住する社宅については20％以内の増減であれば改訂しなくて差し支えありません（所基通36-46）が、役員社宅

の場合は課税標準の改訂の都度、社宅の賃料を改訂する必要があります。

補論　新築のため固定資産税の課税標準が定められていない場合

　新築された家屋で固定資産税の課税標準が定められていない場合は類似するか住宅等に係る固定資産税の課税標準額を参考に計算します。固定資産税の課税標準額が決定されたら、第1期の固定資産税の納期限の翌月分から決定された課税標準に基づき計算された賃料に改訂します（所基通36-42(3)）。

18-3　資産に生じた損失の課税関係（概要）

個人が所有する不動産に、取り壊し、除却、滅失による損失が生じた場合、当該資産が業務の用に供されているか、事業の用に供されているか（「業務」と「事業」については18-4-1参照）、また損失の原因が災害等によるものかにより税務上の取扱いが異なります。その概要を教えてください。

Answer

個人が所有する不動産の取り壊し、除却、滅失による損失は、全てが経費にできて税負担の軽減につながるわけではなく、一定の制限を受けます。

（資産に生じた損失の取扱いの相違）

⑴　資産に生じた損失の取扱い（「生活に通常必要でない資産」を除く）

非業務用の資産	業務の用に供されている資産	事業の用に供されている資産
家事費 （所得計算に加味されません。）	業務に係る所得がゼロになるまで経費計上（所法51④）（18-3-1参照）	制限なく全額が経費計上（所法51①）（18-3-1参照） ※　青色申告に限り認められる純損失の繰越等 ・繰戻し還付（所法140） ・3年繰越（所法70①）
災害等による損失の特例		
「災害・盗難・横領」による損失は雑損控除（所法72）を適用するか不動産所得の経費にするか選択できます。（18-3-2参照） ㊟　3年繰越（所法71）		㊟　「災害」による純損失に限り、白色申告であっても3年繰越（所法70②）

⑵ 「生活に通常必要でない資産」に係る損失の制限

　不動産所得、事業所得、山林所得又は総合譲渡所得の計算上生じた損失があり、当該損失に「生活に通常必要でない資産」に係る損失がある場合、各種所得計算上生じた損失のうち、当該「生活に通常必要でない資産」に係る損失に相当する部分の金額は、ないものとみなされ、損益通算できません（所法69②）（例外：事業的規模に満たない競走馬の譲渡損は競走馬に係る雑所得と相殺できます（所令200）。）。

　なお、「災害・盗難・横領」による損失は、総合課税の譲渡所得の金額と相殺できます（1年繰越可）（所法62）（**18-3-3**参照）。

18-3-1　業務用資産の損失

　個人が所有する業務の用に供していた土地・建物から生じた以下の損失は、当該業務に係る不動産所得・事業所得・山林所得・雑所得の経費となるでしょうか。

① 　譲渡による損失

② 　資産の取り壊し、除却、滅失による損失

Answer

① 　土地・建物・附属設備・構築物の譲渡損は、譲渡所得の損失となり、業務に係る所得の経費にすることはできません。

> ㊟　棚卸資産又は棚卸資産に準ずる資産である土地・建物等の譲渡による所得は事業所得又は雑所得となります。

② 　資産の取り壊し、除却、滅失による損失は、これが事業所得、山林所得又は事業的規模を満たす不動産所得の損失であれば全額を経費とすることができます（所法51①）。他方、雑所得や事業的規模に満たない不動産所得に供されている資産に係る損失である場合、当該所得がゼロになるまでしか経費にすることができません（所法51④）。

（資産の取り壊し、除却、滅失に係る損失の経費計上の制限）

事業所得・山林所得	制限なし（全額経費計上）	
不動産所得	【事業的規模でない場合】制限あり（不動産所得がゼロになるまで経費計上）	【事業的規模を満たす】制限なし（全額経費計上）
雑所得	制限あり（雑所得がゼロになるまで経費計上）	

（注１）　不動産所得、事業所得、山林所得、総合課税の譲渡所得の金額の計

算上生じた損失の金額のうちに、「生活に通常必要でない資産」に係る所得計算上生じた損失の金額がある場合、経費計上の制限の規定の適用は受けません（所法51①④）が、競走馬の譲渡に係る一定のものを除き、その部分の損失は損益通算できず、なかったものとみなされます（所法69②）（**18-3-3**参照）。

(注2)　事業の用に供していると言えない業務の用に供している資産に生じた損失について経費計上の制限を受けない場合は問題ありませんが、経費計上の制限を受ける場合、損失の発生原因が災害等によるもので雑損控除の適用要件を満たすときは、納税者の選択により不動産所得又は雑所得の経費に計上せず、雑損控除の対象にしてもかまいません（所基通72-1）（**18-3-2**参照）。

Q
18
所得税関係

解説

① 譲渡損失の取扱い

　土地・建物等（棚卸資産又は棚卸資産に準ずる資産を除く。）を譲渡して生じた損失は、分離譲渡所得の損失となり、たとえ当該土地・建物等が業務の用に供されていたとしても当該業務に係る所得（不動産所得・事業所得・山林所得・雑所得）の経費にすることはできません。

　土地・建物等の譲渡所得の損失は、原則として土地・建物等の譲渡所得としか相殺できません。また、当該譲渡損を翌年に繰り越すこともできません。

　なお、棚卸資産又は棚卸資産に準ずる土地・建物等の譲渡による所得は事業所得又は雑所得となり、雑所得となる場合、生じた損失は他の所得と相殺することはできません。

② 資産の取り壊し、除却、滅失による損失の取扱い

㈽　損失額の計算

　資産を取り壊し、除却、滅失した資産に生じた損失の金額は、当該資産の取得費（減価償却後の金額）として計算される金額からその損失の

基因となった事実の発生直後における当該資産の価額と発生資材の価額及び保険等により補填された金額の合計額を控除した残額に相当する金額とされます（所法51①④、所令142①、所基通51-2、6）。

資産に生じた損失額の計算

＝取得費（注1）－（損失の発生直後の当該資産の時価＋発生資材の時価＋保険等により補填される金額）

(注1)　取得費とは譲渡所得を計算する際に控除する取得費（償却後の金額）を言います（所法38、所令142一）が、昭和27年12月31日以前に取得した資産については昭和28年1月1日における相続税評価額を加味して計算するものとされています（所法61、所令128、143、172）（**9-10**参照）。

(注2)　確定申告期限までに保険金が確定していない場合、見積額で計算し、後日見積額と異なることとなったときに訂正するものとします（所基通51-7）。

(注3)　経費計上の制限を受ける損失は、上記計算のとおり、取り壊し、除却、滅失により生じる資産の残存簿価の減少部分（経済的に補填される部分を除きます。）です。資産の取り壊し、除却、滅失に伴って発生する取壊し費用等の附随費用は経費計上の制限を受けません。

㋺　損失の制限

　資産の取り壊し、除却、滅失による損失の取扱いは、当該資産が「事業の用」に供されているか、「事業の用」とは言えない「業務の用」に供されているかにより異なります。ここで整理すべきことは「事業の用」と「業務の用」の違いです。「事業の用」とは、「業務の用」のうち一定の規模・実態が認められるもので、「業務の用」に比べて狭い概念になります。

```
┌─────────────────────────────────────────────────┐
│                                                 │
│  「業務の用」と「事業の用」の概念図                   │
│                                                 │
│              ┌──── 「業務の用」 ────┐             │
│              │  ┌─ 「事業の用」 ─┐   │             │
│              │  │              │   │             │
│              │  │              │   │             │
│              │  └──────────────┘   │             │
│              └────────────────────┘             │
│                                                 │
└─────────────────────────────────────────────────┘
```

　「事業の用」に供されている資産の取り壊し、除却、滅失による損失はその全額が当該事業に係る所得（事業所得、不動産所得、山林所得）の経費になりますが、「事業の用」に供されているとは言えない「業務の用」に供されている資産の取り壊し、除却、滅失による損失の経費計上には制限があり、当該業務に係る所得（不動産所得・雑所得）の金額がゼロになるまでの金額に限り経費となります。

　不動産を賃貸する場合、当該不動産は「業務の用」に供されると言えますが、不動産賃貸業の規模が一定の規模（一定の規模については**18-4-1**参照）に満たないと「事業の用」に供されていると判断できず、不動産所得がゼロになるまでの損失の金額は経費にすることが認められますが、これを超えて経費とすることはできません。また、雑所得の用に供されている資産は「業務の用」に供されますが、「事業の用」に供されているとは言えず、当該資産に係る損失のうち、雑所得がマイナスになる部分の金額は経費にすることができません。

　㊟　生活に通常必要ない資産に係る損失

　　　生活に通常必要ない資産に係る損失については、経費計上の制限はありませんが、当該資産に係る所得の金額の計算上生じた損失の金額について、同じ種類の所得内で相殺して、相殺しきれない損失はなかったものとみなされます（所法69②）。

| 補　論 | 生計を一にする親族が所有する資産に生じた損失の取り込み |

　生計を一にする親族が有する固定資産を自己の事業の用に供している場合、当該親族が有する資産に取り壊し、除却、滅失による損失が生じたときは、自己が当該資産を所有するものとみなして当該損失を自己の経費とすることができます（資産を所有する生計を一にする親族が雑損控除の適用を受ける場合、当該損失を取り込むことはできません。）（所基通51-5）。

| 補　論 | 損壊を受けた資産を原状回復した場合の資本的支出と経費への配分 |

　損壊した資産を修繕その他原状回復のために支出した費用がある時、当該費用の金額のうち当該資産の損壊時の取得費から損壊直後の価額（時価）を控除した金額は資本的支出とされ、残余は経費に算入されます（所基通51-3）。

| 補　論 | 業務の用に供している別荘に生じた損失 |

　別荘を購入した目的が保養目的でなく、純粋に事業の用に供することであり、また取得後の利用状況も専ら不動産所得、事業所得、山林所得を生じる事業の用に供されているときは、当該別荘は事業の用に供していると認められ、当該別荘に生じた損失を経費計上することに制限を受けません(注)。

(注)　事業的規模に満たない不動産賃貸業に供されている場合、当該不動産賃貸業に係る資産は事業の用に供しているとは言えず、損失の経費計上について、不動産所得がゼロを下回る部分の金額は制限を受けます（所法51④）。なお、この経費計上の制限がある場合、当該損失の原因が災害等であるときは、当該損失を不動産所得の経費とせず、雑損控除の適用を検討することができます（**18-3-2**参照）。

　しかし、別荘を保養目的で取得し、利用状況においても保養目的に利用

していない期間に賃貸等の業務に供しているに過ぎない時があります。この場合、別荘は生活に通常必要でない資産（18-3-3参照）に該当し、賃貸している別荘に係る所得の金額の計算上生じた損失（資産の取り壊し、除却、滅失により生じた損失に限らず、通常の賃貸業務により生じた損失を含みます。）は不動産所得の中で相殺することはできますが、相殺しきれなかった損失の金額はなかったものとみなされ、他の所得と相殺することはできません（所法69②）。また、生活に通常必要でない資産である別荘に生じた災害等による損失は雑損控除の対象になりません（所法72）。

補論　非業務用の資産の損失

① 譲渡による損失

　　土地・建物等の譲渡による損失は、非業務用であっても原則として取扱いは変わりません。当該損失は分離譲渡所得の損失となり、他の土地・建物等の譲渡益と相殺することはできますが、他の種類の所得と相殺することはできません。

　　㊟　居住用の不動産を買い換えた時に生じた損失については一定の要件を満たせば、給与所得等の他の所得との相殺や、相殺しきれなかった損失を3年間繰り越すことが可能です（措法41の5）。

② 資産の取り壊し、除却、滅失による損失

　　資産の取り壊し、除却、滅失による損失は、原則として家事費として所得計算において無視されます。ただし、災害等により生じた損失（生活に通常必要でない資産に生じた損失を除きます。）については雑損控除を適用することができます（18-3-2参照）。なお、生活に通常必要でない資産に災害等により生じた損失がある場合、当該損失は総合課税の譲渡所得と相殺することができます（18-3-3参照）。

18 - 3 - 2　雑損控除について

1　以下の資産に災害により損失が生じました。雑損控除を適用すること
　ができますか。

　①　自宅

　②　専ら通勤の用に供している自動車

　③　別荘（保養目的）

　④　自動車（専ら通勤用とは言えないもの）

　⑤　事業用の建物

　⑥　業務用の建物

　⑦　貴金属・美術品（一個の価額が30万円を超えるもの）

　⑧　現金

2　自宅に災害を受け、建物の改修として400万円（一部工事は建物の価
　値をあげるものでした）、建物の損壊部分の片づけ費用として10万円を
　支出しました。保険で50万円が補填されましたが、雑損控除の金額はい
　くらになりますか。なお、自宅に生じた損失の金額を計算することは困
　難です。私の総所得金額は500万円です。

Answer

1　生活に通常必要とされない資産〔③別荘、④自動車（専ら通勤用とは
　言えないもの）⑦貴金属・美術品（一個の価額が30万円を超えるもの）〕、
　及び事業用資産（⑤）は、雑損控除の対象になりません。したがって雑
　損控除の対象になるのは①自宅、②専ら通勤の用に供している自動車、
　⑥業務用の建物、⑧現金になります。

雑損控除の対象になるもの	雑損控除の対象にならないもの
業務用資産（事業の用に供されているといえないものに限ります。） ・現金 ・自宅 ・30万円以下の貴金属・美術品 ・自家用車（専ら通勤用）	事業用資産 ・別荘（業務の用のみに供されているものは除きます。） ・30万円超の貴金属・美術品 ・自家用車（通勤以外にも使われるもの）

2　改修費を原状回復費部分と資本的支出部分（資産の使用期間の延長、価値の増加をもたらすもの）に分けることが困難な場合、改修費の30%を原状回復費として、70%を資本的支出とすることができます（所基通72-3）。

原状回復費＝改修費400万×30％＝120万

原状回復費は、資産について受けた損失額と、それを超える部分の金額（災害関連支出）に分ける必要がありますが、建物の一部損壊等については資産について受けた損失額を計算することが困難でしょう。このようなときは資産について受けた損失額は原状回復費と同額と仮定して計算してもかまわないと考えます。

以上より、雑損控除額は以下①②の大きい金額（30万円）になります。

①　（（資産について受けた損失の金額（120）＋災害等関連支出の金額（10）－保険金等の額（50））－総所得金額等（500）×10％＝30万円

②　（災害関連支出の金額（10）－保険金等の額（50））－5万円⇒0円

解　説

(1)　雑損控除（所法72）の概要

雑損控除の対象になる損失は、例えば現金・金券・1個30万円以下の貴金属・美術品等の盗難や横領、事業とはいえない業務の用に供している資産（事業的規模に満たない不動産賃貸業に供している資産）・自宅・専ら

通勤に使用している自家用車の災害等による損失が挙げられます。

　事業の用に供されている資産にかかる損失は所得計算において経費計上が認められますので雑損控除の対象になりません。また生活に通常必要でないと認められる別荘・専ら通勤用と言えない自家用車・1個30万円以上の貴金属や美術品等の資産に発生した損失は税負担の軽減を手当てする必要がないと考えられ、雑損控除の対象になりません。

(2)　雑損控除の計算

　雑損控除の金額は、災害（※1）又は盗難若しくは横領により資産（※2）について損失（※3）が生じた場合、災害等関連支出（※4）を含めて以下に計算される大きい金額が雑損控除の対象になります（所法72①）。

① （資産について受けた損失の金額＋災害等関連支出の金額－保険金等の額）－総所得金額等×10%

② （災害関連支出の金額－保険金等の額）－5万円

（※1）　災害とは、震災、風水害、火災、冷害、雪害、干害、落雷、噴火その他の自然現象の異変による災害及び鉱害、火薬類の爆発その他の人為による異常な災害並びに害虫、害獣その他の生物による異常な災害を言います（所法2①二十七、所令9）。

（※2）　雑損控除が適用される資産について
　　　　雑損控除が適用される資産は、以下(イ)及び(ロ)を満たすことが要件となります。

　　　(イ)　居住者である納税者が所有する資産の他、納税者と生計を一にする親族（総所得金額、退職所得金額及び山林所得金額の合計額が48万円以下（令和元年分以前は38万円以下）に限ります。）が所有する資産であること（所法72①、所令205①）。

　　　(ロ)　以下の資産に該当しないこと（所法72①、62①、70③）。
　　　　　・生活に通常必要でない資産（所令178①）（18-3-3参照）

　　　　事業用の資産（棚
　　　　卸資産、固定資産、
　　　　繰延資産、山林）
これらの資産に発生する損失は雑損控除の対象から除外されていますが、事業所得、不動産所得、山林所得の経費になります（所法51①③）。

（※3）　資産について受けた損失の金額の計算

　　　　資産について受けた損失は、時価又は取得費のいずれを基に計算してもかまいません。具体的には、以下により計算します（所基通72-2）。

損失を生じた時の直前におけるその資産の価額（時価）
又は
資産の取得費（譲渡所得の算定に当たり取得費に計算される金額）
－
損失が生じた直後のその資産の時価

（※4）　災害関連支出・災害等関連支出

　　　　災害関連支出とは災害に関連するやむを得ない支出で、原状回復のための支出（資産について受けた損失の金額を除きます。）、取壊し費、撤去費、損壊又は価値の減少を防止する支出等を言います（所令206②、①一～三）。

　　　　災害等関連支出とは災害関連支出の他、盗難又は横領による損失が生じた資産の原状回復のための支出（資産について受けた損失の金額を除きます。）その他これに類する支出の合計額を言います（所令206①四）

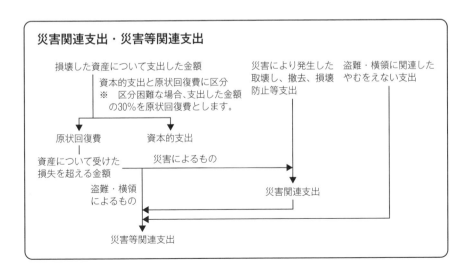

（注１）　資産に支出した金額を原状回復費と資本的支出に区分する計算

　　　　損失を生じた資産について支出した金額に原状回復のための支出した金額が含まれている場合、原状回復のための金額（雑損控除の対象）と、資本的支出（資産の価値を増加させ、又は使用期間を延長させる部分の支出）の金額に区分しなければなりません。しかし、その区分は一般的に困難です。そのような場合には、損失を生じた資産に支出した金額の30%を原状回復のための金額とし、70%を資本的支出の金額として計算してよいことになっています（所基通72-3）。

　　（例）　損失が生じる直前の資産の時価＝2,000万円

　　　　　損失が生じた直後の資産の時価＝1,800万円

　　　　　資産について支出した区分困難な支出＝1,000万円

　　　　　以上の場合、

　　　　㈤　区分困難な支出のうち原状回復の金額＝1,000万円×30%＝300万円（700万円は資本的支出となります。）

　　　　㈹　原状回復費（300万円）の区分（所令206①二ロかっこ書）

　　　　　・資産について受けた損失の金額＝2,000万円－1,800万円＝200万円

　　　　　・災害関連支出＝300万円－200万円＝100万円

（注２）　災害関連支出の控除年分

　　　　災害等に関連するやむを得ない支出をした場合、これは原則として支出した年の損失になりますが、1月1日から3月15日までに支出した金額は前年分（災害等があった年以降の年分に限ります。）の損失として計算することが認められます（所基通72-5）。

⑶　「雑損控除」か「不動産所得の経費」

　事業的規模に満たない業務の用に供されている賃貸建物に災害等により生じた損失は、雑損控除を適用せず、不動産所得の経費に計上してもかまいません（所基通72-1）。不動産所得の経費とするか雑損控除とするかについては以下の相違点がありますので、これを勘案してどちらを選択するか検討する必要があります。

（業務の用（事業の用に供するものを除く）に供されている不動産に生じた損失処理の比較）

	不動産所得の経費	雑損控除
対象となる損失	損失の原因は問わない	災害・盗難・横領による損失
災害関連支出	不動産所得の経費（制限なし）	不動産所得の経費に計上せず、資産に生じた損失と合算して雑損控除の対象
損失が生じた直前の資産の価額	取得費（譲渡所得計算上、控除される取得費）で計算	時価又は取得費（譲渡所得計算上、控除される取得費）で計算
所得計算上の制限	不動産所得がゼロになるまでの金額が経費と認められます。	雑損控除額の計算において総所得金額の10%の金額が足切りされます（詳細は解説(2)「雑損控除の計算」参照）。

18－3－3　生活に通常必要でない資産

(1)　「生活に通常必要でない資産」とはどのような資産を言うのでしょうか。

(2)　別荘は「生活に通常必要でない資産」になりますか。

(3)　以下「生活に通常必要でない資産」に係る損失の税務上の取扱いについて教えてください。

　　①　別荘の売却による譲渡損失

　　②　別荘の賃貸による不動産所得の損失

　　③　別荘の災害による損失

　　④　ゴルフ会員権の売却による譲渡損失

　　⑤　絵画（30万円超）の譲渡による譲渡損失

　　⑥　絵画（30万円超）の盗難による損失

Answer

(1)　「生活に通常必要でない資産」とは以下を言います。

生活に通常必要でない資産とは（所令178①）

(i)　競走馬（事業と認められるものの用に供されるものを除く。）その他射こう的行為（パチンコ、競輪、競馬等）の手段となる動産

(ii)　別荘のように自己及び生計を一にする親族の居住の用に供しない家屋で主として趣味、娯楽又は保養の用に供する目的で所有するもの

(iii)　ゴルフ会員権やリゾート会員権のように主として趣味、娯楽、保養又は鑑賞の目的で所有する資産

(iv)　貴金属・美術品等のように生活の用に供する動産であるが、一個の価額が30万円超で、生活に通常必要ないとされるもの

⑵　別荘は専ら業務の用に供してない限り「生活に通常必要でない資産」
　に該当します。

⑶①　別荘の売却による損失は、他の不動産の譲渡所得と相殺することは
　　できますが、その他の所得と損益通算することはできません（措法31、
　　32）。

　②　「生活に通常必要でない資産」である別荘の賃貸による不動産所得
　　の損失は、不動産所得内で他の賃貸物件の不動産所得と相殺すること
　　はできますが、相殺できなかった各種所得に生じた損失は給与所得・
　　事業所得等の他の所得と相殺することはできません（所法69②）。

　③⑥　「生活に通常必要でない資産」にかかる災害・盗難・横領による
　　損失は、雑損控除の対象になりませんが、総合課税の譲渡所得と相殺
　　（損失発生年で相殺できない場合は翌年に相殺）することができます
　　（所法62）。

　　（30万円以下の絵画の盗難により生じた損失は、生活用動産に生じた
　　損失として雑損控除の対象になります。）

　④⑤　生活に通常必要でないゴルフ会員権、レジャー用自家用車、30万
　　円を超える貴金属・絵画の譲渡損失は、総合課税の譲渡所得の中で相
　　殺することはできますが、相殺しきれなかったものを他の所得と相殺
　　することはできません（所法69②）。なお、これらの資産の譲渡益は
　　総合課税の譲渡所得として課税されます。（貴金属や絵画の譲渡価額
　　が30万円以下の場合、生活用動産の譲渡として非課税となります（所
　　法9①九、所令25）。）。

解　説

1　「生活に通常必用でない資産」の税務上の取扱い

　㈠　「生活に通常必要でない資産」の譲渡損失は、同じ所得内での相殺

はできますが、他の所得と損益通算することはできません（所法69
②）。したがって、総合課税の譲渡所得の対象になるゴルフ会員権、
リゾート会員権、30万円超の貴金属・美術品の譲渡損は、総合課税の
譲渡所得内で相殺することはできますが、相殺しきれなかった損失を
他の所得と相殺することはできません。また、不動産の譲渡所得の対
象になる別荘の譲渡損は不動産の譲渡所得内で相殺することはできま
すが、他の所得と相殺することはできません。

㈑　「生活に通常必要でない資産」に係る通常の業務において生じた損
失は、当該業務に係る所得内で相殺することはできますが、相殺しき
れず各種所得の計算上生じた損失は他の所得と損益通算することはで
きません。別荘を保養目的で利用する以外の期間において賃貸し、不
動産所得に損失が生じた場合、他の物件の不動産所得と相殺すること
はできますが、相殺しきれなかった損失を他の所得と損益通算するこ
とはできません（所法69②）。

㈒　「生活に通常必要でない資産」に災害又は盗難若しくは横領により
生じた損失の金額㈏は、雑損控除の対象になりませんが、総合課税の
譲渡所得（特別控除（50万円）前の金額）と相殺することができます。
当該損失は、まず総合課税の短期譲渡所得の金額から控除し、次に総
合課税の長期譲渡所得から控除するものとし、それでも控除しきれな
い損失があるときは翌年分の総合課税の短期譲渡所得の金額から控除
し、次に翌年分の総合課税の長期譲渡所得の金額から控除します（所
法62①、所令178②）。

> ㈏　損失の金額は、当該資産の取得費（償却後の金額）から災害等が発
> 生した直後の価額、発生資材の価額、保険等により補填される金額を
> 控除した金額となります（所法62①、所令178③、所基通62-2、51-2、
> 51-6～9）。

2 別荘は生活に通常必要でない資産であるか

趣味、娯楽又は保養の用に供する目的で所有するものは「生活に通常必要でない資産」と規定されていますので、別荘であっても賃貸のみに要するものであれば「生活に通常必要でない資産」には該当しません。

なお、自己の娯楽又は保養の用と賃貸の用に併用されている場合、例えばリゾートホテルの一室を購入し、自分が優先的に利用する一定の権利を確保して、自分が利用していない期間賃貸し、賃貸収入が経費に比べて少額である事案では「所有者が当該不動産を取得するに至った経緯、当該不動産より所有者が受け取ることができた利益及び所有者が負担した支出ないし負担の性質、内容、程度等の諸般の事情を総合的に考慮し、客観的にその主たる所有目的を認定するのが相当である。(平成10年2月24日東京地方裁判所)」とし、リゾートマンションが「生活に通常必要でない資産」に該当すると判断し、不動産所得の損失のうち当該リゾートマンションに係る金額はなかったものとみなして他の所得との損益通算を否認しています。

別荘の賃貸に係る不動産所得の損失が他の不動産所得と相殺しきれなかった場合、税務申告ソフトは当該不動産所得の損失が「生活に通常必用でない資産(別荘)」の損失と認識せず、自動計算により他の所得と相殺してしまいますので注意が必要です。

18－4 不動産賃貸業が事業的規模を満たすか否かによる取扱いの相違

　不動産賃貸業が事業的規模を満たすか否かにより、税務上の取扱いが異なるそうですが、どのような点が異なるか教えてください。

Answer

　不動産賃貸業が事業的規模を満たすか否かにより、以下のように取扱いに違いが生じます。

（不動産賃貸業が事業的規模を満たすか否かによる取扱いの違い）

	事業的規模を満たさない	事業的規模を満たす
資産の取り壊し、除却、滅失による損失の制限	不動産所得がゼロになるまで経費計上できる（所法51④）。 ㊟　災害等による損失は雑損控除を選択適用することができます。	制限なし（所法51①）
賃貸料の貸倒損失	収入を計上した年分に遡って、貸倒れになった所得がなかったものとして修正計算（所法64①）※1	回収不能となった年分の経費（所法51②）
貸倒引当金	経費算入できません。	経費算入できます（所法52）。
事業を廃止した後に生じた費用※2	救済規程なし	救済規程あり 事業を廃止した年分（当該年分の当該所得の総収入金額がない場合は、最近の総収入金額があった年分）又はその前年分の経費とすることができます（所法63）。

青色申告の事業専従者給与又は白色申告の事業専従者控除	適用なし	適用あり（所法57）
青色申告特別控除	10万円	10万円（正規の簿記の原則に基づく記帳を行っていれば55万円（電子帳簿保存又は電子申告により65万円））（措法25の2③）

※1　収入を計上した年分に遡って更正の請求ができる金額は、当該所得の金額がゼロになるまでの部分に限られます（当該年分の総所得金額、退職所得金額、山林所得金額の合計額を上限とします。）（所令180②）。

※2　事業を廃止した後に生じた費用とは、残務整理に必要となる事業所等の賃借料、解約違約金、資産の除却損、売掛金の貸倒れ等があります。

18－4－1　不動産賃貸業における「事業」と「業務」の判断基準

不動産賃貸業が事業として行われていないと判断されると、税務上、各種取扱いが異なります（18-4参照）。事業として行われているかどうかの判断基準について教えてください。

Answer

形式的には以下の規模以上であれば事業として行われていると判断します。なお、当該規模の他に賃貸収入の状況、賃貸物件の規模、賃貸物件の管理に特別の人的、物的施設があるか等を総合勘案して実質的に事業として行われているかどうか判断します。

事業的規模の形式基準（所基通26-9）

・アパートやマンションの一室については、10室以上

・一戸建ての貸付けについては、5棟以上

（※）　駐車場や土地の貸付けについては、管理等に係る業務の程度を考慮して5台（件）をマンションの1室とみなし、50台以上であれば事業の用と認められています。

解　説

事業的規模の形式基準は（回答）のとおりですが、例えばマンション6室と一戸建て2棟を賃貸している場合、マンションは10室未満ですし、戸建ては5棟以下ですが、マンションの6室は戸建て3棟に該当しますので、賃貸物件の規模は戸建て5棟分に該当し、事業的規模を満たすと考えます。

形式基準は上記のとおりですが、同通達には

　「事業として行われているかどうかは、社会通念上事業と称するに至る程度の規模で建物の貸付けを行っているかどうかにより判定すべきである」

と基本的な考え方が記載され、

　「次に掲げる事実（事業的規模の形式基準〜筆者加筆）のいずれか一に該当する場合又は賃貸料の収入の状況、貸付資産の管理の状況等からみてこれらの場合に準ずる事情があると認められる場合には、特に反証がない限り、事業として行われているものとする。」

と、形式基準を満たしていなくても実態で判断することになります。さらに東京地裁平成7年6月30日判決によると

　「不動産所得を生ずべき事業といえるか否かは、営利性・有償性の有無、継続性・反復性の有無、自己の危険と計算における企業遂行性の有無、その取引に費やした精神的肉体的労力の程度、人的・物的設備の有無、その取引の目的、その者の職歴・社会的地位・生活状況などの諸点を総合して、社会通念上事業といい得るか否かによって判断されるべきものと解さざるをえない。」

と抽象的な判断基準が示されています。ただし、これについては主観も排除できず、実務において判断に迷うこともあろうかと思います。例えば形式基準を満たさない戸建て3棟の賃貸であっても、それぞれの規模が大きく、この賃貸収入で十分な生活できる程度の収入が得られるならば事業的規模があると判断する意見もあるようです。

| 補 論 | **不動産を共有している場合の事業的規模の判定** |

不動産を親族で共有している場合、持分割合を乗じて各人の事業的規模を判断するのではなく、実際の室数等で判断されているようです。

| 補 論 | **事業税の課税対象となる事業的規模** |

不動産賃貸業が一定の規模を満たす場合、事業税の対象になります。ここで、事業税の対象になるかどうかの判断基準と、所得税法において不動産所得が事業的規模を満たすかの判断基準は異なります。事業税における判断基準は以下、東京都のHPから抜粋した表を参考にしてみてください。

（不動産貸付業・駐車場業の認定基準）

種類・用途等			貸付用不動産の規模等(空室などを含む。)
不動産貸付業	建物 ※1	住宅	①一戸建	棟数が10以上
			②一戸建以外	室数が10以上
		住宅以外	③独立家屋	棟数が5以上
			④独立家屋以外	室数が10以上
	土地 ※2	⑤住宅用		契約件数が10以上又は貸付総面積が2,000㎡以上
		⑥住宅用以外		契約件数が10以上
	⑦上記①～⑥の貸付用不動産を複数種保有している場合			①～⑥の総合計が10以上又は①～⑥いずれかの基準を満たす場合
	⑧上記①～⑦の基準未満であっても規模等からみて、不動産貸付業と認定される場合			貸付用建物の総床面積が600㎡以上であり、かつ、当該貸付用建物の賃貸料収入金額が年1,000万円以上の場合(権利金、名義書換料、更新料、礼金、共益費、管理費等は除きます。)

		競技、遊技、娯楽、集会等のために基本的設備を施した不動産（劇場、映画館、ゴルフ練習場など）
		一定規模の旅館、ホテル、病院など特定業務の用途に供される建物
駐車場業	寄託を受けて保管行為を行う駐車場	駐車可能台数が1台以上（駐車可能台数は問いません。）
	建築物・機械式等である駐車場	
	上記以外の駐車場	駐車可能台数が10台以上※3

※1　独立的に区画された2以上の室を有する建物は、一棟貸しの場合でも室数により認定します。

※2　土地の貸付件数は、1つの契約において2画地以上の土地を貸し付けている場合、それぞれを1件と認定します。

※3　一括して土地を駐車場として賃貸し、自らは駐車場設備を有さない場合は、住宅用の土地の貸し付けとして不動産貸付業に該当します。

補論　消費税法における「事業」と所得税法の「事業」

　所得税においては、事業と業務を分けて、事業は業務のうち一定の規模や実態を有するもので、より狭い概念です。ところで、消費税において「事業者が行った資産の譲渡等」は課税取引になり（消法4①）、資産の譲渡等とは「事業として対価を得て行われる資産の譲渡及び貸付け並びに役務の提供（消法2①八）」と規定されています。そこで、所得税法において事業とは言えない業務として対価を得て行われる資産の譲渡及び貸付け並びに役務の提供が消費税において課税の対象にならないのではないかと疑問が生じるかもしれません。事業と業務の線引きはあくまで所得税法の概念であり、消費税法において「事業として」の意味は、「対価を得て行われる資産の譲渡及び貸付け並びに役務の提供が反復、継続、独立して行われることをいう（消基通5-1-1）。」とされており、所得税法の「事

業」の概念よりも広い概念です。

　したがって、所得税において、事業の用に供されていると言えない不動産賃貸であっても、対価を得て反復、継続、独立して行われていれば消費税が課されます。

18-5 損益通算できない不動産所得の損失

　不動産所得の損失は原則として他の所得と損益通算できますが、これが制限されるのはどのような場合でしょうか。

Answer

　不動産所得の損失に以下のような損失がある場合、当該損失はないものとみなされ、他の所得と損益通算できません。

① 生活に通常必要でない資産にかかる所得の金額の計算上生じた損失

② 土地又は土地の上に存する権利を取得するための借入金に係る利子

③ 信託や匿名組合出資において生じた損失

④ 国外中古建物の耐用年数を簡便法で計算している場合の当該国外中古建物の不動産所得の損失のうち償却費による損失（他の国外不動産の不動産所得と相殺は可能です。）

補論　生活に通常必要でない資産による不動産所得の損失

　不動産所得に損失があるとき、別荘のように保養目的で所有しているもの、保養目的で利用していない期間に賃貸し、当該別荘にかかる不動産所得に損失が生じている場合、不動産所得の損失のうち、別荘にかかる不動産所得の損失額に相当する金額は他の所得と損益通算できません（所法69②）（**18-3-3**参照）。

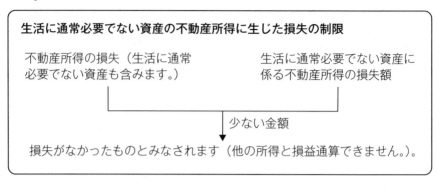

生活に通常必要でない資産の不動産所得に生じた損失の制限

不動産所得の損失（生活に通常
必要でない資産も含みます。）

生活に通常必要でない資産に
係る不動産所得の損失額

↓　少ない金額

損失がなかったものとみなされます（他の所得と損益通算できません。）。

補論　土地又は土地の上に存する権利を取得するための負債利子

　不動産所得を生ずべき業務の用に供する土地又は土地の上に存する権利を取得するための負債の利子は、不動産所得の計算において生じた損失の金額を上限としてなかったものとみなされます（措法41の4）。

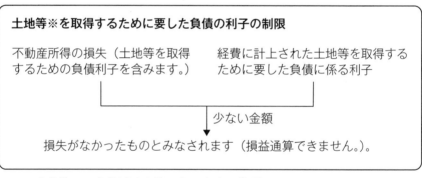

土地等※を取得するために要した負債の利子の制限

不動産所得の損失（土地等を取得
するための負債利子を含みます。）

経費に計上された土地等を取得する
ために要した負債に係る利子

↓　少ない金額

損失がなかったものとみなされます（損益通算できません。）。

※　土地等……土地又は土地の上に存する権利
※　土地等と建物を取得するための負債の区分
　・負債の額が土地等を取得するための負債と建物を取得するための負債に区分されていない場合、負債はまず建物の取得に充てられたものとして計算することができます（措令26の6②）。
　・返済された負債は、土地等の負債と建物の負債を按分して返済されたものとして計算します。
※　賃貸物件が複数ある場合
　　賃貸物件が複数ある場合には、これらの不動産所得を合計して不動産所得に損失がある場合に適用されます。

補 論 資産を取得するための負債の利子の税務上の取扱い

　資産を取得するための負債の利子が当該資産の取得価額に算入されるか、各所得計算上の必要経費になるかは以下によります（所基通37-27、38-8）。

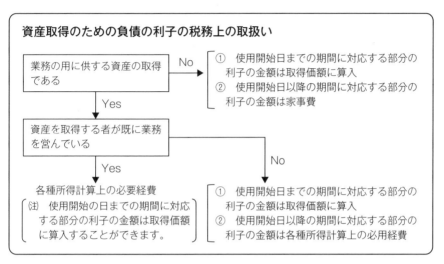

資産取得のための負債の利子の税務上の取扱い

業務の用に供する資産の取得である ── No → ① 使用開始日までの期間に対応する部分の利子の金額は取得価額に算入
② 使用開始日以降の期間に対応する部分の利子の金額は家事費

↓ Yes

資産を取得する者が既に業務を営んでいる

↓ Yes

各種所得計算上の必要経費
(注) 使用開始の日までの期間に対応する部分の利子の金額は取得価額に算入することができます。

No →
① 使用開始日までの期間に対応する部分の利子の金額は取得価額に算入
② 使用開始日以降の期間に対応する部分の利子の金額は各種所得計算上の必用経費

　※　上記により必要経費に算入された利子も、これが土地等を取得するために要した負債の利子であり、不動産所得に損失が生じている場合、上述したように不動産所得の損失のうち当該負債の利子の額に相当する損失の金額はなかったものとみなされます（措法41の4）。

補 論 信託や匿名組合出資において生じた損失の制限

　不動産賃貸業を営む匿名組合又は信託に投資した者（「特定組合員※」又は「特定受益者」と言います。）は、匿名組合や信託において生じる不動産所得を特定組合員又は特定受益者のものとして（パススルー）課税されます。しかし、匿名組合又は信託から生じる不動産所得に損失が生じた場合、当該損失はなかったものとみなされます。したがって、当該損失は不動産所得内での相殺もできませんし、他の匿名組合又は信託から生じる不動産所得との相殺もできません。さらに、当該損失を翌年に繰り越すこ

ともできません（措法41の４の２）。

※ **特定組合員について**

　匿名組合の組合事業に係る重要な財産の処分若しくは譲受け又は組合事業に係る多額の借財に関する業務の執行の決定に関与し、かつ、当該業務のうち契約を締結するための交渉その他の重要な部分を自ら執行する組合員は、特定組合員から除外されています。これは、業務に携わる匿名組合員は、業務に携わる点で任意組合の出資者と実質的に同様であり、課税関係も任意組合と同様に損失の制限を受けないように規定されているものです。

㊟ 有限責任事業組合契約に投資している組合員である個人は、有限責任事業組合の純資産にあたる「調整出資金額」（出資額に損益を加え、分配額を控除した金額）がゼロ以下になる部分について損失の制限を受けます（措法27の２）。

18 – 5 – 1 　国外中古建物の損失制限

　甲さんは国外に以下の賃貸建物を所有しています。不動産所得の損失の
うち、なかったものとみなされる金額はいくらになるでしょうか。

	物件概要		不動産所得	償却費
国外賃貸建物 A	中古取得	耐用年数＝簡便法	△200	300
国外賃貸建物 B	中古取得	耐用年数＝見積法（根拠書類無）	△300	100
国外賃貸建物 C	中古取得	耐用年数＝見積法（根拠書類無）	50	100
国外賃貸建物 D	中古取得	耐用年数＝見積法（根拠書類有）	△100	100
国外賃貸建物 E	新築取得	耐用年数＝法定耐用年数	150	20

Answer

　国外中古建物の償却費は一定の場合、経費計上に制限を受けます（当該
規定は令和3年分の所得税の申告から適用されています。）。本問で制限を
うける（なかったものとみなされる）損失は△300になります。

① 「国外中古建物」に該当するものはA・B・Cであり、このうち損失
　 が生じているのはA・Bです。

② 　上記①の損失のうち、制限の対象となる償却費の額の計算

　　Aは損失額より償却費が大きいので、損失（△200）は全額制限対象
　になります。

　　Bは損失額よりも償却費が小さいので、償却費相当の損失（△100）
　が制限対象になります。

　以上より、制限対象となる償却費の額は△300〔△200(A)＋△100(B)〕になります。

③　全ての国外不動産の所得の合計額は△400〔△200(A)＋△300(B)＋50(C)＋△100(D)＋150(E)〕になります。

④　上記③と④の少ない金額（△300）が経費計上に制限をうける金額「国外不動産所得の損失の金額」になります。

解説

　国外にある中古建物を取得したとき、法定耐用年数又は見積法による耐用年数（一定の書類(注)により適当であることが確認できる使用可能期間を耐用年数として適用している場合に限ります。）を適用しているときは、当該国外の中古建物の不動産所得に損失が生じても制限を受けることはありません（措法41の4の3②一、措規18の24の2①、耐用年数省令3①一、二）。

　(注)　一定の書類とは以下の書類です。なお、当該書類（書類が外国語で作成されている場合にはその翻訳文を含みます。）は確定申告書に添付しなければなりません（措規18の24の2①②）。

> (イ)　建物が所在している国の法令に基づく耐用年数である旨を明らかにする書類
>
> (ロ)　不動産鑑定士又は建物の所在している国における不動産鑑定士に相当する資格を有する者の当該建物の使用可能期間を見積もった旨を証する書類
>
> (ハ)　上記(イ)(ロ)の書面によることが困難である場合に限り、建物を取得した際の取引の相手方又は仲介をした者の当該建物の使用可能期間を見積もった旨を証する書類

他方で、中古建物は簡便法（耐用年数省令３①二）による耐用年数を適用することが一般的ですが、簡便法による耐用年数又は見積法による耐用年数（上記(イ)〜(ハ)の書類がない場合に限ります。）を適用している国外の中古建物（「国外中古建物」※１と言います（措法41の４の３②一）。）の不動産所得に損失が生じ、当該損失が生じた国外中古建物以外の「国外不動産等」※２の不動産所得と相殺しても相殺しきれない損失の金額があるときは、当該国外中古建物の不動産所得に損失を生じた償却費の金額〔物件ごとの償却費の金額（当該物件の不動産所得の損失の金額を上限とします。）の合計額〕を上限としてなかったものとみなされます。なお、当該なかったものとみなされる損失の金額は「国外不動産所得の損失の金額」※３と言います（措法41の４の３①②二、措令26の６の３①②）。

この規定は令和３年分の所得計算から導入されています。

（用語の解説）

※１　「国外中古建物」とは簡便法による耐用年数又は見積法による耐用年数（当該見積もられた耐用年数が適当であることを確認できる上記(イ)〜(ハ)の書類がない場合に限ります。）を適用している国外の中古建物を言います（措法41の４の３②一）。

※２　「国外不動産等」とは不動産所得に損失が生じた「国外中古建物」以外の国外にある不動産・不動産の上に存する権利、国外の船舶・飛行機を言います（措法41の４の３②二）。

※３　「国外不動産所得の損失の金額」とは、生じなかったものとみなされる損失の金額を言います（措法41の４の３①②二、措令26の６の３①②）。

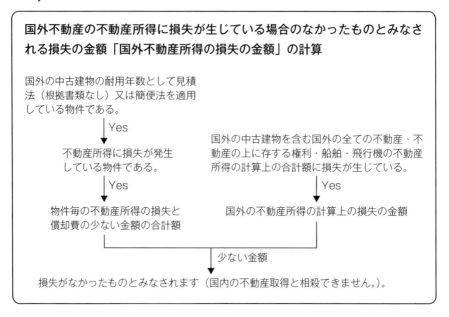

　以上より、国外中古建物を購入し、簡便法による耐用年数を適用した結果、当該国外中古建物の不動産所得に損失が生じても、他の国外の不動産所得と相殺することは可能です。

補 論　国外中古建物を譲渡した場合の取得費の計算

　国外中古建物を譲渡した場合、不動産所得の計算においてなかったものとみなされた損失（償却費）の金額がある場合、当該なかったものとみなされた損失（償却費）に相当する金額は、取得費に加算して譲渡所得を計算します（措法41の4の3③）。

（例）　国外中古建物を300で取得し、これまで簡便法により150の償却費が計算されましたが、このうち100について不動産所得の損失がなかったものとみなされました。

　　　　取得費＝取得価額300－（計算される償却費の累計額150－なかったものとみなされた損失（償却費）100）＝250

18-6 不動産取得に係る登録免許税・不動産取得税等

個人が不動産を取得した際に課される登録免許税や不動産取得税は取得価額に算入されますか、それとも必要経費（家事費）となりますか。

Answer

個人が不動産を取得した際に課される登録免許税や不動産取得税に係る税務処理は以下のとおりです。

（登録免許税と不動産取得税の税務上の処理）

		登録免許税 （登録に要する費用を含む）	不動産取得税
業務用 資産	減価償却資産（建物）	必要経費（所基通49-3(3)）	必要経費 （所基通37-5）
	非減価償却資産（土地）	必要経費（所基通37-5）	
非業務用資産		取得価額（所基通38-9）	

補論 贈与、相続又は遺贈に係る登録免許税・不動産取得税

贈与、相続又は遺贈により取得した場合の登録免許税・不動産取得税は、上記と同様に業務用の土地・建物に関するものは必用経費となり、非業務用の土地・建物に関するものは取得価額に算入されます（所基通60-2）。非業務用の建物の取得価額に算入された登録免許税・不動産取得税は減価の額（法定耐用年数の1.5倍（端数切捨）で、支出をした日からの経過年数（1年未満の端数は6か月以上は1年とし、6か月未満は切捨て）で償却計算）を控除して取得費を計算します。

相続により取得した資産が複数ある場合、司法書士報酬は物件をまとめた合計額で記載され、個別の物件毎に分かれていないことが多いと思いま

すが、業務用と非業務用で処理が異なります。さらに、非業務用の資産についてはそれぞれ取得費に加算することになりますので、個々の物件毎に分けて計算しておく必要があります。

| 補 論 | 自動車、船舶、航空機の取得に係る費用

　自動車、船舶、航空機のように登録を要するものは以下のように取り扱われます。

	登録免許税（登録に要する費用を含む）	自動車取得税
業務用資産	取得価額か必要経費か選択可 （所基通49-3(2)）	必要経費 （所基通37-5）
非業務用資産	取得価額（所基通38-9）	

| 補 論 | 法人の登録免許税・不動産取得税の処理

	登録免許税（登録に要する費用を含む）	不動産取得税
棚卸資産	取得価額か必要経費か選択可（法基通5-1-2）	
固定資産	取得価額か必要経費か選択可（法基通7-3-3の2）	

　個人の場合、業務用の土地・建物の取得であれば必用経費となり、非業務用であれば取得価額に算入されますが、法人の場合は取得価額に算入するか経費計上するか選択できます。このように個人と法人で取扱いが異なりますので注意が必要です。

| 補 論 | 登録免許税・不動産取得税の必要経費計上時期

　登録免許税・不動産取得税を必用経費に算入する時期は、その年の12月31日（年の中途において死亡し又は出国をした場合には、その死亡又は出国の時）までに申告や賦課決定等により納付すべきことが具体的に確定したものを計上します。登録免許税は通常、取得と同時に発生しますので、

取得した年分の経費になりますが、不動産取得税は賦課決定が資産を取得した日から遅れますので、取得した翌年の経費になることがあります（法人も同様です。）。

| 補 論 | 固定資産税の経費計上時期 |

固定資産税のように納期が分割して定められているものは、賦課決定日（納税通知書が到達した時）に経費計上することが原則ですが、各納期の開始の日又は実際に納付した日に経費計上することもできます（所基通37-6）。

※　法人の場合も同様に、固定資産税は、賦課決定のあった日（納税通知書が到達した時）の属する事業年度の損金となります。納期が分割されている場合には各納期の開始の日の属する事業年度又は実際に納付した日に損金経理することが認められます（法基通9-5-1）。

| 補 論 | 固定資産税の精算金 |

不動産を購入した時に、固定資産税の精算をした場合、税務上、これは売買価額の調整金として整理されます。買主は当該清算金を不動産の取得価額に算入しなければなりません。そして、売主は固定資産税の精算金を譲渡収入に加算し、精算の基となった固定資産税はこの不動産が業務用であったならば全額が必要経費になります。なお、建物にかかる固定資産税の精算金には消費税が課されますので注意が必要です（法人も同様に取り扱われます。）。

| 補 論 | 資産取得のための負債利子 |

（所得税の取扱い）

使用開始日までの負債利子は取得価額に算入します（既に業務を営んで

いる者の業務用資産取得の負債利子は経費計上も可）。その後の期間の利子は業務用であれば経費、非業務用であれば家事費となります（所基通37-27、38-8）。

（法人税の取扱い）

原則として損金経理できます（法基通7-3-1の2）。ただし、建設中の期間の負債利子を建設仮勘定に計上したときは、当該期間の負債利子は取得価額に算入します（法基通7-3-1の2（注書））。

〔著者略歴〕

株式会社つむぎコンサルティング　代表

公認会計士・税理士　笹島　修平（ささじま　しゅうへい）

昭和44年神奈川県生まれ。平成5年慶應義塾大学理工学部卒業。東京大学大学院理学部中退。平成6年太田昭和監査法人（現新日本有限責任監査法人）にて、監査業務に従事。平成11年公認会計士・税理士登録。株式会社タクトコンサルティング入社。平成13年〜平成17年慶應義塾大学非常勤講師「戦略的税務会計特論」にて、企業組織再編・M&A・事業承継・相続等の教鞭を執る。平成19年中小企業庁「相続関連事業承継法制等検討委員会」委員。平成24年株式会社つむぎコンサルティング設立。平成31年笹島修平税理士事務所開設（税理士法人つむぎコンサルティング解散）

〔主な著書〕

『信託を活用した新しい相続・贈与のすすめ（5訂版）』（令和2年11月／大蔵財務協会）、『論点整理　Q＆Aと図解でわかる事業承継のすすめ』（平成26年3月／大蔵財務協会）、『守りから攻めへの相続対策実務Q＆A』（平成13年6月／ぎょうせい・共著）、『守りから攻めへの企業再構築実務Q＆A』（平成12年11月／ぎょうせい・共著）

三訂版　Q＆A　知っていると役に立つ!!
資産税の盲点と判断基準

令和4年8月26日　初版発行
令和5年3月13日　再版発行

不　許
複　製

著　者　　笹　島　修　平

(一財)大蔵財務協会　理事長
発行者　　木　村　幸　俊

発行所　　一般財団法人　大蔵財務協会
〔郵便番号　130-8585〕
東京都墨田区東駒形1丁目14番1号
（販　売　部）TEL03(3829)4141・FAX03(3829)4001
（出版編集部）TEL03(3829)4142・FAX03(3829)4005
http://www.zaikyo.or.jp

乱丁・落丁はお取替えいたします。　　　　印刷　恵友社
ISBN978-4-7547-3049-9